全国高等教育自学考试指定教材

# 社会研究方法

(附:社会研究方法自学考试大纲)

(2004年版)

全国高等教育自学考试指导委员会 组编

主　编　关信平
副主编　洪大用

高等教育出版社·北京

## 内 容 提 要

本书是根据全国高等教育自学考试指导委员会的文件精神以及全国高等教育自学考试指导委员会公共管理类专业委员会关于高等教育自学考试行政管理学专业(专科)考试计划的要求编写的。本书的主要内容是介绍现代社会研究方法的基本知识,其中包括社会研究的理论基础和主要类型、选题与研究设计、理论建构与理论检验、抽样、测量、问卷设计、访谈法、观察法、实验法、文献研究、社会研究中整理与分析资料的基本方法以及撰写研究报告的方法等。

书后附有高等教育自学考试《社会研究方法自学考试大纲》。

本书供高等教育自学考试者使用,也可供高等院校师生和广大社会工作者阅读参考。

# 组编前言

人类已经迈进了 21 世纪。这是一个变幻莫测的世纪,这是一个催人奋进的时代。科学技术飞速发展,知识更替日新月异。希望、困惑、机遇、挑战,随时随地都有可能出现在每一个社会成员的生活之中。抓住机遇,寻求发展,迎接挑战,适应变化的制胜法宝就是学习——依靠自己学习、终身学习。

作为我国高等教育组成部分的自学考试,其职责就是在高等教育这个水平上倡导自学、鼓励自学、帮助自学、推动自学,为每一个自学者铺就成才之路。组织编写供读者学习的教材就是履行这个职责的重要环节。毫无疑问,这种教材应当适合自学,应当有利于学习者掌握和了解新知识、新信息,有利于学习者增强创新意识、培养实践能力、形成自学能力,也有利于学习者学以致用、解决实际工作中所遇到的问题。具有如此特点的书,我们虽然沿用了"教材"这个概念,但它与那种仅供教师讲、学生听,教师不讲、学生不懂,以"教"为中心的教科书相比,已经在内容安排、形式体例、行文风格等方面都大不相同了。希望读者对此有所了解,以便从一开始就树立起依靠自己学习的坚定信念,不断探索适合自己的学习方法,充分利用已有的知识基础和实际工作经验,最大限度地发挥自己的潜能,达到学习的目标。

欢迎读者提出意见和建议。

祝每一位读者自学成功。

全国高等教育自学考试指导委员会
2004 年 12 月

# 编者的话

本书是由全国高等教育自学考试指导委员会公共管理类专业委员会组织编写的全国高等教育自学考试行政管理专业（专科）自学考试教材。本教材的主要内容是介绍现代社会研究方法的基本知识，其中包含社会研究的理论基础和主要类型、社会研究的设计与理论建构、社会研究中的测量与抽样、社会研究中收集资料的各种常用的方法以及社会研究中整理与分析资料的基本方法等方面的内容。

在当代社会中，随着社会科学研究的领域越来越广泛，以及理论和应用研究的逐渐深入，科学的社会研究方法也越来越为研究者和实际工作者所重视。现代社会研究方法不仅运用到社会科学的各个领域中，而且还运用到政府及其他机构的决策过程和日常调研工作中。因此，掌握基本的社会研究方法，是从事社会科学研究和行政管理等具体工作的一个必要的手段和工具。

经过多年的发展，现代社会研究方法已经成为一个包含大量理论、具体方法和技术的复杂体系。要全面掌握现代社会研究方法，需要有较长时期的学习和实践。本书的目标不是针对从事社会研究的专业人员，而是主要面向将来要从事行政管理以及政府和社会各个部门中具体工作的人员，帮助他们掌握社会研究的基本知识与方法。为此，本书具有以下几个方面的特点：

第一，以前，这一课程和教材的名称是《社会调查原理与方法》。本次重新编写教材时，我们根据近年来学术界在社会研究方法方面的进展情况，以及实际工作中对社会研究知识体系的需求，对本课程和教材的知识范围做了调整，将原来"社会调查"的内容范围扩大到了"社会研究"的范围，并且将课程和教材的名称也做了相应的变动，适当扩充内容，但教材整体难度没有加大。

第二，本书在内容体系安排中既注意按照社会研究的理论逻辑，也注重按照社会研究实践中的一般程序来安排全书的章节内容及其顺序。读者在使用此书时，可以首先了解现代社会研究及其方法的一般知识，然后循序渐进地掌握社会研究过程中的研究设计、理论建构、研究设计、测量和抽样方法、收集资料的方法以及整理和分析资料的方法，最后是写作研究报告的基本要求。按照这样的体系，既可以帮助考生比较方便地理解和掌握社会研究方法的基本知识，同时也可以掌握比较完整的社会研究方法体系，以便能够实际操作社会研究工作。

第三，本书在各个章节的内容安排和写作方式上结合了考生的特点。一方面，本书各个章节在内容的取舍上既注意了知识面的完整，也注意了重点的突出，并且考虑了内容的深度适中。另一方面，本书考虑针对自学考试和助学活动的特点，在结构安排和写作方式上力求使知识点突出，并且语言简明扼要，以便使考生能够比较顺利地掌握各个章节的考试要点。

第四，作为一本自学考试用的社会研究方法入门教材，本书的各个章节都侧重介绍该领域中的基础知识和基本方法，而省略了社会研究方法体系中一些比较深层次的理论问题和比较复杂的方法及技术。对其中一些比较重要但又比较复杂的理论及方法，作了简明和通俗的介绍。此外，为了便于个人阅读和自学考试，本书省略了很多的案例分析。考生在完成本课程的学习和考试以后，可以根据研究和实际工作的需要或个人的兴趣而阅读有关高级社会研究方法的教材。

参加本书编写工作的人员都是高等院校中从事"社会研究方法"课程教学工作的教师。编写者在本课程的教学及从事社会研究实践中有较丰富的经验。但是，由于现代社会研究方法的知识体系庞大、内容广泛，其中涉及大量的理论和技术上的难题，因此编写者在内容取舍和写作方式等方面也难免有不尽如人意之处。希望广大考生和参加助学活动的教师在使用本书时对我们编写中的问题提出宝贵意见，以帮助我们在将来修订时进一步改进。

编　者

2004年12月

# 目 录

## 第一章 社会研究导论 ……………………………………………… 1
- 第一节 社会研究的概念与特征 ……………………………… 1
- 第二节 社会研究的目的、意义与原则 ……………………… 11
- 第三节 社会研究方法概述 …………………………………… 16
- 第四节 社会研究的过程 ……………………………………… 20

## 第二章 社会研究的主要类型 …………………………………… 26
- 第一节 理论性研究与应用性研究 …………………………… 26
- 第二节 探索性研究、描述性研究和解释性研究 …………… 31
- 第三节 普查、抽样调查和个案调查 ………………………… 36
- 第四节 定性研究与定量研究 ………………………………… 41
- 第五节 横向研究与纵向研究 ………………………………… 45

## 第三章 选题与研究设计 ………………………………………… 49
- 第一节 选题 …………………………………………………… 49
- 第二节 研究设计 ……………………………………………… 57

## 第四章 理论建构与理论检验 …………………………………… 63
- 第一节 社会理论概述 ………………………………………… 63
- 第二节 从理论建构到理论检验 ……………………………… 76

## 第五章 抽样 ……………………………………………………… 86
- 第一节 抽样的概念与程序 …………………………………… 86
- 第二节 非概率抽样 …………………………………………… 91

第三节　概率抽样 ·················································· 95
　　第四节　样本规模 ·················································· 104

## 第六章　社会研究中的测量 108
　　第一节　测量的概念与过程 ········································ 108
　　第二节　概念化与操作化 ·········································· 112
　　第三节　指数与量表 ··············································· 116
　　第四节　测量质量的评估 ·········································· 125

## 第七章　问卷设计 132
　　第一节　问卷的概念、类型与结构 ································ 132
　　第二节　问卷设计的基本原则与主要步骤 ······················· 139
　　第三节　问卷设计的主要技术与标准 ····························· 145
　　第四节　问卷调查的实施及其优缺点 ····························· 157

## 第八章　访谈法 165
　　第一节　访谈法的特点与类型 ····································· 165
　　第二节　访谈的程序 ··············································· 171
　　第三节　访谈员的选择与训练 ····································· 179
　　第四节　小组访谈法 ··············································· 184

## 第九章　观察法 191
　　第一节　观察法概述 ··············································· 191
　　第二节　观察法的基本类型 ······································· 194
　　第三节　观察的实施过程 ·········································· 202
　　第四节　观察的信度与效度 ······································· 210

## 第十章　实验法 214
　　第一节　实验法的概念和特点 ····································· 214
　　第二节　实验法的原理和程序 ····································· 217

第三节　实验的基本类型 ……………………………… 227
　　第四节　实验法的优缺点 ……………………………… 232

**第十一章　文献研究** ……………………………………… 235
　　第一节　文献研究概述 ………………………………… 235
　　第二节　既有资料的分析方法 ………………………… 238
　　第三节　内容分析 ……………………………………… 246

**第十二章　研究资料的审核、整理与统计分析** ………… 253
　　第一节　资料的审核与整理 …………………………… 253
　　第二节　资料汇总 ……………………………………… 257
　　第三节　定量研究资料的统计分析 …………………… 268

**第十三章　撰写研究报告** ………………………………… 296
　　第一节　研究报告概述 ………………………………… 296
　　第二节　撰写研究报告的步骤和要求 ………………… 300
　　第三节　普通研究报告的撰写 ………………………… 307
　　第四节　学术性研究报告的撰写 ……………………… 312

**主要参考文献** ……………………………………………… 318
**后记** ………………………………………………………… 320
**附　高等教育自学考试《社会研究方法自学考试大纲》** … 321

# 第一章 社会研究导论

在当代社会中,人们为了快速、准确地获得关于社会的各种知识,采用了各种专门的社会研究活动,并且在社会研究中采用科学的方法。本书在系统地介绍当代社会研究方法的基本知识之前,首先要帮助学生了解什么是社会研究,以及它的特征、目标和意义。

## 第一节 社会研究的概念与特征

### 一、社会研究的基本概念

所谓研究,从最广泛的意义上看,它包含了人们认识世界的各种活动。按照这种广义的理解,社会研究可以包括所有认识社会的活动。但在现代社会中,"社会研究"(social research)的概念通常是指按照一定的方法而探索社会现象及其本质和规律的专门的科学研究活动。在社会研究过程中,研究者首先要通过特定的方法收集关于社会事实的资料,然后通过对事实资料的思维加工,由感性认识上升到理性认识。社会研究的最终目的不仅要说明社会现象的表面状况,还要说明社会现象的本质特征,并且把握社会现象发生和发展的规律。因此,社会研究的概念包括人们有目的地认识社会现象及其本质及规律的全过程,其中既包括通过收集事实资料而把握社会现象的过程,也包括通过分析和加工事实资料而把握社会现象本质特征及其规律的过程。

在社会科学领域中,人们还常常采用一些与"社会研究"相近的概念,其中包括"社会调查"和"社会调查研究"。社会调查也是一种有目的地认识社会的活动,它是指人们运用一定的方法去了解社会各有关方面的实际情况,从而把握有关社会现状的一种社会认识活动。在社会调查活动中,调查者直接接触被调查者,通过具体的访谈等方法去了解被调查者的有关情况,从而获得所需要的资料。通过社会调查,人们可以获得有关某一社会现象的系统资料,进而较全面地掌握所调查问题和现象的实际情况。此外,研究者们以前经常采用"社会调查研究"的概念,有学者将其等同于"社会调查"的概念。另有学者认为,社会调查研究是指社会研究中的一种类型,它只包括以直接的社会调查为资料来源的社会研究活动,而不包括文献研究和实验研究。[①]

社会研究的概念比"社会调查"和"社会调查研究"的概念更为宽泛。首先,社会研究要以社会调查为基础,但不止步于社会调查所得到的经验资料,而是要通过对经验资料的分析而得出对社会现象本质和规律的认识。其次,与社会调查研究不同,社会研究活动包含了多种研究方法:既要采用从被调查者那里获取的第一手资料,也要采用通过文献分析而获得的第二手资料;既可以在接近自然的状况下进行社会调查,也可以在人为控制条件下进行实验研究。因此,社会研究活动包括了社会调查和社会调查研究活动的主要内容,并且有更广泛的内容,同时,社会研究的概念也有更广泛的含义。在社会研究活动中,观察、访谈、实验和文献分析都是收集社会事实资料的方式,而其目的都是为了了解社会事实,并通过对事实资料的分析而认识社会现象的本质及其规律。

按照以上理解,我们可以将社会研究概念定义为:通过采用科学的方法,系统地收集和分析关于社会现象的资料,并在此基础上对相关的社会现象及其本质和规律做出科学认识的活动。

## 二、社会研究的特征

社会研究是众多认识社会的活动中的一种。因此,要深入理解什么是社会研究,还需要进一步通过分析这种活动与其他认识活动之间的不同,并在此基础上把握社会研究的特征。

---

[①] 风笑天.社会调查方法还是社会研究方法——社会学方法问题探讨之一.社会学研究,1997(2)

### 1. 目的性

社会研究是一种有目的的认识活动。目的性是社会研究活动最主要的特征之一。人们每天都通过各种各样的活动去认识我们周围的社会,但在许多情况下,我们认识社会的过程是一种自发的过程,是无意识的和自然而然的知识积累过程。这种自发的认识活动虽然可以使我们不断积累关于社会的知识,但是通过这种自发的方式去认识社会常常是缓慢的、局部的和片面的。相比之下,社会研究则是为了了解某一方面的社会状况,或解决某一理论和现实的问题而有目的地进行的社会认识活动。从长期的角度看,社会研究是人们主动认识社会的一个连续的过程,通过一次次的社会研究活动而不断加深对各种社会现象及其本质和规律的认识。从具体的研究活动看,每个社会研究项目都有其特定的目标,这种目标集中体现在其研究题目上。每个社会研究项目的第一步都是要根据理论发展和社会实践的需要而确定研究题目和明确研究的意义,然后围绕着研究的题目而展开收集和分析资料等具体的社会研究活动,并最终回答在研究的题目中所设定的问题。

### 2. 经验性

社会研究具有经验性的特征。所谓"经验性",是指社会调查研究活动是通过了解社会生活中的具体事实而获得对社会的认识。经验性特征是近代以来自然科学和社会科学的基本特征之一,它要求科学研究活动都要从对客观事实的经验观察入手,掌握关于客观事实的第一手资料,然后再通过理论和逻辑的加工而形成关于自然和社会的理论解释。现代社会研究方法集中体现了现代社会科学的经验性特征,它要求所有关于社会的知识应该建立在对客观社会事实进行观察、实地调查或实验的基础上,而不是建立在纯粹思辨的基础上。在具体的社会研究活动中,研究者要通过直接的观察、访问或实验等经验方法而获得关于客观社会事实的第一手资料,并通过对这些经验的分析而得出研究的结论。在社会研究中并不排除使用第二手的资料,但第二手的资料最初也应该是通过经验方法而获得的。

### 3. 理论性

现代社会研究活动具有理论性特征。社会研究的理论性特征包含接受理论指导和得出理论结论两层含义。一方面,社会研究一般是在特定理论指导下的认识活动。一般说来,任何一项社会调查都不是在一个完全空白的领域中进行的,而是整个人类认识社会过程中的一个环节,因此在进行社会研究的时候一般都应该参照前人在相关领域中已经得出的理论,并在一定理论的指导下进行新的社会研究活动。另一方面,社会研究的结果应该上升到理论层次,即要对社会研究中获得的经验资料进行理论加工,形成对相关社会现象的理论解释,从而使调查研究的结论具有更普遍的理论意义,并最终对社会实践有着更广泛的指导意义。社会研究的理论性与经验性是统一的和相互促进的。在社会研究活动中,人们在一定理论的指导下去确定研究题目、制订收集和分析经验资料的方案,并对经验资料进行理论分析和解释。同时,研究者也根据在社会研究中所获得的经验资料去得出或验证新的理论,以及修改和发展相关的理论。

4. 社会性

社会研究具有社会性的特征。所谓社会性特征,是指社会研究是在特定的社会环境中进行的,是一种社会性的活动。社会调查的社会性特征主要表现在以下几个方面。首先,社会研究的目标具有社会性的意义。一般说来,社会研究的选题应该具有社会意义,它应该对解决社会问题和促进社会发展产生积极的影响。其次,社会研究是一种社会活动。一方面,在当代社会中绝大多数调查研究活动都是以有组织的方式进行的,在社会调查活动中需要有各种机构和各类人员的分工合作;另一方面,许多社会研究活动,尤其是较大规模的调查和研究活动需要有大量的社会配合。因此,在社会研究活动中会涉及分工、合作、配合等一系列的社会互动过程。再次,社会研究活动要符合法律和社会规范,并受其他多种社会因素的制约。最后,社会研究的结果会对社会的政治、经济、文化以及学术发展等方面产生影响。

### 三、社会研究的基本要素

如前所述,在当代社会中,社会研究是一种有组织、有目的地进行的认识社会的活动。任何一项社会研究活动都包含社会研究主体、社会研究对象、社会调查内容和社会调查方法等方面的基本要素。通过分析这些基本要素，我们可以更具体地理解当代社会研究活动的性质与特征。

1. 社会研究的主体

所谓社会研究的主体，是指进行社会研究的组织与人员。

首先，当代各国绝大多数的社会研究活动都是依托一定的组织来实施的。各类组织在社会研究活动中一般扮演以下几种角色。

(1) 社会研究活动的组织者。当代社会中大量的社会研究活动都是由一定的组织来负责和统筹安排的。这类组织大到一个国家的政府和大型国际组织，小到一些小型的民间研究机构。同时，进行社会研究的组织包括了政治组织(政府或政党)、学术组织(大学和研究机构)、企业组织(一般的公司和经营性调查研究机构)以及一些民间非营利性组织。

(2) 社会研究项目的委托者。当代社会中，政府、企业以及其他各类组织在其业务活动中需要大量的社会信息及其分析的结论，但他们常常并非自己去从事社会研究活动，而是将社会研究项目委托给一些学术机构和其他专门从事社会研究的机构或个人。

(3) 社会研究项目的承担者。这类组织主要是一些学术机构、政府和企业的研究部门以及独立的社会研究机构。他们按照合同从社会研究项目的委托者那里获得研究项目，按委托者的要求完成社会研究任务，并向委托者提交研究报告。

(4) 社会研究的资助者。在当代各国，政府、一些民间基金会和企业经常资助社会研究项目。一般的研究资助与委托研究不同，它往往并不是由资助方提出社会研究题目，而是由研究者自选题目，然后由资助方为其提供调查研究经费。也就是说，资助方不一定是调查研究成果的直接使用者。他们向社会研究项目提供资助一般是出于对社会公共利益和长期社会发展的考虑。同时，有些资助者也带有自身组织的价值立场，并按其价值立场去选择资助项目。

其次，除了一定的组织之外，社会研究者个人也是社会研究的主体。社会研究是一个具有创造性的活动,尽管当代社会研究活动越来越组织化和社会化,但研究者个人在这种活动中仍发挥着重要的作用。个人在社会研究中的角色分为组织者、研究者、技术人员、一般调查员和其他辅助人员等不同的层次。组织者是一项社会研究活动的负责人,全面负责社会研究活动的人力和组织安排、财务计划、工作流程等方面的管理;研究者是一项研究活动中负责研究工作的专家,一般负责研究设计、理论分析和报告写作等关键性的环节;技术人员在社会研究活动中一般负责某些具体的技术性环节的工作,如抽样、问卷设计、资料统计分析等;调查员的任务则是按照调查方案去具体实施收集资料的工作。此外,在许多社会研究活动中还有资料录入人员、财务管理人员和其他辅助性的工作人员。在各种不同的研究项目中,各类人员的配备和分工的详细程度不同。在较大型的社会研究项目中,一般人员配备比较齐,分工比较细,而在小型社会研究项目中则更可能是一人兼有不同的角色和任务。还有一些微型的社会研究项目可以由一个人或少数几个人独自完成。

2. 社会研究的对象

社会研究的对象是指被研究的个人、群体或组织,或者是研究所指的其他社会单位。从一般的意义上看,社会研究以社会为其研究对象,但每项具体的社会研究都有其特定的对象,一般包括社会中具体的个人、家庭、社区、各类专门人群以及各类组织等。在理解什么是社会研究的对象时,要注意区分"研究对象"与"研究内容"之间的不同,以及"研究对象"和"调查对象"概念的差异。

首先,社会研究的对象在概念上不同于研究内容。社会研究的内容是指特定的社会现象及其本质和规律,而研究的对象则是指特定社会现象发生和发展范围中的人和社会单位。例如,一项以"城市贫困问题"为题目的社会研究项目,其研究的对象应该是城市中的贫困者个人或家庭,而其研究的内容可能是城市贫困问题的状况、原因及发生发展的规律。

其次,"社会研究的对象"与"社会调查的对象"也是不同的概念。由于社会研究是以揭示某类社会现象及其本质和规律为目标,因此,其

## 第一节 社会研究的概念与特征

对象应该是社会中某类群体或组织的总体,例如"老年人"、"贫困者"、"流动人口"、"国有企业",等等。但是,在社会调查中,即在社会研究的收集资料阶段,则可以并常常以单个的个人或组织为调查对象。"社会调查对象"是指在社会调查活动中直接访问和观察的单个对象,包括个人、群体和组织。也就是说,社会研究对象是一个总体的概念,而社会调查对象则可以是单个的概念。还以城市贫困问题研究为例,在对此问题进行社会研究时应该以城市贫困者的总体为对象。但在收集资料的阶段中(即实施具体的社会调查时),可以将每个贫困者及其家庭都看成是一个调查对象,从每个调查对象那里获得必要的调查数据。而在其研究阶段中,再将众多调查对象获得的资料综合起来,加以统计和理论分析,然后得出关于城市贫困者和贫困问题的研究结论。

在用从单个的调查对象所得到的资料推论总体情况时,要注意区分类别概念和集合概念。所谓类别概念是指由具有相同属性或特征的人或事物所构成的一个类别。例如,所有的老年人构成了老年人群体,所有的残疾人构成了残疾人群体。在这里,"老年人"、"残疾人"都是类别概念,它们只代表具有某种共同特征(年老或残疾)的人所构成的类别。对于类别概念的事物,可以用其全部或多数成员的特征去推论整个类别群体的特征。例如,如果通过对足够数量的老年人进行了调查,发现其中大多数老年人都面临着生活困难的情况,研究者就可以做出"老年人群体面临生活困难问题"的推论。相比之下,对用集合概念来代表的集合体则不能做这样的推论。所谓集合概念,是指由一些分子所组成的集合体。组成集合体的分子可以是同类的,也可以是不同类的。"组织"、"社区"、"国家"、"社会"等概念都是集合概念。集合概念最大的特征是"总体大于部分之和",即集合体有超出构成其成分的各个分子和亚单位之外的总体特征。因此,在社会研究中不能简单地用其分子的情况去推论集合体的特征。例如,一个企业组织在其目标和行为等方面都有超出其内部员工个人特征之外的组织特征,因此,不能用企业员工的目标和行为去推论企业的目标和行为。

在社会研究中,研究者常常使用"分析单位"的概念来区分社会调查对象(收集资料对象)与社会研究对象的不同。所谓"分析单位",是指在社会研究过程中收集和分析资料的具体单位。在各个不同的社会研究活动中,因研究的内容和对象不同,在收集和分析资料时所使用的单位和层次也不同。例如,在有些研究中需要以全社会或其他较高层次的社会单位为收集资料的单位(如全社会的犯罪率、人口增长率、经济增长率等),而另外一些需要以中间层次的组织、社区和群体为分析单位(如企业经营目标和利润、社区建设状况等)还有一些则需要以个人为收集资料的单位(如个人的就业、收入以及个人对某些问题的态度等)。此外,在一些社会研究项目中还需要以多个不同层次的个人和社会组织为收集资料的单位。

从一般原则上讲,在每个层次的分析单位上收集到的资料只能分析和推论该层次的情况。例如,在一项以企业组织运行特征及规律的研究项目中,研究者可以通过分析一个个企业组织的资料而得出关于企业组织运行特征和规律的认识,但不能由此而得出企业员工行为或整个社会经济运行的特征和规律。如果混淆了分析层次,则可能导致"以偏概全"或"简单还原"的错误。所谓"以偏概全"是指从低层次的分析单位中得到的资料去简单推论高层次社会单位的情况。如果用企业内部员工的个人目标的总和来代表企业的目标,就会发生错误。因为企业和企业员工是不同层次的分析单位,企业员工目标的总和往往并不等于企业经营的目标(例如,员工的基本目标是要获得或提高个人收入,而企业的目标是要赢利,而为了赢利还常常压低员工的工资,从而使企业和员工的目标发生矛盾)。所谓"简单还原",则是指将高层次分析单位中得到的结论简单地推论其中每个成员。例如,用企业经营目标去推论每个员工的目标,用全社会的犯罪率与经济增长的关系去推论个人犯罪的可能性与其经济收入的关系,等等。

最后,在进行社会研究时还需要明确研究对象的范围以及调查对象的范围和规模。所谓研究对象的范围,是指一项社会研究对象所分布的区域范围。研究对象的范围同时也是研究结论所能应用的范围。例如,关于中国城市失业者的研究对象应该是所有的中国城市失业人员;对一个城市中外来流动人口的研究则应该包含该城市中所有的流动人口。任何一项社会研究都有特定的对象范围。根据研究目标的不

## 第一节　社会研究的概念与特征

同,研究对象可以大到全球范围,也可以小到一个小的社区或组织。社会调查对象的范围与社会研究对象的范围应该是一致的。当确定了一个社会研究项目的对象范围以后,在进行具体的社会调查时则应该在这一范围中选取调查对象。调查对象的规模是指在社会调查中被调查者的数量。调查对象的规模与研究对象或调查对象的范围没有必然联系,而是与调查的方法有直接的关联。在一项社会研究中,既可以将研究对象范围中的所有人或社会单位都纳入到调查对象中(普查),也可以从中抽取一定比例的对象进行实际调查(抽样调查),还可以只选取少量的对象进行调查(个案调查)。

3. 社会研究的内容

所谓社会研究的内容,是指社会研究所要了解的社会现象和要探索的社会问题的具体内容。每项社会研究都有其特定的内容,研究者在确定了研究题目和研究目标以后,还需要确定研究的内容。一般说来,确定研究内容首先需要按照研究的目标将研究题目分解为若干方面,然后根据研究目标去确定每个方面所需要收集的信息。例如,在设计一项关于离婚问题的研究时,研究者可以根据研究的目标将"离婚问题研究"分为"离婚率调查"、"离婚原因研究"、"离婚对夫妻双方影响的研究"、"离婚对子女影响的研究"等方面的内容,还可以将每个方面的内容进一步细化为更具体的内容,然后,就其每一个方面设计相应的收集和分析资料的方案。

尽管每项社会研究都有特定的内容,但总的说来,各项社会研究的内容可以分为现状调查、态度调查、因果分析、预测分析及对策研究等不同的层次。所谓"现状调查",是指对某类社会现象实际存在的状况及其表现的调查;"态度调查"是指调查人们对某类社会现象的态度;"因果分析"是对导致某类社会现象的原因进行的分析;"预测分析"是指对某类社会现象将来发展的趋势做出科学的分析;"对策研究"则是在对有关问题的现状和原因进行了调查分析以后,对如何解决这一问题而提出的政策行动建议。以对"腐败问题"的研究为例,现状调查是要通过较全面的社会调查而把握当前社会中腐败现象的严重程度,以及腐败现象的表现方式等;态度研究是要了解人们对腐败现象严重性的认知程度,以及人们对这一社会现象的态度;因果分析是要探究导致腐败问题的原因(包括个人原因和社会根源),预测研究要分析将来腐败问题的发展趋势;而对策建议则要向党和政府及社会有关部门提出解决和控制腐败问题的政策、行动建议。

各个社会研究项目在研究内容方面的广度有大有小。有些研究项目只关注某个社会现象中比较单一的方面,而另外一些研究项目则可能包含相当广泛的内容。有些研究项目只关注问题的现状,而另外一些研究除了要了解基本的现状以外,还要分析导致这一问题的社会根源,预测其未来发展趋势,并提出解决这一问题的政策方案。研究内容的广度和层次受研究的目标所决定。一项内容广泛的研究项目可以使研究者获得大量的信息,了解相当多的情况,但同时,内容广泛的研究项目一般成本也比较高,耗费的人力和时间也比较多。相比之下,内容比较单一的项目则一般比较快捷,但研究者从中获得的信息也相对少一些。

4. 社会研究的方法

社会研究的方法是社会研究过程的又一基本要素。所谓社会研究方法,是指研究者在进行社会研究的过程中所采用的各种方法的总和,包括在社会研究过程中应遵循的各种程序、规则和在各个研究阶段上应采用的各种方法。社会研究是一个科学地认识社会的活动,在这样的认识过程中必须采用一定的科学方法,以保证研究结论的真实性,并提高研究工作的效率。通过多年的研究实践和理论总结,当代社会研究者已经发展出比较成熟的社会研究方法体系。在当代社会,尽管各项社会研究的目标和内容各不相同,但各项社会研究活动大致都可采用相似的研究方法。采用科学的方法是社会研究能够客观地认识社会,真实反映社会实际情况的重要保证,也是评价一项研究科学性、真实性和可靠的重要标准。因此,在当代社会中,不论是理论性的研究还是应用性的研究,都把采用科学的方法放到相当重要的位置。而不了解社会研究方法的知识和技能体系,不会使用现代社会研究方法的人事实上难以从事复杂的社会研究工作。本书将较全面地介绍当代社会研究的方法体系,包括社会研究方法的理论基础、社会研究的具体方式以及社会研究中需要采用的各类技术手段等方面的内容。

## 第二节　社会研究的目的、意义与原则

社会研究是一种有目的的活动,研究活动及其结果会给社会各个方面带来影响,会产生各种意义。因此,要进行一项社会研究,首先要明确研究的目的和意义。同时,社会研究活动总是遵循一定的原则而进行。了解社会研究一般性的目的、意义和原则有助于我们进一步理解社会研究的基本特点。

### 一、社会研究的目的

如前所述,社会研究是一项有目的的社会认识活动,其目标在总体上看是为了获得对于人的行为和对社会的可靠认知。这种目标包含了以下几个方面。

1. 探索未知的事物

社会研究最基本的目标之一是要探索未知的社会现象。社会研究者探索未知社会现象的原初动机首先为了服务于社会实践,即人们在生产和生活实践中需要了解人的行为和社会运行的规律。除此以外,研究者为了理论发展的目的也促使他们去探索未知的事物,有时甚至出于对未知事物的"好奇"而去从事调查和研究活动。在人的行为和社会运行中有大量未知的领域,需要通过专门的社会研究活动去加以探索。人们通过专门的社会研究活动去了解我们社会中的阶级阶层及社会流动状况、犯罪率和离婚率的升降、不同的人们在就业和生活方式方面的差异,以及导致这些社会现象的原因及各类现象之间的关联等。关于这些社会现象的知识常常无法通过日常生活得到,而只能通过专门的社会研究活动来获得。

2. 验证不确定的知识

人们在日常生活中通过观察和经验的积累以及信息交流也可以获得一些关于社会的知识,即所谓的"经验"和"常识"。在很多情况下,人们的经验和常识能够较好地反映客观事实,但有时也会偏离客观情

况。在过去生产和生活都比较简单的情况下,人们可以依靠经验和常识来判断和决策。但在复杂多变的当代社会中,经验和常识变得越来越不确定,因此,需要通过专门的社会研究来将经验和常识上升为可靠的理论和社会知识。在社会研究过程中,研究者通过科学的收集经验资料,以及科学的逻辑推论,可以验证人们的经验和常识是否符合、在多大程度上符合客观的社会事实。经过科学验证的知识会更加可靠,人们按照这些可靠的理论和知识来进行决策,将大大减少决策的失误。

3. 扩展已有的知识

社会研究活动是一个不断扩大可靠知识的过程。在社会研究活动中,研究者们以已有的知识(理论)为基础,通过科学的研究工作而得到新的知识。通过不断的研究,人们对某一社会现象的认识将不断地加深。同时,研究者还常常通过延伸研究的范围而将过去比较狭小的经验领域中得到的知识扩展到更广泛的领域。通过世界各地研究者们的共同努力,人们对社会的认识将越来越深入,越来越广泛,越来越从过去狭小的地域扩展到更加广阔的领域。

## 二、社会研究的意义

从更具体的层面上看,每项社会研究都应该有其意义。所谓社会研究的意义,是指一项社会研究活动及其研究结果对研究主体(研究者、委托者等)所能够产生的作用。概括起来看,社会研究的意义主要分为理论性意义和应用性意义两个方面。

1. 社会研究的理论性意义

社会研究的理论性意义主要指社会研究对理论发展做出的贡献。社会理论是对社会现象的理论解释,它是一个动态的体系,总是要随着社会的变动和发展以及人们对社会认识的发展而发展。理论发展的基本动力来自于社会实践和人们认识社会的动机,其基本的方式则是通过采用科学方法进行的社会研究。社会研究在理论发展中的作用主要在于它可以通过可靠经验资料和科学的推论而提出并验证新的理论,可以推翻虚假的或过时的理论,可以为现有的理论增添新的内容从而丰富了已有的理论,以及可以扩展或限定已有理论适用的范围,等等。

判断一项社会研究是否具有理论意义,主要看它在上述几个方面是否有新的观点、新的资料、新的理论结论等,总而言之,是否有理论创新。

2. 社会研究的应用性意义

社会研究的应用性意义又称为"实践意义"或"实际意义",它是指社会研究的成果能够直接应用于指导社会实践活动。更具体地讲,一项社会研究是否具有应用性意义,主要看其研究成果能否直接应用于当前的社会实践,帮助人们解决各类社会实践中的具体问题。一般说来,所有社会实践活动都需要了解相关的社会现象及其原因和规律,在当代复杂的社会实践活动中,人们更需要通过专门的社会研究来为社会实践提供相关的社会知识。因此,社会研究在当代社会实践的各个领域中都大有用武之地。概括起来看,社会研究的成果可以应用到变革社会的实践中,包括社会改革和社会革命;可以用到推动社会发展的活动中,包括制定经济与社会发展的战略及规划;可以应用到各类社会管理,包括宏观的经济与公共事务管理及微观的组织管理;可以应用到各类专门的实践领域中,包括市场分析、公共政策的制定与实施、各类社会服务与社会工作,以及经济、政治、军事、外交、学术、文化艺术等领域中的实践活动。

从实际情况看,大部分社会研究项目都兼有理论性意义和应用性意义,但许多社会研究项目在理论和应用两个方面各有侧重,有些研究项目侧重于发展理论,而另外一些研究项目则更注重于帮助解决当前某类社会实践中的具体问题。

### 三、社会研究的基本原则

1. 客观性原则

所谓"客观性原则",简单说就是实事求是的原则,是指社会研究应该尽最大可能客观地反映社会实际情况。社会研究的对象是客观存在的社会事实,而研究工作是科学和真实地反映客观存在的社会事实。然而在人们认识社会的过程中,往往会由于外界的干扰、研究者的主观原因、研究方法的不恰当或技术手段的不到位而导致人们的认识与客观事实的偏差。为了使社会研究的成果能够更好地反映客观的社会现实,现代社会科学不断地改善其研究方法和研究工作中的技术手段,并且要求研究者在社会研究工作中遵从客观性原则,避免或降低因研究者个人的主观偏好或疏忽而导致研究结论偏离客观的社会事实。

2. 价值中立与价值关联

在社会研究中,研究者既有对社会事实的"事实判断",也有对社会事实的"价值判断"。所谓"事实判断",是指对社会事实客观情况的判断,即通过科学的研究而对一个社会现象及其原因和规律客观存在状况做出的判断。所谓"价值判断",是指研究者对某种社会现象的好坏、意义、重要性程度等方面的主观评价。所谓"价值中立",是指研究者在社会研究过程中不受对所研究问题的价值判断的影响。而"价值关联"则是指研究者的研究工作要受到他们对所研究问题的价值判断的影响。

在社会研究中,研究者既是研究的主体,同时往往也是被研究对象中的一员,或者与所研究的问题有着利益关联,因此,其研究工作也常常受到他们价值立场的影响。对于在社会研究中处理价值的问题,研究者们有不同的观点和态度,有的研究者强调在社会研究中应该完全排除价值的干扰,而另外一些人则主张承认在社会研究中无法回避价值的影响。比较有代表性的观点是,一方面,应该承认社会研究是价值关联的,即社会研究与人们的价值立场总是联系在一起的,无法完全排除价值的影响,尤其是研究者在选题、政策建议以及对研究成果的解释等方面常常受到个人或团体价值立场的影响。但另一方面,社会研究过程中应该尽量做到价值中立,即社会研究者应该尽量避免个人的价值立场对其研究工作及其结论的影响,尤其是在收集资料、分析资料等环节中应该避免由于研究者的价值立场而导致研究资料及结论的偏误和失真。即使在选题和政策建议等受价值影响较大的环节中,研究者们也应该尽可能超越狭隘的个人或团体利益,而更多地考虑到全社会乃至全人类的共同利益。

3. 认真严谨的工作作风

社会研究的对象是复杂的社会现象和人的行为,并且研究过程中往往包含了较复杂的程序，因此，社会研究工作除了要有实事求是的科学态度以外，还要求研究人员在研究过程的各个阶段上都采取认真严谨的工作作风。首先，认真严谨的工作作风是从事社会研究工作人员所必须遵从的基本职业道德。与自然科学相比，社会研究工作及其数据资料的质量受仪器设备的影响较少，而更多地依赖于研究人员（包括研究者和调查员、资料录入人员等）工作的认真细致程度。因此，要求研究人员在研究工作的各个环节中都应该认真细致，尽量降低误差，尤其是要防止由于研究人员的不负责任、疏忽大意或图省事等人为因素而造成的误差。其次，现代社会研究方法强调以严格的程序和措施来保证研究工作及其数据资料的质量。研究人员应该按照一定的程序和规范开展研究工作，不能为了图省事而任意省略一些必要的环节或措施，否则将可能导致调查资料质量的降低，并进而导致整个研究结论的偏差。例如，在问卷抽样调查研究中，一般对抽样、入户调查、资料记录和数据录入等工作都有较严格的规范性要求和质量监控措施（如对抽样、调查和数据录入的复核等措施）。

4. 遵守法律和社会规范

社会研究本身是一项社会活动，因此，必须符合法律和社会规范的要求，而不能超越法律和社会规范之上。同时，社会研究是在日常生活中进行的，其研究活动及其结果不应该对社会中个人的正常生活和各类组织的正常运行产生负面影响。这要求社会研究者应该一方面具有高度的社会责任感，另一方面严格按照法律和各种社会规范行事。首先，社会研究活动中各类人员应该遵从相关的法律法规，不能以违法的方式去进行调查和研究工作。其次，社会研究者应该遵从一般的社会规范，不能以不道德的方式去获取调查资料。再次，社会研究者应该尊重被调查者的权益和名誉，不能任意泄露其个人隐私。另外，社会研究过程中应该注意研究人员之间以及研究人员与其他有关的组织和人员之间的合作。最后，社会研究者应该遵从学术规范，尊重他人的研究成果，要坚决反对剽窃他人的研究成果和编造虚假数据等恶劣行径。

## 第三节 社会研究方法概述

### 一、社会研究方法的意义

与人们日常生活中自发的社会认知活动所不同的是,社会研究是一项有目的的、专门的社会认识活动,它不是随意发生的,而是按照一定程序和方式进行的。现代社会研究活动最突出的特征之一就是,它必须按照一定的科学方法进行。社会研究方法在现代社会研究中的意义主要体现以下两个方面。

1. 保证社会研究客观性的意义

在社会研究中采用科学方法的首要意义是社会研究客观真实性的要求,即在社会研究中要通过科学方法去把握真实的社会现象,客观地分析社会现象之间的因果关系,并在此基础上对所研究的问题做出符合社会事实的结论。社会研究是人们认识社会的活动,其目的是要全面真实地把握客观的社会现象,并通过社会现象去把握社会运行的规律和实质。但在人们的社会认识活动中,每个人都可能带有自己的主观性,在缺乏科学方法的情况下,人们认识活动中的主观性可能会导致对客观现实反映的失真。例如,对同样一个社会现象,不同的人可能看到其不同的侧面,从而得出不同的结论。因此,现代社会研究活动首先要求以科学的方法来最大限度地避免个人主观性的干扰,最大限度地保证社会研究结果的真实性。此外,每个人对社会的观察和收集资料的范围都是有限的,但在许多情况下,社会研究者恰恰需要从有限的观察和经验资料中得出关于社会现象及其规律和本质的普遍性理论。这种从有限的经验资料推论总体一般情况的过程也需要靠科学的方法来保证其客观真实性。

2. 提高社会研究活动效率的意义

在社会研究中,采用科学方法的另一方面意义源于社会研究活动简捷性和提高研究工作的效率的要求。现代社会研究活动是复杂的社会认识活动,要把握一个社会现象及其规律和本质,往往需要投入大量的研究资源,即研究工作所需要的人力、时间和各种物质条件。但是,当代社会中每天都有大量的问题需要研究,不可能对每项研究工作都投入大量的研究资源,因此,要求提高研究工作的效率,即在保证研究结论客观真实的基础上,尽量减少在研究工作中对研究资源的消耗。而这一要求也是靠在社会研究中采用科学的研究方法来保证的。靠着科学的研究方法,研究工作可以收到事半功倍的效果,在较短的时间里,使用较少的人力和其他物资条件的情况下获得客观、可靠的研究结论。也就是说,在时间和资源有限的情况下,研究者需要通过科学的方法来简化研究活动,即通过采用科学的方法而在有限的调查资料基础上达到对社会现象及其本质和规律的真实、全面和深入的认识。

## 二、现代社会研究方法的特征

现代社会研究方法有以下一些特征。

1. 经验性

由于现代社会研究是一种经验性的研究,其所有的结论都必须来自对客观社会的经验资料,因此,社会研究方法首先是一种经验性的方法,其首要目标是要保证贯彻社会研究的经验性原则。所谓经验性方法,是指研究者通过直接接触社会实际而获得关于社会现实的第一手资料的方法,其具体的方法包括访谈、观察、实验等。

2. 理论性

现代社会研究是在一定的理论指导下的研究活动,并且要将研究过程中获得的经验资料上升为理论,而这种在理论指导下的经验研究过程和从经验资料到理论概括的过程是靠严格的方法和程序来保证的。因此,社会研究方法具有理论性的特征。所谓"理论性特征"是指在现代社会研究的方法体系中注重理论对经验研究的指导,并且重点要解决从具体的经验资料到普遍性理论概括的逻辑过程。

3. 规范性

社会研究不是一种随意的认识活动,而是一种正式的、按照某种规范的方式而进行的认识过程。在社会研究过程的每一个阶段都必须按照某种规范性的方式进行,以便使研究的结论能够具有"可重复性"和

"可检验性"。在现实的社会研究中,研究活动的规范性也是靠现代社会研究方法体系来保证的,因此,社会研究方法具有规范性的特征。所谓"规范性特征",是指社会研究方法体系同时也是社会研究活动的规范体系,它不仅为研究者提供研究的手段,同时也规范着研究工作的各个环节。从社会研究的实践上看,研究方法体系不只是告诉研究者"可以如何"去做研究,而更多的是告诉他们"应该如何"甚至"必须如何"去做研究。学术界在评价一项研究成果时,在很大程度上也是通过评估它采用方法的合理性来判断其结论的可靠性,一项在研究方法上有纰漏的研究成果常常不被学术界所接受。当然,社会研究方法的规范性特征也是相对的,因为研究者在研究活动中也在不断地创新着研究方法,而不是固守已有的方法。但是,采用新方法的研究首先须论证其方法的科学性和合理性,并且一种新的方法一旦被证明是科学的和合理的,并被学术界接受以后,就会被纳入到社会研究方法体系中,为以后的研究起到规范的作用。

4. 多样性

现代社会研究方法具有多样性的特征。所谓"多样性特征",是指社会研究方法体系是由多种不同的研究方法组成的,并且在社会研究过程中可以采用多种不同的研究方法。例如,社会研究项目可以采用定性研究方法,也可以采用定量研究方法;在收集资料的过程中可以采用问卷调查方法,也可以采用个案访谈、观察法、实验法等多种方法。并且在一项社会研究中可以采用一种方法,也可以同时使用多种方法。在现实的研究工作中,研究者可以根据研究题目、研究对象和研究者本身的特点以及研究条件等多方面的情况来决定所采用的研究方法。

## 三、现代社会研究方法体系

现代社会研究方法是一个包含了许多内容的知识和技术体系,在这一体系中既包含能够用于直接操作的研究方法的内容,也包含了关于社会研究方法的理论基础,同时还包含在社会研究过程的各个阶段中的各种实用的技术手段。社会研究方法体系中的这些内容大致可以分为三个层次:社会研究的方法论、社会研究的研究方式以及社会研究中的具体方法和技术。

1. 方法论

所谓社会研究的方法论,是指社会研究方法的理论基础,即对社会研究方法的科学性和合理性的哲学论证。社会研究方法论的主要议题包括对社会现象的哲学思考,对社会研究中认识活动的一般规律及研究逻辑的认识论分析,社会研究过程中主体与客体之间的关系及研究结论客观性的分析,社会研究中不同范式的认识论及方法论问题,等等。

社会研究的方法论一般不直接应用于具体的研究工作,但它对具体研究工作中所采用研究方法起到理论基础的作用。在社会研究中,研究结论是否真实可靠要取决于研究方法是否科学合理,而后者又是植根于其方法论的科学性基础之上的。如果没有科学的方法论,就不可能发展出科学的社会研究方法,也就不可能有科学的社会研究。同时,在社会研究中采用不同范式的方法其根据也在于其不同的方法论,即人们对社会现象和人的认识活动规律的不同的哲学认识。例如,现代社会研究方法中的定量研究范式主要依据实证主义的方法论,其哲学基础在于将社会看成是独立于认识主体(人)之外客观存在,因此,可以像自然科学那样对社会现象进行完全客观的测量。而定量研究范式则认为社会现象不同于自然现象,在研究社会现象时无法排除认识主体(人)的主观性的参与,无法做到从外部对社会现象进行完全客观的测量,因而需要在社会研究中采用"投入理解"的认识方式。

2. 研究方式

研究方式是指社会研究中采用各种具体的研究形式,包括研究的程序及每个步骤上具体的操作方式。在社会研究中有多种不同的研究方式,它们大致上可以分为问卷调查研究、实地调查研究、实验研究和文献研究等几种主要的类别。每种类型的研究方式都有其自身的方法论基础,并且有独特的研究程序、理论建构方式以及收集资料和分析资料的方式。在多种研究方式中,每种方式都有其突出的优点,但同时也都有其缺点。在具体的社会研究工作中,研究者可以根据研究对象的特点和研究条件来选择一种研究方式。但为了弥补单一研究方式的缺点,研究者们也经常同时使用多种研究方式。在同时采用多种研究方式时,研究者往往以一种研究方式为主,辅之以其他的研究方式。

3. 具体方法和技术

具体方法和技术是指在社会研究的各个环节所采用的方法、技术和工具等,其中重点包括各种收集资料的方法、整理资料的方法和分析数据的方法,以及在这些过程中所采用的各种技术手段和相关工具的使用方式等。社会研究中具体方法和技术也是多样化的,在研究工作中对具体方法和技术的采用是与研究方式相关联的,每种研究方式都有其对应的具体方法和技术手段。例如,在采用问卷抽样调查研究的情况下,研究者需要采用具体的问卷设计方法、抽样方法、填写问卷的方法和技术、问卷数据整理和录入方法以及统计分析方法、使用计算机软件技术等具体的方法和技术;而在实地调查的研究方式下,研究者则更多地需要采用观察法、深入访谈的方法以及定性资料整理和分析的方法等。

## 第四节 社会研究的过程

历史地看,人们的社会认识活动是一个无止境的探索过程,但从现实的具体研究活动上看,每次社会研究项目又有其特定的起点和终点以及相对固定的程序。社会研究的程序反映的是人们社会认识活动的逻辑。了解社会研究中的程序对于理解现代社会研究方法具有重要的意义。由于各种类型的社会研究在目标和方法方面有所不同,因此,它们在基本程序大致相同的情况下,在研究过程中的具体程序上也有一定的差异。

### 一、社会研究的一般过程

所谓社会研究的一般过程,是指社会研究过程中一般需要采取的各个步骤及其先后次序。在当代社会研究活动中尽管由于研究方式的不同而在具体的程序上有所不同,但各类社会研究项目从总体上一般都分为几个相对比较固定的阶段,即确定研究题目阶段、研究设计阶段、收集资料阶段、整理和分析资料阶段以及研究报告的写作和发表阶段。各个阶段的基本任务、大致的工作内容以及所要采用的主要方法可以概括如下:

1. 确定研究题目阶段

进行一项社会研究,首先要确定研究题目。在社会生活中有大量的现实问题需要研究,在学术发展中也有众多的题目摆在研究者的面前,但由于人力、财力和物力的限制,研究者在一定的时期中只能根据实践和理论发展的需要,选择最亟须解决的且最具有可行性的题目来加以研究。在选择研究题目的过程中,研究者本人的研究兴趣会起到一定的作用,但从更广泛的背景中看,由于研究工作所需要的各种资源是由社会所提供的,因此,政府、企业、其他各种组织以及研究者共同体(学术界)等各种组织和群体会以各种方式对研究者的选题产生影响。可以说,在当代社会中,社会研究的选题在很大程度上是由社会所决定的。研究者在选题过程中除了要基于其学术兴趣和研究基础以外,还应该认真把握社会实践和学术发展的需求,使其选题能够反映学术和社会实践中的重大及前沿问题。本书的第三章中将较详细地介绍这一阶段中的基本任务、工作内容及选题的主要方法和步骤。

2. 研究设计阶段

在确定了研究题目以后,紧接着就进入了研究设计阶段。当代社会研究越来越是一种复杂的系统工程,其研究过程中不仅需要有明确的研究思路和合理可行的研究方法,而且还涉及复杂的研究程序、有效的组织及人员安排以及相关的技术和工具的使用。而这一切都需要在研究工作的前期阶段中就做出设计和准备。因此,研究设计阶段中的主要任务是对整个的研究工作做出规划和设计。其结果一般要制订出整个研究工作的总体方案以及研究工作各个阶段中各项任务的具体行动方案。研究方案的具体内容包括研究路径设计、具体研究内容的确定、研究方法设计、研究工具的设计和准备,以及研究组织、人员和其他相关资源的调动方案等方面的内容。

3. 收集资料阶段

研究方案形成以后,下一步的任务就是按照预定的方案去实施社会研究工作。实施社会研究工作的过程,首先是收集资料的阶段。所谓收集资料,是指研究者按照设计好的方案去实施具体的社会调查,或通过文献分析及实验研究等方式去获得关于研究对象的资料。经过多年的发展,当代社会研究已经形成了多种比较稳定的和规范化的收集资料的方法。各种研究项目因其研究类型的不同,需要收集的资料类型和采用的收集资料的方法及技术也有所不同。当代社会研究中最多采用的是通过社会调查来收集关于研究对象的第一手资料。在收集资料阶段常常有大量具体的工作,在其过程中除了要应用规范性的研究方法和各种具体的技术手段以外,有时还须动员大量的人员,并且常常需要有效的组织配合。

4. 整理和分析资料阶段

在收集了足够的资料以后,研究工作就将进入整理与分析资料的阶段。在这一阶段中,研究者首先将根据研究工作的要求而对所收集到的资料进行加工整理,将前一阶段中收集到的原始资料整理成为能够加以理论和统计分析的资料。整理资料的方法包括对原始资料进行审核、分类、转换和录入等。将原始资料加以整理以后,就可以对其进行进一步的分析。资料分析包括定量分析和定性分析。定量分析主要是统计分析,即利用计算机技术对资料进行描述性统计和推论性统计分析,以确定各个变量测量的结果、变量之间的关系以及采用抽样研究资料去推论总体情况的概率度等等。定性分析主要包括语义分析和内容分析,前者主要是对定性研究资料进行语义解读,以确定被调查者所使用词语的真实含义;而后者则是对调查资料所反映的社会现象进行分析。

5. 研究报告的写作和发表阶段

在对研究资料进行了分析以后,研究者就可以从中得出研究的结论。所谓研究结论,是指研究者在经过了前面的研究程序以后所得到的对其研究问题的答案。研究结论一般表现为对最初理论假设的肯定或否定,以及在研究过程中所得到的与研究题目有关的各种理论及经验知识。研究者需要通过研究报告的方式对其所得到的结论进行总结,并将之在一定的范围中进行发表。因此,整个研究过程的最后阶段是写作和发表研究报告。研究报告的内容和形式会因研究目的及研究内容的不同而有一定的差别,但大致上都包括以下内容。首先,在研究报告的开始部分一般需要简要地介绍研究背景及所采用的方法,并概括主要的研究工作。其次,研究报告的主体部分是介绍研究工作的主要结论。在这一部分中研究者往往要对研究工作中得到的理论和经验知识进行展开的介绍和讨论,并且常常还需要介绍和分析支持研究结论的调查资料。最后,在研究报告中一般还要指出研究工作的意义以及研究结论的应用价值。有些应用性的研究报告还需要在研究结论的基础上提出相应的行动建议。研究报告的篇幅和写作方式一般会因研究题目、内容以及预期读者的不同而不同。

研究报告完成以后,一般会提交给某些组织,或在一定的范围内发表。一般说来,由某特定组织(政府机构和企业等)委托的研究项目常常会在一定的时间范围内限制其成果的使用者,因此,其研究报告首先需要提交给其委托机构。而研究的委托部门常常会以某种方式对研究报告进行质量鉴定,以确定研究结论及研究工作在整体上是否达到了要求。其他没有特定委托者或限制使用者的研究项目则可以将研究报告公开或在一定范围中发表。在研究报告提交给委托部门并通过了鉴定,或者研究报告发表以后,整个研究工作即告结束。

### 二、社会研究过程示例

下面以一个"大城市贫困问题研究"为例来说明社会研究的基本过程。

20世纪90年代中期,在我国改革开放和经济高速发展的进程中,也伴随着出现了越来越严重的城市贫困问题。在此之前,我国研究者主要重视农村贫困问题,而在城市贫困问题方面的研究还很少。为了深入和全面地认识我国经济与社会转型过程中的城市贫困问题,为政府的城市反贫困政策提供参考依据,南开大学的研究人员在1994年提出了一项"我国大城市贫困问题研究"的选题。由于该项选题切中了当时我国社会中的一个重要的问题,并且课题组对该课题进行了充分的论证,研究的思路和计划合理可行,因此,得到了国家社会科学基金的支持。

研究项目确立以后,课题组立即开始了前期研究工作,其中包括前期探索性研究和研究设计工作。为了获得对城市贫困现象的感性认识,研究人员深入到若干城市的企业和街道,走访了许多贫困者和普通居民家庭,广泛地了解他们就业、收入和生活中的各种情况,通过这些调查,研究人员逐步形成了对他们贫困状况、特点以及致贫原因的经验概括。同时,研究人员还走访了有关的政府机构、企业领导和非政府组织的负责人及有关的工作人员,了解当时城市中国有企业经营中的困难及其原因,企业职工下岗失业的状况,以及社会保障改革对各类职工的影响等情况,并且在这些探索性研究的基础上初步形成了对我国经济与社会转型中的城市贫困问题的宏观分析思路。此外,研究人员还查阅了大量的中外文图书资料,深入地分析了国内外关于城市贫困问题的理论观点、研究资料和相关的统计数据。

在前期探索性研究和掌握大量文献资料的基础上,研究人员经过认真的分析思考,提出了关于经济与社会转型期城市贫困成因的理论假设,建构了关于现阶段我国城市贫困问题的宏观理论模型,以及个人致贫因素的微观理论模型。与此同时,研究人员还对此项研究的研究对象和调查对象、分析单位、研究方式、技术线路、收集资料的方法、分析资料的方法及相关的技术手段进行了设计。确定了在宏观研究层次以企业和城市为分析单位,在微观研究层次以家庭为分析单位;并且根据研究内容及经费等条件,确定了文献法、调查研究和实地研究相结合的研究方式,确定了调查研究中的测量方案、问卷设计、抽样及访问调查中的各种具体方法。

在完成研究设计以后,研究人员着手实施收集资料的工作。除了收集大量的全国范围的文献资料和进行一些个案访谈以外,研究人员还选定一个城市(天津市)进行了问卷抽样调查,采取分段随机抽样的方法,共调查了 1 000 余户城市居民,从中获得了关于城市贫困家庭、下岗失业人员及其他各类居民的就业、收入、生活状况和社会保障等方面的情况。

完成资料收集的工作以后,研究人员对问卷资料和个案访谈资料进行了分别的处理。将问卷调查得到的定量研究资料进行编码和计算机录入后,采用SPSS统计分析软件对资料进行了统计分析。在统计分析中,研究人员采用一定的贫困线标准,计算出了有关该市的城市居民中贫困者的规模和贫困程度的定量数据,以及导致他们陷入贫困的各种经济及社会因素的相关数据。同时,研究人员还根据所收集到的企业及城市经济和社会发展的数据进行了分类、综合和理论分析。在对各种数据和理论进行仔细分析的基础上,研究人员对前期提出的理论假设进行了检验,并在此基础上重新修订了宏观理论模型和微观理论模型。在完成资料分析后,研究人员进行了研究报告的写作,将研究中的各种发现和结论按顺序加以了报告和论述,最终形成了《现阶段我国大城市贫困问题及反贫困政策研究》的研究报告。该报告经专家鉴定并通过后上报国家哲学社会科学规划办公室,并由该机构将其政策建议的要点通过《成果要报》上报中央领导及相关部委。同时,研究者在此基础上写作了《中国城市贫困研究》这一专著,一年后,该专著出版,此项研究的全过程结束。

上述例子简要地说明了一项社会研究的大致过程。应该指出,社会研究的过程有一个大致的规律,但并不是每项研究都必须按照固定模式进行。相反,由于每项研究的目标、特点以及研究内容和研究条件(如研究经费)的不同,因而在研究方法和过程上也会有一些差异。例如,如果一项研究是采用实地研究等定性研究的方法,一般就不需要事先严格地建构理论假设,可以缩短前期探索性调查和准备工作阶段的时间。在此类研究中,研究者可以直接进入到研究场所,通过大量直接接触被研究者而逐步积累第一手资料,通过对这些第一手资料的分析而直接得出研究结论,而不需要严格的"假设—检验"程序。

# 第二章 社会研究的主要类型

根据不同的标准可以对社会研究进行不同的分类。从研究的性质上看,可以分为理论性研究和应用性研究;从研究的目的上看,可以分为探索性研究、描述性研究和解释性研究;按照调查对象的范围可分为普查、抽样调查和个案调查;从研究方法上看,可分为定性研究和定量研究;从研究的时间尺度上看,可分为横向研究和纵向研究。

## 第一节 理论性研究与应用性研究

如同自然科学中基础研究和应用研究的分类一样,社会科学研究也可以从性质上划分为理论性研究与应用性研究。这两种研究的主要差别是,理论研究强调通过研究来发展知识,寻找社会运行的规律;应用研究则强调通过研究来直接帮助解决社会实践中的各种实际问题。

### 一、理论性研究

1. 理论性研究的含义

本节介绍的理论性研究指的是那些以发展有关社会的基本知识为基本目标的社会研究。理论性研究的关注点主要在于探索现象之间的因果关系和增加对社会现象内在规律的认识。理论性研究者们力图理解并解释社会整体或其部分运行和相互联系的规律,以及社会事物或社会现象的发生、发展和变化的规律。

一般来说,理论性研究既包括在抽象层次进行学术探讨,如建立概念体系和分类框架,对各种理论观点进行评述、批判和综合,澄清理论分歧,对经典理论和学说史进行系统分析和介绍等等;也包括在理论层次上运用实证方法研究现实问题,即通过建立各种理论假设而得出关于某种社会现象的理论解释,然后通过对社会现象的观察、概括和抽象来检验已有的理论和提供新的理论解释,这类研究可称为实证研究,是理论性社会研究的重点。

2. 社会科学理论研究与哲学和历史学研究的不同

社会科学中的理论研究与哲学研究和历史学研究有很大的不同。

首先,社会科学的理论研究与哲学研究的不同主要在于其理论抽象的层次和研究方法的不同。哲学理论是对社会和自然界最一般规律的概括,具有高度的抽象性,而社会学和其他社会科学的理论是关于某种具体社会现象的理论概括,其理论的抽象性程度低于哲学理论。同时,哲学研究的主要方法是通过理论思辨。尽管哲学理论的发展最终还是来源于人类的社会实践,但哲学家在从事某项具体的哲学研究时并不要求其理论必须要得到经验资料的支持。相比之下,社会学和其他社会科学的理论研究则是一种经验性研究,其理论的建立和发展都需要直接来自具体的经验资料。

其次,社会科学的理论研究与历史学研究的不同主要在于前者更注重对当代社会问题和社会现象做出科学的解释。社会科学的理论研究的领域相当广泛,如社会学中的专门研究包括:社会变迁、社会结构、社会分层、社会组织、社会流动、社区、社会现代化等,与其他学科相关的理论研究如社会心理学、经济社会学、政治社会学、法律社会学等。此外,社会科学的理论研究与历史学研究在方法方面也有所不同。尽管二者的研究都需要建立在资料收集和分析的基础上,但历史研究主要是采用文献分析方法对古籍史料进行分析,而社会科学则更多地强调通过社会调查去收集和分析关于当前社会现象的资料。但在现实的研究实践中,社会科学的研究与历史学的研究往往也不能截然分开。从研究内容上看,关于当代问题的社会科学研究往往需要进行历史比较,社会科学的几乎所有学科的研究都需要参考该领域的历史发展状况。从研究方法上看,社会科学研究中往往也采用史料分析、生活史分析和口述方法等最初来自历史学的研究方法。

3. 社会科学理论研究的应用价值问题

在社会科学界人们常常讨论理论研究的应用价值问题。由于社会科学理论研究的对象与人们的日常生活和社会实践比较接近,社会科学(尤其是社会学)理论研究的对象常常是发生在人们身边的、为人们所熟知的社会现象,而理论研究的目的是为了通过科学的方法去寻找或证明这些现象的规律,从而去发现人们在日常生活中无法直接观察到的社会运行内在规律,或者将普通人的常识上升为经过科学证明的社会理论。为此,理论研究往往需要投入大量的人力、时间和研究经费。但是,社会理论研究成果的应用价值各不相同。有些理论研究的成果可以较直接地转化为指导应用性的研究或直接指导社会实践,而另外一些研究成果则在一定时期中只是一种知识的积累,不能直接应用于社会实践。

由于以上的特点,有些人怀疑进行社会科学理论研究的价值,认为社会科学理论研究中的一些课题是在论证常识,并没有实际应用价值。但事实上绝大多数社会科学的理论研究不仅对人们认识社会现象、解决社会问题具有重要意义,而且它往往是新知识、新思想和新观念的源泉。它们虽然不像应用研究那样在很短的时间内应用于实际,但它为实际问题的解决提供理论支持。例如,美国著名的政治学家阿尔蒙德等人为了考察公民的政治文化、公民的民主参与程度和国家的政治稳定这三者之间是否具有规律性联系,曾在5个国家做了近5 000人的抽样调查,为政治学的学科建设做出了贡献。[①] 理论性研究的任务不限于建立学科理论,还包括建立指导各种实践活动的理论。毛泽东的《湖南农民运动考察报告》就是一个经典例子。因此,在社会科学研究中不是要否定理论研究的价值,而是应该提倡理论研究者更多地关注社会现实问题,将理论研究的选题方向更多地集中在与人类社会的重大现实问题和长远发展密切相关的领域。

此外,人们对社会科学理论研究价值的怀疑与理论研究成果的表述方式也有关系。理论研究文章往往用比较抽象的概念和命题来表述,有时还大量运用比较高深的数学符号和公式,这使得一些理论研究

---

[①] 阿尔蒙德等.公民文化——五国的政治态度和民主.杭州:浙江人民出版社,1989

的文章语言对普通读者来说比较晦涩。长此以往,使得有些理论研究及其成果的传播只局限在很小的学术圈子里,而对社会的影响不大。一般说来,采用比较抽象的概念和命题以及数学符号往往更有助于理论研究者的理论逻辑思维,并且有助于在学术界同行中进行交流,但却不利于让一般读者明了理论研究的成果,降低了理论研究的社会价值。因此,为了使理论研究的成果能为更多人所了解,理论研究者应该尽可能地采用一些比较通俗的表述方式,或者通过科普读物的方式给普通读者传播理论研究的最新成果。

### 二、应用性研究

1. 应用性研究的含义

应用性研究是指针对现实社会问题,旨在提出解决问题的方法的经验研究。这类研究既可以是描述性的,也可以是解释性和预测性的。应用性研究的目标主要是迅速地了解现实的社会问题,尽可能广泛和具体地描述社会现象的状况和特征,分析产生某种社会问题的原因,以及某种社会现象未来发展的趋势,从而有针对性地提供各种政策建议等。

2. 应用性研究与理论性研究的区别和联系

理论性研究与应用性研究的区别主要在于其研究目标的不同。这两种研究可以针对同一个研究对象,但由于其研究目标的不同,在研究过程中对问题的关注点也就不同。一般说来,理论性研究主要关注如何发展一般性的社会知识;而应用性研究则更关注如何有效地解决现实社会问题。换言之,理论性研究主要关心社会现象及其规律"是什么"和"为什么"的问题,而应用性研究则要解决"如何做"的问题,即通过应用研究要为实际工作部门提供一套可以操作的行动方案。

此外,理论性研究与应用性研究不是截然分开的,许多经验性的理论研究本身在社会实践中也有应用的价值,而应用性研究一般也并不排斥理论研究。相反,应用性研究与理论研究密切相联。一方面,应用性研究要应用一定的理论来指导研究,以便使其研究能沿着正确的方向进行;另一方面,在应用性研究中也要对所研究的问题进行理论分析,以便使其结论建立在可靠的和具有普遍意义的基础上。例如,一项以解决失业问题为题目的应用性研究中,研究者不能一开始就直接讨论解决问题的方案,而是应该首先对当前的失业问题做出理论分析,找到导致失业问题的真正原因,并在理论的指导下预测失业问题发展的趋势,最后才能在此基础上提出解决失业问题的政策建议。从这个角度看,可以说应用性研究是理论性研究的延伸:在理论研究得出关于某一社会问题的理论解释后,就可以在此基础上提出解决问题的政策建议和行动方案。在应用性研究中,对所研究问题的理论分析越准确、透彻,所提出的政策建议也将越可行,越具有广泛的应用价值。

3. 应用性研究的主要领域

应用性研究的主要类型包括社会生活状况研究、社会问题研究、社会政策研究、社会影响评估等。主要的研究领域包括:人口管理、劳动就业、城市建设、公共交通、环境保护、区域发展、社会治安、文化教育、社会保障、公共卫生等。从目前国内的情况看,社会学以及某些相关社会科学的研究者中,从事这类研究的比例大于从事理论性研究的比例。各级政府机构和许多实际工作部门所作的研究也基本上是这种类型的研究。此外,在社会经济、文化和社会生活的其他各个领域中也需要进行社会科学的应用性研究。例如,在经济领域中的市场研究、企业管理中的员工及组织行为研究、政治及公共事务中的民意调查等领域的应用性研究。

应用性研究在发展过程中还开辟了一些的新的领域,如政策评估研究和社会指标研究。前者是对政府制度的社会政策的效果或预期效果进行调查和预测,它可以在政策实施之前或之后进行。后者是通过社会调查建立一些综合性指标,以此来衡量社会生活各方面的状况和水平,为及时反映社会的发展和变化、为制定可行的社会发展计划、为有效地进行社会管理提供信息。这两种研究在我国也越来越多地加以运用,如我国许多地区都进行了现代化指标体系研究、小康社会指标体系研究等。

应用性研究课题常常来源于各级政府机构中涉及各种社会事务领域的工作部门,例如,各级政府的民政、卫生、公安、城乡建设、劳动与社会保障、文化事业管理、人口管理、环境保护等部门。这些政府部门在其制定政策和日常工作中有大量的问题需要进行研究,因此,系统内一般都设有研究机构,并且还常常委托大学和专门的研究机构进行应用性研究。除了政府机构以外,企业、各类非政府机构以及一些国际组织也常常是应用性研究的委托者和成果应用者。

## 第二节 探索性研究、描述性研究和解释性研究

从研究的目的划分,社会研究可分为探索性研究、描述性研究和解释性研究。探索性研究是对某一课题或某一现象进行初步了解。它既可以是一项独立的研究,也可以为进一步深入的研究做准备。毛泽东指出:"大略的调查研究可以发现问题,提出问题,但是还不能解决问题。要解决问题还需作系统的周密的调查工作和研究工作。"[①]可见探索性研究的目的是发现问题、提出问题。描述性研究的目的是系统地了解某一社会现象的状况及发展过程,它通过对现状的准确全面的描述来解答社会现象"是什么"的问题。解释性研究则试图对社会现象做出普遍的因果解释,以解答"为什么"的问题。

### 一、探索性研究

1. 探索性研究的含义

探索性研究是研究者在整个研究工作的前期阶段中对所研究的现象或问题进行初步了解的过程。探索性研究的目的是要获得对所研究问题及调查对象的初步印象和感性认识,以便为此后更周密、更深入的研究提供基础和方向。并不是所有的研究项目中都需要专门进行探索性研究。研究者比较熟悉的问题一般就不需要专门做探索性研究。例如,在关于相同或类似问题的系列研究中,研究者通过前面的研究工作已经对所研究的问题有了很全面的了解,在后续的研究工作中就没有

---

① 反对党八股.毛泽东选集(合订本).北京:人民出版社,1967.796

必要再专门安排探索性研究。但在研究者还比较陌生的领域中,则需要进行专门探索性研究。

2. 探索性研究的主要内容

探索性研究通常包括三个部分:

(1) 实地考察,即在正式调查前先到调查现场去观察、询问、走访,以便明确调查内容、确定调查方法、设计调查方案。例如,调查大城市交通拥挤问题,研究者可亲自上街或乘车观察,访问行人或乘客;调查大学生的思想状况,可到校园进行实地观察,与学生交谈。

(2) 请教专家,即对研究课题比较熟悉的人,包括有关学者、政府机关工作人员、熟悉情况和掌握资料的人员等。目的是为了全面掌握研究课题的背景资料,为后面的正式研究奠定基础。

(3) 查阅资料。这是指从已有的资料中寻找对本课题有用的信息,从以往的理论文献和调查报告中可知道其他人是从哪些角度、采用哪些方法研究这一课题的,他们得出了哪些结论,哪些经验值得吸取,哪些方法值得借鉴。通过上述探索性研究方法,研究者可以收集到大量的理论和实践资料,为后面的研究奠定了良好的基础。

3. 探索性研究的意义

探索性研究的主要目的是要对所研究的问题和相关的社会现象进行初步的考察,获得对它们的初步了解,并在此基础上为制订正式研究方案提供指导和线索。通过探索性研究工作可以获得相应的阶段性成果,主要包括提出关于所研究现象或问题的初始命题或假设,试验并确定正式研究应采用的方法,以及探讨进行正式研究的可能性。探索性研究主要是一种先导性研究,通过这种先导性研究使研究者对所要研究的问题有一个基本的认识,包括可能的因果关系和理论假设。探索性研究对正式的课题研究在探求因果关系、建立理论假设、探索研究方法等方面具有重要意义。但它毕竟只是"探索",其研究范围比较小,研究方法也不太严格,因此得出的结论只是下一步研究的参考。

4. 探索性研究的方法特点

探索性研究也要采用科学的研究方法,但相对来说其方法比较简单,要求也不太严格。探索性研究通常采用的收集资料方法包括观察法（包括参与观察和非参与观察）、访谈法（主要是无结构式访谈）等，有时也进行小规模的问卷调查，或者对一些个人、家庭、社区或组织进行一些典型个案的调查。探索性研究中的调查对象规模通常都比较小。这种调查资料中得出的结果并不用来推论总体。探索性研究一般也不用来检验某种理论假设，而是为提出理论假设提供初步的根据和其他相应的信息。比如，研究城市下岗职工的生活质量，研究者在探索研究阶段可以任意在下岗职工中找几个人作为研究对象，通过访谈、入户走访、观察等方法对下岗职工的基本生活情况做初步的了解，从中可以发现问题，开阔视野，为下一步设计问卷作准备，或者在探索阶段对已设计的问卷进行试调查，以便对问卷做进一步的修改。

## 二、描述性研究

1. 描述性研究的含义

社会研究的主要目的之一是对社会现象的状况、过程和特征进行客观准确的描述，即描述社会现象是什么，如何发展的，其特点和性质是什么。描述性研究不仅包括应用研究，如民意测验、市场调查、人口普查、犯罪问题和婚姻问题的调查等，而且包括理论研究，如社会阶级状况研究、我国当前的社会结构研究以及对近年来我国社会变迁过程的描述等。系统周密的描述是正确认识与解释社会现象的前提，只有在客观真实地描述现状的基础上才能说明现象之间的因果联系，同时发现新现象和新问题。

2. 描述性研究的基本要求

描述性研究的基本要求是指对社会现象的描述应当达到的基本标准，主要包括描述的准确性和概括性。准确性是指应该对社会现象的状况和基本特征等方面都要做精确的描述和说明，这就要求有一个准确的指标体系。例如描述中学生的价值观，首先要从理论上界定价值观的表现形式，然后从多方面设计出反映中学生价值观的指标体系。[1]

---

[1] 徐道稳.深圳市中学生价值观调查.青年研究,2003(2)

社会现象的测量不可能像自然现象的测量那样准确,这就要求研究者多角度设计指标,尽可能做到对社会现象的准确描述。描述的概括性则是指在社会研究中对社会现象的描述应当是能反映出总体及各个组成部分的普遍现象,而不应该只是个别的或片面的现象。描述的概括性包含两层含义:一是描述研究要反映总体状况的一般特征;二是描述研究也要对总体的各个组成部分作准确的概括。如研究下岗职工的生活质量,既要对下岗职工的总体状况如平均年龄、收入、消费支出等作一般的概括,也要对不同性别、不同年龄段、不同行业的下岗职工的生活状况分别描述,这样,人们对下岗职工的生活状况就有一个比较完整准确的掌握。

3. 描述性研究与探索性研究的差别

描述性研究和探索性一样都没有明确的假设,都是从观察入手来研究社会现象和社会问题,但是两者具有明显的差别。首先,描述性研究在研究的时间地点、研究内容、研究角度、研究对象的选择等方面比探索性研究更明确具体。其次,描述性研究在方法上与探索性研究有较大的差别。这种差别突出地表现在描述性研究所具有的系统性、结构性和全面性上。描述性研究常常采取严格的随机抽样方法来选择研究对象,研究样本的规模要比探索性研究中的规模大得多。描述性研究中资料的收集主要采用以封闭式问题为主,以自填、邮寄或结构式访问等方式进行的问卷调查;所得的资料必须经过统计处理,得出以数量形式为主的各种结果,并将这些结果和结论推论到总体。即用样本资料来描述总体的面貌。

总之,描述性研究在对社会现象进行认识上,比探索性研究前进了一大步。如果说探索性研究只是对现象的一种初步的"探测"的话,那么,描述性研究则可以说是一种对现象的全面的"清查"和系统的反映;如果说探索性研究所得到的只是某种"提示"、某种"印象"的话,那么,描述性研究所得到的则应该是有关这一现象的"整体照片",或者说是一幅缩小了的"总体模型"。①

### 三、解释性研究

1. 解释性研究的含义

简单说来,解释性研究就是对于社会现象或事件之间因果关系的研究。在社会研究中,研究者对社会现象和事件的认识不能只停留在探索性和描述性的层次上,还要说明社会现象及事件发生的原因,并预测其发展的后果,也即需要探讨社会现象之间的因果联系。例如,在研究犯罪问题时,研究者往往不只是要了解全社会的犯罪率有多高,或者各个地区或人群中的犯罪率的分布(是什么?),而且更重要的还是要了解导致犯罪发生的原因(为什么?)。社会研究者在认识到现象"是什么"以及其状况"怎么样"的基础上,他还需要进一步弄明白事物和现象"为什么"是这样。既要知其然,又要知其所以然,这样的研究就是解释性研究。

2. 解释性研究的方法特点

由于解释性研究的目标是回答"为什么",是解释社会现象的原因和说明社会现象之间的关系,因此,在解释性研究中所要求的方法更加严格和细致。解释性研究是在了解社会现象的一般状况和主要特征的基础上探求这一现象的原因和作用机制,解释性研究在研究方案的设计上,首先要对所涉及的社会现象进行描述性研究,即对有关的变量进行测量,然后在此基础上对变量之间的关系进行分析,以确定它们之间是否存在相关,并进而判断它们之间是否存在因果关系。总之,解释性研究需要比描述性研究的程序更复杂,方法更精致、更严谨,针对性也更强。

3. 解释性研究中的因果模型

在定量研究方法中,解释性研究通常是首先提出研究假设,然后从理论假设出发,设计出调查方案(收集资料的方案),并采用各种调查

---

① 风笑天.社会学研究方法.北京:中国人民大学出版社,2001.68

方法去收集经验材料,最后通过对资料的分析来验证假设,达到对社会现象进行理论解释的目的。解释性研究的方案设计首先要明确提出所需检验的假设,并且其理论假设一般是一种因果模型,它一般包括以下几个层次的方式:

(1)列出现象的原因或后果。即根据现有的理论,或依据日常经验或探索性调查的成果而初步找出某种社会现象各种可能的原因,然后从中挑选出几种主要原因,建立关于因果关系的假设。

(2)提出某种社会现象的主要原因(或后果)和次要原因(或后果),即对各种因果变量的关联强度提出理论假设。

(3)建立复杂的因果模型。社会现象是错综复杂、相互作用和相互联系的,因此社会研究者往往采用复杂的因果模型来反映社会现象之间复杂的因果关系。

4. 解释性研究与描述性研究的差别

描述性研究既要描述总体的一般状况,也要描述总体的各个组成部分的状况。而解释性研究在内容上往往不像描述性研究那样面面俱到,它一般是针对某一个具体问题提出假设,通过问卷调查等方法来搜集资料,最后验证假设。所以,解释性研究在内容上更加集中,更具有针对性。在分析方法上,解释性研究往往要建立理论模型,通过相关、回归、对数线性模型等高级统计方法来分析模型中各因素之间的关联强度,从而达到检验理论模型的目的。在研究假设上,描述性研究一般不需要假设,而解释性研究需要有明确的假设。最后,需要说明的是,描述性研究和解释性研究的划分并不是绝对的,现实生活中的大多数社会研究往往是两者的综合,只是研究的侧重点有所不同。

## 第三节 普查、抽样调查和个案调查

社会研究常常以整体或区域性的社会或其中的某些群体和组织为对象,但在通过调查而收集资料时,往往并不将研究对象群体中的所有个体都加以调查,而是选取其中的一部分人加以调查。在收集资料的过程中选取多少人来做调查,要依据研究的目的,要求以及相关的条件来决定。按照调查中选取被调查者的人数及其占总体中的比例,以及选取被调查者和实施调查方法的不同,可以将调查活动分为普查、抽样调查和个案调查。

## 一、普查

1. 普查的含义

普查又称普遍调查或整体调查,是指在一定范围内对调查对象的全部单位无一例外地逐个进行的调查。如全国人口普查就是在全国范围内对每个人进行的调查,一个学校的学生普查就是对全校每个学生进行的调查。大至一个国家,小至一个单位,只要对其中每个个体进行调查就是普查。普查可采用不同的方式进行。例如,可以采用填写报表的方式,即由上级制作普查表,由下级根据已经掌握的资料进行填报。如国家统计部门每年进行的国民经济和社会发展状况普查,就采取这种方式。普查的另一种方式是直接登记,即组织专门的普查机构,派出专门的调查人员,对调查对象进行登记。如全国人口普查、工业普查、第三产业普查等。对一个国家来说,普查一般都是对某些重大国情、国力项目进行的调查,这种调查能够对现状做出全面、准确的描述,从而对制定国民经济和社会发展计划、合理配置和充分利用各种资源具有重要意义。

2. 普查的主要特点

第一,结论确定。由于普查是对所有调查对象进行全面的、无一例外的调查,所以调查的结果就是总体的状况,可准确地反映社会总体的一般特征,无需像抽样调查那样进行统计推论。

第二,资料精确普查的形式比较规范,一般采用统一的报表或调查表格,填写资料的时间和填写要求也有统一规定,所有这些保证了普查资料的准确性和精确性。

第三,调查项目少。由于普查所涉及的调查对象往往数量大、分布广,因而很难对每一个调查对象都进行比较全面和深入细致的调查。普查所涉及的调查项目一般都较少,并且资料缺乏深度。

第四,工作量大。普查需要调动大量的人力、物力,且耗时较长。

由于普查的工作量大,所花费的时间、人力和经费很多,因此,除政府统计部门外,一般的社会研究很少采用这种方法。当调查课题需要了解总体的一般状况时,研究人员大多采用抽样调查。

## 二、抽样调查

1. 抽样调查的含义

抽样调查是按照一定的方法从研究对象的总体中抽取一些个体作为样本来进行调查,并通过样本统计量来推论总体情况。在社会研究中,由于客观条件的限制或由于研究目的的要求,往往无法或没有必要对每一个研究对象都进行调查。例如,要了解全国大学生的思想状况,研究者没有必要将全国几百万大学生都逐一进行调查,而只需从其中抽取几千人进行调查就可以了。如果被调查的样本是采用科学的抽样方法从总体中抽取出来的,那么调查结果就能够较好地反映总体的状况,从而可以推论到总体。

抽样调查的核心在于抽样。"抽样"是指研究者按照一定的科学方法从被研究的总体中抽取样本的过程。为了节省调查所需要的人力、时间和经费,抽样调查应用数理统计原理而设计了多种抽样方法,并且在实际调查过程中对抽样方法及技术有很高的要求。抽样调查是20世纪30年代以后随着抽样理论、统计分析方法、问卷技术、计算机技术的完善和普及而发展起来的,它常与问卷方法、统计分析原理和技术以及计算机技术相结合,在社会研究中得到越来越广泛的应用。随着现代统计学和概率论理论的不断发展,以此为基础的现代抽样理论和抽样方法也不断发展完善,使抽样调查的科学性越来越强,为人们通过样本来认识总体开辟了良好的途径。本书第四章将对抽样方法进行比较详细的介绍。

2. 抽样调查的特点

抽样调查的特点是:首先,它只对总体中一定数量的个体进行调查,因此比普查要节省时间、人力和经费。其次,由于调查规模有限,因此抽样调查的内容可以比较广泛和深入,并且资料的标准化程度较高,可以进行较深入的统计分析和概括。最后,由于采用了科学的抽样方法,研究者可以将抽样调查的结果推论到总体,从而了解总体的一般状况和特征。概括起来看,抽样调查的结果具有客观性和普遍性,因此广泛应用于社会研究的各个领域。

### 三、个案调查

1. 个案调查的含义

个案调查是从研究对象中选取一个或少数个体(这些个体被称为个案)进行深入细致调查的一种研究方式。它的主要作用是详细描述某一具体对象的全貌,了解事物发展、变化的全过程。个案可以是个人,也可以是家庭、企业、社区、组织等。费孝通先生的《江村经济》就是以社区为个案,当代社会学和人类学领域中许多学者也大量采用个案社区调查的方法。与抽样调查相比,个案调查不是无差异地描述样本中众多个体同一方面的特征,而是根据被调查者的具体情况而深入地挖掘个案的独特性,从中发现有价值的资料,进而帮助研究者形成理论假设。社会研究中的个案调查方法类似于医学和法学对病人或罪犯的案例分析,这些分析一般都要详细了解案主的家庭状况、生活环境、个人经历、社会关系、健康状况等,以探寻其独特的病因或犯罪动因。19世纪末和20世纪初期,人们在社会研究中广泛借鉴了这种方法,研究者从工人、家民、贫民、娼妓、乞丐、少数民族、原始部落、社区、企业等社会单位中选取一些具体对象作为个案,详细而且深入地了解人们的社会活动、生活方式、行为模式、价值观念、文化规范等等。在这些个案研究中,发展了许多适用于社会研究的具体方法和手段,如参与观察、深度访谈、生活史研究、社区研究、个人文献分析等。

2. 个案调查的特点

第一,调查的深入性。由于个案调查只需要选取少数的被调查者,因此对每个对象调查的内容可以相当广泛和深入,有利于深入地了解调查对象多方面的内在特点和外部表现,并且更加直接地深入理解调查对象行为的真实意义和原因,而不像普查和抽样调查那样常常只能从调查对象的少数外部特征及其行为的外部表现去分析其行为的意义和原因。

第二,由于调查对象比较少,因此,个案调查一般比较节省人力和经费。

第三,个案调查一般不需要动员众多的调查员,而只需要由研究者或少数经过专门训练的调查人员进行调查,因此调查的质量往往更高。

第四,在个案调查中,由于需要深入了解被调查者的各种情况,其调查过程中调查者和被调查者往往有较长时间的和深入的互动,在这一过程中调查者的主观态度及其语言和行为会对被调查者产生很大的影响。并且在对调查资料的记录、整理和分析中,研究人员的主观性也常常会对其结果产生影响。因此,这种调查活动对调查人员的要求很高,一般需要由经过专门训练的调查人员来担当调查工作。

第五,由于个案调查的调查对象很少,并且一般都没有按随机抽样的方法抽取调查对象,因此不能按照统计学的原理来将其调查结果推论到总体。在同质性很强的传统社会中,研究者可以按自己经验的判断来将一些个案研究的结论应用到总体,并且其结果往往证明这种推论是有效的。但随着当代社会变得越来越复杂,简单地将个案研究结论直接应用到总体发生偏差的可能性也在增大。因此,当代社会中个案调查往往是研究者发现问题的工具,而不是证明理论的方法,并且越来越多的研究者愿意同时采用个案调查与抽样调查,以便能同时利用二者的长处。

3. 个案调查与典型调查、重点调查

由于一般性的个案调查结论对总体的代表性较差,为了克服这一弱点,研究者往往依照主观判断来选取一些特殊个案,以提高个案调查结果对总体的代表性。在此方面主要有典型调查和重点调查的方式。典型调查是指研究者根据自己的知识和经验在被研究的总体中有目的地选取一些典型的个案来加以调查。所谓典型个案,是指能够代表总体中某类群体突出特征的个案。例如,要研究一个班级学生的学习情况,按照典型调查的方式就应该从学习成绩好、中、差等几个等级中分别选取一定的个案来调查。这些从各个不同群体中选取出来的个案具有其所在群体的特征(学习成绩的好、中或差),因此,能够更好地代表其所在的群体。将这几类典型个案都做了调查以后,研究者就可以更好地把握全班总体的情况。典型调查属于个案调查中的一种特殊形式,它也具有节省人力物力、调查内容都比较深入全面等特点,但典型调查与一般的个案调查也有明显的不同。典型调查要求调查对象具有典型性或代表性,它试图通过深入地"解剖麻雀",以少量典型来概括或反映总体,从特殊性中发现一般性,而一般的个案调查不要求调查对象具有典型性或代表性,它不试图以少量单位来概括或反映总体的状况。

一般的个案调查和重点调查也有所不同。重点调查是对某种社会现象比较集中的、对全局具有决定性作用的一个或几个单位进行的调查。重点调查的对象不一定要有代表性,但必须在总体中占有重点的地位或在总体中占有较大的比重。例如,通过对鞍山钢铁公司、武汉钢铁公司、宝山钢铁公司等几个重点钢铁公司生产和销售情况的调查,就能掌握全国钢铁生产、销售的基本情况。重点调查中调查的单位不多,花费的力气不大,却能了解到对全局具有决定性影响的基本情况。

## 第四节　定性研究与定量研究

第一章中已经谈到,当代社会研究中,研究者对社会事实有不同的理解,并且因此而产生了不同研究的逻辑。一些研究者注重在社会事实的形成中的人的主体性作用,注重通过深入地理解人们行为的意义来认识社会事实,而另外一些研究者则认为可以将社会事实看成是一个与自然界一样的客观事实,主张采用实证主义的研究逻辑。由于对研究对象性质有不同的理解和采用不同的研究逻辑,因此,在研究方法方面也形成了两类不同的方法体系,它们分别被概括为定性研究和定量研究。

### 一、定性研究

1. 定性研究的含义

定性研究是通过参与观察、深入访谈、文献分析等方法对某一社会现象进行深入的调查,并采用分类、比较、归纳、矛盾分析等方法对调查资料进行加工分析,从而获得对该社会现象的总体有较深入认识的一种研究类型。定性研究强调通过对个案的深入调查而直接深入到纷繁复杂的社会事务中进行深入的考察;在调查过程中强调通过人的主体性去理解研究对象行为及其环境的真实意义,从而直接探寻社会现象的内在本质特征,从个别的、典型的材料中得出普遍性的结论。

2. 定性研究的特点

定性研究的特点可以从其哲学基础、研究目标、分析方法、资料收集方法和技术以及研究者与研究对象之间的关系等方面看出。

首先,从其哲学基础上看,定性研究是基于人文主义的哲学基础,认为社会与自然有本质上的不同,因此不能将自然科学的方法论简单地应用到社会研究中,而应该重视人的主观性,强调通过投入理解的方法来获得对社会现象和人的行为的真实意义的理解。

其次,从研究目标上看,定性研究一般注重在复杂的心理、文化和社会生活环境中去理解社会现象的意义,而不是简单地去寻找社会现象的某种因果关系。

再次,从收集资料的方式上看,定性调查主要采用参与观察和深入访谈等方式,有时也采用文献资料的方法,而一般不采用量表、问卷等手段。

最后,从分析和表述的方法上看,定性研究主要采用语义分析和文字描述等分析方法,并有时辅之以图片和实物,不常采用统计分析、数学符号和形式逻辑的表述方式。

## 二、定量研究

1. 定量研究的含义

定量研究是运用基于统计原理和概率论对社会现象的数量特征、数量关系和事物发展过程中的数量变化等方面进行的研究。社会研究中的统计调查和实验研究属于定量研究。在定量研究中,研究者一般通过问卷调查、统计文献资料或实验等方式去收集有关调查对象的数据资料,然后对这些数据资料进行统计分析,以发现所研究的社会现象存在的状况和相应的因果关系。

2. 定量研究的特点

定量研究的特点也可以从其哲学基础、研究目标、分析方法、资料收集方法和技术以及研究者与研究对象之间的关系等方面看出。

首先,从其哲学基础上看,定量研究是基于实证主义的哲学基础,认为社会与自然在本质上是相同的,因此可以将自然科学的方法论应用到社会研究中。

其次,从研究目标上看,定量研究一般注重将所研究的问题从复杂的文化及社会背景中抽象出来加以具体的数量化描述,并分析其因果关系。

再次,从收集资料的方式上看,定量研究主要采用量表、问卷等手段去进行调查,并通过被调查者的语言和行为等外部信息去获得有关的经验资料。

此外,从分析和表述的方法上看,定量研究主要采用统计分析方法,并且常常采用数学符号和形式逻辑的表述方式。

### 三、定性研究与定量研究的比较

1. 两类方法基本特点的比较

定性研究侧重和依赖于对事物的含义、特征、隐喻、象征的描述和理解;而定量研究侧重于且较多地依赖于对事物的测量和计算。从方法论上说,定性研究从属于人文主义的研究范式,即研究应在自然的环境和条件中进行,研究所获得的结果和意义也只适应于这种特定的环境和条件;定量研究属于实证主义范式,其研究方法更接近自然科学。从研究的逻辑过程看,定性研究基于描述性分析,它在本质上是一个归纳的过程,即从特殊情景中归纳出一般的结论;而定量研究则与演绎过程更为接近,即它从一般的原理推广到特殊的情景中去。在研究方式上,定性研究更强调研究程序、研究方式和研究手段上的灵活性、特殊性,实地研究是定性研究最常见的研究方式,参与观察、无结构访问、个人生活史是定性研究中主要的资料收集技术;定量研究更强调研究程序的标准化、系统化和操作化,抽样调查、内容分析是定量研究中常见的研究方式,量表、测量问卷调查、结构式访问、结构式观察等是定量研究中常见的资料收集方法。

2. 两类方法优缺点的比较

定量方法和定性方法是当代社会研究中经常采用的两大类方法。它们各有其优缺点。

定量方法的优点首先在于,它能够快速地进行大规模的社会调查,因此能较好地适应当代社会需要随时把握社会发展变化趋势的要求。其次,定量方法通过运用统计和数学分析而大大提高了社会研究的标准化和精确化程度,并且讲求严密的逻辑推理,因而其结论更准确、更科学。最后,定量方法还能大大提高理论的抽象化和概括性程度,并能够对社会现象之间的因果关系进行精确的分析。

但是,定量方法在社会研究中也有局限性。首先,由于定量方法是对大量样本的少数特征作精确的计量,因而它在每个个案那里获得的数据往往较少,并且是比较表面的,很难获得深入、广泛的信息,容易忽略被调查者深层的动机和具体社会过程中的一些复杂因素。其次,由于社会现象是错综复杂的,一种社会现象的产生往往有众多难以控制的影响因素,因此,很难客观、准确地确立两个变量之间的因果关系。此外,由于许多社会现象都是独特的,无法得出普遍的经验概括,因而也无法依赖数量分析。基于上述理由,一些人认为,定量调查常常只能得到表面的、浮浅的信息,而不能抓住事物的本质特征,因此推崇定性研究方法,认为社会是由活生生的人和具体的社会活动组成的,必须根据对人的动机和主观意义的理解来认识社会现象,在社会研究中只有通过对日常生活的直接观察和深入体验,才能获得有关社会生活的有效知识。

定性方法虽有其能够深入理解社会现象本质的突出优点,但也存在一些缺点。例如,定性方法所获得的结论难以在较大范围中推论到总体;其研究成果很难以数学的语言加以精确的描述。此外,在规模相似的情况下,定性研究往往要比定量研究耗费更长的时间,并且定性研究方法的标准化程度不高,不易动员大量的人员参与调查工作,难以形成统一的大规模社会研究行动,与定量研究相比,它更难以应用于当代社会中经常需要的大规模的、快速的社会研究。

由于定性研究和定量研究各有长处和缺陷,很难说哪种研究方式更好。在社会研究中应该运用哪种方式,这不仅取决于研究者的个人兴趣和知识及技术背景,而且取决于他所要解决的问题,应该说把定性研究和定量研究结合起来是最好的。目前,社会科学家所能做到的也只是在资料收集和分析中结合主观洞察的方法。可以说,定量方法与定性方法、统计调查与实地研究在社会研究中是相互补充、相互依赖但又独立地发挥着各自的作用。当前主要的发展趋势是:定量方法的应用领域愈来愈扩大,现时人们也愈来愈深刻地认识到定性方法在社会研究中的特殊意义并尽可能使它系统化。目前看来,排斥二者中任何一类方法都是不可能的,并且试图将二者完全结合、融合到一起也是很困难的。因此,这两类方法并存的局面还将长期继续下去。

## 第五节 横向研究与纵向研究

社会研究有不同的时间跨度,有时候需要对当前普遍存在的社会现象加以研究,有时候又需要对某种社会现象的历史发展加以研究。按照社会研究的时间跨度,可以将其分为横向研究和纵向研究。

### 一、横向研究

1. 横向研究的含义

横向研究又称横剖研究,它指的是关于某类社会现象在一个时间点或时间段里的存在状况及其因果关系的研究。横向研究一般在一个时点或时段上广泛地收集研究资料,并用以描述研究对象在这一时间点上的状况,或者探讨这一时间点上不同变量之间的关系。大多数的社会研究项目都是横向研究。例如,民意测验、市场调查和人口普查都是横向研究的例子。我国第五次人口普查是调查在2000年11月1日零时这一时刻的人口状况,零时以后出生的人口不在调查范围之内。之所以做这样的规定,是为了减少调查误差,避免调查的重复或遗漏。不过在许多情况下,横向研究的时点并不向人口普查那样严格,如民意测验的时点可能是某一天或某几天。另一些横向研究所包含的时间段还可能是几个星期或几个月。

2. 横向研究的优缺点

横向研究是社会研究中最常见的一种形式,特别是各种探索性研究和描述性研究,基本上都是采用横向研究的形式进行的。横向研究的优点是调查面广,多数采用统计调查的方式,资料的格式比较统一,标准化程度较高,而且资料来源于同一时间,未受到时间变化的影响,因而可对各种类型的研究对象进行描述和比较。横向研究并非只能静态地描述某种社会现象在特定时点或时期中的状况,许多解释性研究也同样可以采用横向研究,并且横向研究还能够用于描述和解释社会变迁。另一方面,横向研究也有一些缺陷,例如,在进行关于社会变迁的研究中,横向研究的资料只能对变迁进行间接的推测,而不能直接论证。

## 二、纵向研究

纵向研究指的是在前后不同的时间里分别对某种或某些社会现象进行调查,收集该社会现象在当时的资料,将这些资料结合起来分析,以描述某种社会现象的发展变化,以及解释不同现象前后之间的联系。纵向研究包括的范围很广,如社会史研究、生活史研究、政治制度史研究、家庭生命周期研究。纵向研究并不局限于历史研究,它也关注现实问题,如犯罪问题、人口问题、离婚问题都可以采用纵向研究的方式。纵向研究主要有三种不同的类型。

1. 趋势研究

趋势研究(trend studies)是对某种社会现象随时间推移而发生变化的研究。趋势研究的目的是要揭示某种社会现象的变化趋势或规律。对同一总体的趋势研究实际上相当于对这一总体进行若干次同样研究内容、同样研究方法的横向研究。比如,通过对我国每个五年计划中GDP的数据的比较来分析我国经济发展变化的趋势和规律,通过对每次人口普查数据的比较来分析我国人口发展的趋势。趋势研究的目的是通过对一般总体在不同时期的态度、行为或状况进行比较,以揭示和发现社会现象的变化趋势或规律。需要强调的是,趋势研究在不同时点上所进行的若干次横向研究必须是具有同样的研究内容,采用的是同样的测量方法,得到可比较的经验数据。更具体地说,每次研究所问的问题都应该是一样的。如果问题不同,历次的资料就无法进行比较。

2. 同期群研究

同期群研究(cohort studies,亦称"队列研究")是对同一时期、同一类型的研究对象随时间推移而发生的变化的研究。如调查20世纪50年代大学毕业生在各个时期所发挥的作用,或在不同时点调查1968—1970年上山下乡的知识青年在不同年代的思想发展过程。在这些调查中,虽然每次调查的样本是由不同的人组成,但是这些样本都是来源于20世纪50年代大学毕业生或同一年代的插队知青。同期群研究注重的是某一类型而不是某一个体的特征。所以,在不同时间可以调查不同的人,只要他们都属于同一类型。但每次调查的抽样都应当是随机的,以保证被调查到的样本可以代表这一类型的人。

3. 同组研究

同组研究(panel studies,又称"追踪研究"),它是对同一批研究对象随时间推移而发生变化的研究。例如,要研究人们在大学里的学习成绩会在多大程度上对他们后来的职业成就产生影响。研究者可以从一个大学班里挑选一批学习成绩各异的人来做同组研究。每隔几年(例如5年或10年)就对他们的职业成就做一次调查,看看当初成绩好的学生后来是否职业成就也更高,以及这种相关与职业生涯和生命周期有什么关系。

同组研究与同期群研究比较相似,二者的区别在于,同组研究每次调查所用的都是同一个样本,即第一次研究选定了这些人后,以后每次再研究时依然找这些人作样本,无论这些人后来分散在哪里,都必须要都找到他们以接受调查。而同期群研究中的样本没有如此严格的要求,只要被调查者是来源于同一时期的人群即可。

总之,纵向研究能够了解社会现象的发展过程,能比较不同时期的变化;由于各种变量的时间顺序清楚,纵向研究比横向研究更容易做出逻辑上的因果判断。但纵向研究比横向研究需要更多的时间和经费,这一特点决定了它不能被广泛使用。此外,追踪研究需要在多个时点调查同一对象,由于调查对象搬迁、死亡等多种原因,导致调查对象的减少,从而影响追踪研究的效果。

# 第三章 选题与研究设计

在社会研究的最初阶段中,选题和研究设计是其最主要的工作。进行社会研究,首先要选择一定的题目。在题目确定以后,需要设计研究方案。一项社会研究的选题和研究设计为后续的研究过程奠定着重要的基础,对整个研究工作产生着重要的影响。

## 第一节 选 题

### 一、选题的含义及意义

1. 选题的含义

任何一个社会研究项目都是从选题开始。所谓选题,是指社会研究者根据客观需要和自身的研究兴趣及条件等因素来确定研究题目的过程。所谓"研究题目",是指一项社会研究所要回答或解决的问题。社会研究的选题过程一般从以下几个方面去确定研究题目:一是确定研究题目的内容,即要研究什么问题;二是要确定研究的角度,即从什么角度或什么方面去研究该问题;三是要确定题目的层次,是宏观的、中观的还是微观的题目;四是要确定研究的目标,是主要解决理论问题还是主要是解决实际问题,或者二者皆有。例如,一个研究者试图对社会中的失业现象进行研究,在确定研究题目时,首先,需要将"失业问题"确定为研究题目的内容;其次,需要确定其研究的角度:是把握现阶段失业的实际状况,还是探究导致失业的原因,还是分析失业所带来的后果,或者是将这几个方面都包括在研究题目之中;再次,需要确定题目的层次:是研究全国性的失业问题,还是研究一个地区或一个城市的失业问题;最后,需要确定题目的研究的目标:重点是为了发展关于失业问题的理论,还是直接为了解决当前的失业问题,即这是一个理论性的研究还是一个实际性的研究。

选题过程是一个客观与主观相结合的过程。从客观上看,研究者确定研究题目需要根据社会实践和理论发展的客观需要;从主观上看,选题过程要受研究者的研究专长、能力和兴趣等自身的主观特点的左右。一般说来,应用性研究的选题更多地受客观实践需要的影响,而理论性研究的选题则更多地受研究者学术专长和兴趣的引导。

2. 选题的意义

选题过程对整个研究工作有重要的意义。首先,从研究工作的社会意义上看,一个合理的选题过程可以使有限的研究资源有效地集中在最急需解决的问题上,从而使研究资源得以合理的利用。在任何一个社会中都有大量的问题需要研究,但在特定的时期内,社会中的研究资源(研究人员、经费等)往往又是很有限的。因此,需要合理地选择研究题目,集中有限的研究资源优先解决最重要的议题。其次,从研究过程来看,选题规定着研究工作的总体目标和整个研究工作的具体内容。一般说来,研究者在确定一个研究题目时,要对这个题目的研究目标、研究内容和研究方法等方面做出全面的考虑。研究题目一旦确定后,后面各个阶段的研究工作内容也随之而得以确定。从研究实践上看,后面各个阶段中的研究工作都在不同程度上是按照选题阶段所确定的研究目标、研究视角及研究方向而进行的。因此,社会研究中的选题过程往往是研究者对一个研究项目进行总体规划的过程,选题过程的质量对一项研究工作的整体质量具有举足轻重的影响。

## 二、选题的标准

选题过程事实上是研究者按照一定的标准从大量的理论及实践问题中选择一定的研究题目来进行研究。在这一过程中,研究者要按照一定的标准去选择研究课题。所谓选题的标准,是指研究者评价和选择研究题目时所采用的一般标准。选题的标准包括客观和主观两个方面的标准。客观的标准一般包括题目的重要性、新颖性和可行性,而主观的标准则是指研究题目要适合研究者的特点。

## 第一节 选 题

1. 选题的客观标准

选题客观标准的基础在于选题要符合社会实践或理论发展的客观需要。一般说来，既不符合实践的需要，也不符合理论发展需要的题目是没有意义的题目。在符合社会实践或理论发展需要的基础上，需要根据重要性、新颖性和可行性的原则来选择研究题目。

所谓"重要性"是指一项研究题目的意义和价值，它一般是根据所研究的问题在社会实践和理论发展中的地位、作用而决定的。一个研究题目对解决重大社会实践问题和理论的重大发展的关系越密切，其重要性程度也越高。

所谓"新颖性"，又称"创造性"或"创新性"等，是指研究题目具有与其他人所不同的内容和特点。新颖性可以体现在不同的方面。首先，是研究领域的新颖性，即在一个新的、前人尚未涉足的实践或理论领域的研究。研究领域的新颖性是最高层次的新颖性，具有这种新颖性的研究一般可以称为是"填补空白"的研究项目。其次，是研究视角的新颖性，即从不同的角度去对一个旧的问题进行新的研究，从而可能得出不同的结论。再次，是研究内容的新颖性，即对前人已经研究过的问题补充不同的研究内容，从而进一步挖掘前人尚未发现的新问题，并丰富人们对有关问题的知识。最后，是研究方法的新颖性，即采用新的方法去对有关问题进行新的研究，以扩展或深化已有的研究，或突破以往研究方法的局限，发现以前难以发现的规律。

所谓"可行性"是指一项社会研究项目是否具备相应的研究条件。它包括以下几个方面：首先，是研究人员的可行性，即是否有足够的合格研究者及辅助人员。其次，是研究方法的可行性，即现有的研究方法是否能够解决所想要研究的问题。再次，是组织体系的可行性，即是否需要并且能够得到必要的组织配合。另外，是物质条件的可行性，即是否具备完成该项研究所需要时间、经费、工具和其他物质手段。最后，是社会可行性，即该项研究是否符合法律、道德、习俗和政治标准，其研究过程和研究结论是否能够被社会所接受。只有同时具备以上各个方面的研究题目才是在总体上具有可行性的研究题目。

2. 选题的主观标准

所谓选题的主观标准是指在选题过程中研究者根据自身的价值观、态度、研究兴趣和其他自身的条件而自觉或不自觉地设置的标准。

首先,研究者在选题过程中要受自身价值观和社会态度的左右。在其他各种主客观条件差不多的情况下,研究者往往要根据自身的价值观和社会态度而对一个题目的重要性程度进行评价,以确定各个题目在其研究工作日程上的相对优先性。对研究题目的优先性选择既是基于问题本身的客观重要性,也取决于研究者对其重要性的主观评价。在这一过程中,个人的价值观、社会态度和其他"偏好"往往会对选题过程产生很大的影响。

其次,研究者在选题过程中还受其学术兴趣的引导,尤其是在一些理论性的研究项目中,个人研究兴趣往往是选题过程中的一个重要标准。每个研究者都有一些不同的学术兴趣,他们在选择题目时往往会更倾向于选择那些他们更感兴趣的题目。

### 三、题目的来源及选题方式

1. 题目的来源

社会研究的题目主要来源于社会实践和理论的发展。

首先,社会实践是研究题目的主要来源。在社会实践的各个领域中有大量的问题需要研究。社会越是处于快速发展的阶段中以及越是在发展变化快的领域中,需要研究的问题也就越多。并且在社会发展的各个阶段和各个领域中都有一些问题会对当前的社会运行及发展产生重大的影响,或者对社会实践各个领域的长期发展产生深远的影响。因此,社会实践各个领域中的决策者和研究者应该密切注意该领域中社会实践的变化,通过直接参与社会实践和总结实际部门工作的经验,以及通过密切观察和体验社会生活而及时发现存在的问题,尤其是要注意把握对当前的全局和对未来长期发展有重大影响的问题。

其次,社会科学各个领域的理论发展也是社会研究题目的重要来源。尽管从根本上说社会科学理论是对社会实践的反映,但理论发展过程也有其自身相对独立的规律和逻辑,理论研究的过程本身也会产生很多的问题。在很多情况下,社会研究中选题的来源并不局限于当前社会实践的需要，可以是来自于理论研究中所发现的问题。研究和解决理论发展中的各种问题，不仅会对理论发展起到直接的推动作用，并且最终会有利于解决社会实践中的各种具体问题。对于社会理论的研究者来说，应该密切关注理论发展的动态，及时发现其中值得研究的问题。

在社会研究的选题过程中，直接来自于社会实践和理论发展的题目都是很重要的。对研究者个人来说，是从社会实践中还是从理论发展中选择研究题目，主要取决于个人的学术背景、研究基础和研究的兴趣。但从社会整体的角度看，在做社会研究规划时则应该在这两类选题之间有一个大致的平衡，使社会研究的力量能同时兼顾到当前的社会实践和长期的理论发展两个方面的需要。当然，在研究资源有限的条件下，社会科学研究的规划中往往会根据实际情况而向某一方向倾斜，以便更好地利用有限的研究资源。另外，在社会研究的选题中，对于来自社会实践的问题并非只能做应用性研究，对于来自于理论发展的问题也并非只能做理论性的研究。相反，研究者们常常对社会实践中提出的问题做理论性的研究，并且根据理论发展中提出的问题而做应用性研究。

2．选题方式

在具体的社会研究中，研究者们往往通过各种不同的方式选择研究题目。可以大致地将选题方式分为研究者选题、实际工作部门定题和学术界选题等几大类。

（1）研究者选题。研究者选题的基本方式是研究者按照自己对社会实践及理论发展的理解，根据自己的研究兴趣、学术发展的需要以及其他相关的条件而选择一定的研究题目。研究者选题又分"纯自主选题"和"申报研究课题"两种不同的方式。

① 纯自主选题。研究者的纯自主选题是指完全由研究者自己选定研究题目，不受任何组织和个人的影响。在纯自主选题的方式中，研究者的自主性和学术兴趣能够得到很好的体现，但却往往与实际工作部门的关联程度较低，并且由于缺少研究经费而难以支撑较大型的研究项目。因此，纯自主选题一般只用于一些教学性的研究项目和纯粹

按照个人学术兴趣出发的项目。

② 申报研究课题。申报研究课题是社会科学研究中较常用的选题方式。申报研究课题是由研究者根据研究基金组织或一些实际工作部门的要求拟订研究题目,并向研究基金组织或有关的实际部门申请立项和经费。研究基金组织或实际工作部门对课题申请人的研究题目及研究申请书加以审核后决定是否同意立项,并向通过审核并立项的研究项目提供研究经费。在研究课题申报的方式中,研究基金组织或实际工作部门一般会以"申请课题指南"等方式对申请者的选题范围做出一定的限定,但研究者在确定具体的题目和研究内容方面一般也有一定的自主权。

(2) 实际工作部门定题。实际工作部门定题的基本方式是由各类从事实际工作的部门(政府机构、企业或其他组织)根据其业务工作和组织发展的需要而拟订研究课题,并且以各种方式让研究者来承担这些课题的研究工作。实际工作部门定题也分为各种不同的方式。

① 上级定题。上级定题是指由研究组织的领导或其上级组织拟订研究题目,要求研究者按规定完成研究任务。这类选题方式一般用在专门的研究机构中。研究机构往往会按照上级部门的计划安排和本单位学术发展的需要而拟订一些题目,然后作为研究任务而分派给一定的研究人员。这种选题方式的优点在于选题可以较好地符合上级部门的意图,并且选题过程比较简单,比较适合于一些时效性较强的研究项目。在我国计划经济时代,很多研究题目是以这种方式而选定的,目前,在一些研究机构中仍然在一定程度上采用这种选题方式。

② 委托研究课题。所谓"委托研究课题",是指由实际工作部门(政府或企业等组织)委托研究机构和研究者承担前者的研究项目。许多实际工作部门在其业务工作和组织发展中都有大量的问题需要研究,但由于其自身的研究能力有限,因此,常常需要委托有关的研究机构及研究者代为从事课题研究。在这种情况下,实际工作部门常常是自己根据需要而拟订一些研究题目,直接委托给有关的研究机构或研究者,或者通过招标的方式去选定研究机构和研究者。

在我国的社会科学研究中越来越多地采用招标的方式去选定研究

者。研究课题招标是指由实际工作部门(政府机构或企业等组织)根据其工作的需要而提出一定的研究题目,通过招标的方式去征集研究者。在研究课题招标的方式中,招标方一般会提出具体的研究题目,要求投标者在其标书中按照要求拟定一定的研究计划。招标方在经过对投标者的标书进行评审以后确定中标者。与研究课题的申报所不同的是,招标项目一般说来实用性更强一些,更多地体现了招标方对研究成果的需要。招标方一般会事先拟订具体的研究题目,而投标者一般只能按照招标方的题目去设计研究计划。

(3) 学术界选题。学术界选题是指通过学术界有关学科领域中学者们的共同商讨来确定研究题目。学术界选题是集中有关学科领域中学者们的意见,通过学术界的集体智慧来确定研究题目。这类选题的基本方式是先由一些在一个领域中比较权威的学者们共同讨论确定一些研究题目,然后邀请研究者按照定好的研究题目来申请承担这些研究课题。

学术界选题有不同的具体形式。首先,学术界在拟订研究题目中自主性程度不同。一种形式是完全性的学术界选题,即完全由学术组织来召集有关学者讨论研究选题。另一种形式是政府引导下的学术界选题,由各级政府或其职能部门的社会科学研究管理部门来召集有关学者讨论研究选题,并在此过程中,政府及其职能部门要对研究选题的基本原则和方向做出规定。其次,学术界所拟研究题目的具体化程度也不同。有时学术界集体拟订的研究题目比较粗略,只确定一个大致的研究方向(例如只是制定一个"课题指南"),而申报承担这些研究课题的研究者可以根据"课题指南"的基本方向和原则去设计一些具体的研究题目。但有时学术界集体拟订的题目也可能很具体、很严格,要求申请者完全按照实现拟订好的研究题目去"投标"。

## 四、选题过程

由于社会研究的选题是从众多需要研究的问题中选择最急需、最值得研究和最具有研究可行性的研究题目,因此,选题往往是一个比较复杂的过程。尤其是比较大型的研究课题其选题过程就更为复杂。所谓选题过程也就是在选题阶段需要进行的程序和工作,它一般包括:了解社会实践和理论发展中需要解决的问题,初步选择研究题目,论证研究题目的意义,确定研究的范围、层次和内容,以及论证研究项目的可行性等。

1. 了解社会实践和理论发展中需要解决的问题

社会研究的题目来自于社会实践和理论发展,因此,在社会研究的选题过程中,选题者首先要了解具体的社会实践和相关的理论发展动态。尽管选题者一般都对自己的工作和研究领域比较熟悉,但在选题时常常需要超出自己具体工作和研究领域的视野,在更广泛的领域中去发现问题和确定问题的重要性和新颖性。因此,在选题的前期阶段一般需要做一些探索性调查或者大量收集和分析有关的文献资料,以更广泛地了解有关的实践和理论发展状况及其当中值得研究的问题。一般说来,在这一阶段中需要回答以下一些问题:

(1) 在选题者的工作和研究领域中有哪些应该研究的问题?(提出问题)

(2) 这些问题是否具有广泛的社会意义?(问题是否具有重要性)

(3) 其他人是否已经解决了这一问题?(问题是否具有新颖性)

2. 初步选择研究题目

选题的第二步是初步提出研究题目,即按照对社会实践和理论发展中各种问题的分析,找出最为重要和新颖的问题,并将之初步设为研究题目。在提出一个研究题目时,研究者往往需要认真地对各种问题的重要性和新颖性进行比较,以找出最值得研究的问题。

3. 论证研究题目的意义

在初步提出了研究题目以后,一般需要对这一题目的意义做出严格的论证。一个研究题目的意义一般可以从其重要性和新颖性两个方面来分析。论证研究题目意义的目的一方面是为了使研究者更加明确其研究的目标和价值;另一方面是为了使上级领导和研究资助者明白该题目的意义,以使研究工作获得更多的社会支持。在申报研究课题和课题招标项目中,一般都要求申请人和投标人对课题的意义做出论证,以确定研究者对该项研究项目是否有较深入的理解。

4. 确定研究的范围、层次和内容

在提出了研究题目,并且对其意义进行了论证以后,还需要确定该题目的研究范围、层次和内容。所谓研究范围,是指研究工作所涉及的范围,也即在相关的调查工作中所涉及对象的范围:是一个组织、一个社区,还是一个大的地区甚至是整个国家的范围。所谓研究的层次,是指研究工作分析单位的层次是个人还是社区或组织。所谓研究内容,是指研究项目所包含的具体研究事项。研究内容一般按照研究主题的要求而展开。一般说来,一个研究题目往往可以从各种不同的角度去展开研究,因此一个题目可能有多方面的研究内容。

5. 论证研究项目的可行性

在论证了研究题目的意义和确定了研究的范围、层次和内容之后,还需要认真论证完成该项研究的可行性,可行性比较低的研究题目应该去掉。可行性论证一方面是为了帮助研究者进一步理解研究项目及其所需要的方法,为下一步的研究工作做出准备,而另一方面则是为了获得上级的支持和有关机构的经费支持。

## 第二节 研究设计

在完成了选题以后,研究者并不是马上进行收集资料的工作,而是要进行研究设计的工作。所谓研究设计,是指研究者对整个研究工作进行规划和安排。社会研究工作往往具有复杂的内容和程序,尤其是比较大型的社会研究项目往往就像一个复杂的工程项目一样,要涉及许多方面的任务、技术和程序。因此,在具体的研究工作开始以前,需要对研究工作的方方面面都做出计划和安排,以便整个研究工作的每一个阶段和每一项任务都能有明确可行的方案。研究设计所涉及的内容相当广泛,但最主要的包括以下几方面内容。

### 一、明确研究目的与研究性质

1. 确定研究目的

一项社会研究的目的对整个研究工作起着规范方向的作用,因此在进行具体的研究工作之前首先要明确研究目的。尽管许多社会研究项目在选题阶段已经对研究的目的做出了探讨,但在研究设计阶段仍然需要进一步明确研究的目的。每项社会研究都有其自身的目的,研究者需要根据选题的要求和具体的条件对研究目的做出明确的规定和陈述。一般说来,在研究设计阶段需要从两个方面去明确研究目的。

首先,确定研究目的的层次。社会研究的目的大致可以分为探索性研究、描述性研究和解释性研究等不同的层次。在本书第二章中已经对这些类型研究的特点加以了分析和介绍。每项具体的社会研究项目的研究目的可以定位在某一个层次上。社会研究项目以描述性研究和解释性研究为多,但有些大型研究项目的先导性研究项目的目标往往也定位在探索性研究的层次。一般说来,较高层次的研究目标往往包含了较低层次的研究目标。例如,一个以解释性研究为目标的项目往往同时也要进行探索性研究和描述性研究。此外,在有些社会研究项目中还具有超出这几个层次之外的目标。例如,有些研究项目在进行了解释性研究以后,还要在此基础上对未来的发展趋势做出预测,一些研究项目还要在此基础上提出政策行动的建议,等等。

其次,在对研究目的层次做出了明确定位以后,研究者还需要对研究项目的具体目的做出分析和陈述。在明确具体的研究目的时,研究者一方面需要对一项社会研究要解决哪些具体的问题做出分析和陈述;另一方面需要对预期的研究成果及其应用情况做出设计和预测。在明确具体研究目的时研究者要注意两点事项,其一,由于社会研究项目的具体目的千差万别,每个特定项目的研究者都应该根据自身的具体情况去突出自身的特点;其二,研究者应该对研究目的做出专门的分析和清晰的陈述,以便使所有参与研究项目的人员都能明确地了解该项目的研究目的。

2. 确定研究性质

在明确了研究目的以后,还需要明确研究的性质。一般说来,研究性质可以分为理论性研究和应用性研究。本书第二章中已经对这两种性质的研究做出了专门的分析和比较。由于研究性质的不同不仅会导致研究的成果和意义的不同,而且还会对研究方法有明显的影响。在研究设计过程中,研究者应该明确界定一项研究是属于理论性研究还是属于应用性研究。但是,这两种性质的研究并不是完全对立的。尽管有很多研究项目属于"纯理论性研究"或"纯应用性研究",但仍有不少研究项目中兼有理论分析和应用研究两种性质,或者是包含了发展理论和指导实践两个方面的意义。此外,研究的性质对研究方法的选取有重要的影响,在明确研究性质时也应该结合研究方法一并考虑。

## 二、确定分析单位和具体的研究对象

在本书第一章中已经介绍了研究对象和分析单位的基本概念。确定分析单位和研究对象是研究设计中的又一重要任务。任何一个社会研究项目都有其特定的研究对象,并且特定研究对象在某种程度上决定着采用特定的研究方法。例如,以特定组织(如企业、政府)为研究对象的社会研究项目与以个人行为为研究对象的项目在研究方法上会有很大的不同。因此,一项社会研究在设计具体的研究方法之前,需要明确其研究对象。确定研究对象首先要确定分析单位,然后是确定具体的研究对象。

1. 确定分析单位

确定分析单位是确定研究对象中的重要环节。一般说来,社会研究中的分析单位分为个人、群体、组织、社区和社会产品等不同的层次。研究者应该根据研究目的和研究内容来确定其分析单位。在确定分析单位时,关键是要注意区分群体类别与集合体之间的不同。例如,老年人群体是一个由所有人组成的类别群体,在以这一群体为研究对象时,研究者可以将分析对象定位在个人层次,通过分析一个个的老年人资料而得出老年人总体的情况。但是,家庭、非正式群体、组织、社区等则是集合体,它们具有内部的结构,并且其总体的性质不能仅仅从其成员个人性质的总和去推论。因此,对这类集合体应该以其整体为分析单位,而不能以其成员个人为分析单位。

2. 确定具体的研究对象

在确定了分析单位以后,研究者需要确定具体的研究对象。每项社会研究都有其特定的具体研究对象。在研究设计阶段,研究者应该按照研究目的、研究内容的要求而对具体的研究对象做出明确的界定。有些社会研究项目还具有多个研究对象。例如,在一个"人口老龄化及其社会影响"的研究项目中,其研究对象既可以包括老年人群体(如分析老年人的收入和生活),也可以包括社区和整体社会(分析老龄化对社区和整体社会带来的各种影响)。

3. 确定调查对象

由于研究对象和调查对象往往不一致,因此,在确定了研究对象以后,还需要确定调查对象。在很多情况下,对调查对象有多种选择,研究者可以根据研究对象的情况,以及调查方法的有效性、可行性和简捷性等方面的要求而灵活地选择不同的调查对象。例如,在一项对企业管理的研究中,既可以通过收集和分析企业管理中的规章制度、企业的组织机构安排等企业层次的数据来分析其管理状况,也可以通过向企业员工进行问卷调查和个案访谈来了解企业管理的情况。

### 三、确定研究方式和具体的研究方法

在研究设计中最后要解决的问题是进行研究方法的设计,其中包括以下几方面:

1. 确定研究方式

选择研究方法的第一步是选择研究方式。社会研究中有以下几种常用的研究方式:

(1) 调查研究。调查研究是一种定量研究方式,是指采用问卷调查等结构性访谈的方法取得资料,并通过统计分析的方法对资料进行加工分析,从而获得研究结论的研究方式。调查研究的最突出的特点是可以获得标准化的数据资料,并且可以进行大面积的抽样调查,因此能够较好地反映总体的情况。在当代社会研究中大量采用这种研究方式。

(2) 实验研究。实验研究最突出的特点是在人为控制的条件进行研究。在这种研究方式中,研究者可以控制环境因素,因而将所要研究的因素突出出来,通过观察被研究因素的变化情况来确定变量之间的

因果关系。在一些微观层次的研究中(如心理学研究)比较常用这种研究方式。

(3) 文献研究。文献研究方式最主要的特点是利用现有的文献资料而进行研究。这种研究方式既可以独立使用,也可以与其他研究方式配合使用。

(4) 实地研究。所谓实地研究,是指研究者深入到研究对象的生活或工作环境之中,通过与他们的密切接触而理解他们的语言和行为,并通过观察、深入访谈等方法而获得第一手的研究资料。实地研究方式最大的优点在于能够获得比较真实和深入的研究资料。

每种方式都有其特点。研究者可以根据研究的目的、内容和条件而选择一定的研究方式。在有些研究项目中可以选择一种研究方式,或者以一种研究方式为主,而在另外一些研究项目中,尤其是在一些比较大型的研究项目中常常同时采用两种或两种以上的研究方式。

2. 选择资料收集方案

在确定了研究方式以后,接着就要选择资料收集方案。资料收集方案是指收集资料的内容和各种收集资料具体方法的总和。其中,收集资料的内容包括需要通过经验资料来进行测量的各种变量,以及在经验研究中需要了解的各种问题。收集资料的具体方法包括各种抽样方法、问卷调查方法、访谈法、观察法、实验技术、文献选择及文献收集技术等。在当代社会研究方法体系中有多种收集资料的方案。不仅每种研究方式有各自的收集资料方案,而且在每种研究方式中也可以有多种多样的收集资料方案。研究者可以根据研究的目的、内容和条件来确定收集资料的方案。例如,在一个采用调查研究方式的研究项目中,如果研究的目的是要全面而准确地了解某个社会问题存在的状况及其社会根源,并且研究经费充足,研究者就可以考虑采用较大规模的抽样调查。又如,为了把握人口规模和动态,我们既可以采用普查的方法,也可以采用大规模的抽样调查,还可以采用文献法(如分析人口出生、死亡和迁移的记录等)。具体采用何种方法要根据不同的条件和阶段性的目的而定。再如,在实地研究中,我们也可以选择是采用参与观察方法为主还是深入访谈法为主。

3. 设计资料分析方案

在选择了收集资料的方法以后,应该根据收集资料的方法来设计资料分析方案。

首先,资料分析方案包括资料分析的内容、方法及技术。资料分析的内容是指在收集到的资料中需要进行各种分析的内容。在现实的社会研究中,资料收集的内容范围往往会大于资料分析的内容范围。例如在问卷调查中,一份问卷往往包含许多内容,能够提供大量的信息。在实地调查中,研究者也往往通过参与观察或深入访谈而获得大量的资料。但在一次研究中往往并不需要对所收集到的所有资料都进行分析。因此,研究者需要根据研究目的和研究内容而对收集到的资料进行取舍。资料分析的方法和技术首先根据资料的类别,定量资料和定性资料有不同的分析方法,文献资料和调查资料也有不同的分析方法。对于同样的调查资料也可以采用不同的分析方法和技术。例如,对于问卷抽样调查中获得的数据,研究者可以根据研究目的的不同选择不同的统计分析方法,有些可以只进行简单的分类法即可,而另外一些则需要采用相当复杂的统计分析技术。

此外,资料分析方案的设计可以在资料收集工作之前,也可以在资料收集工作之后进行。在资料收集工作之前进行有利于优化资料收集方案的设计。因为通过设计资料分析的方案可以进一步地发现资料收集方案中可能存在的缺陷,进而在具体收集资料之前就对其方案进行修改和补充。因此,社会研究项目的资料分析方案一般都在进行资料收集工作之前,与资料收集方案同步进行设计。当然,在资料收集工作完成以后,还可以根据所收集到资料的情况来调整资料分析方案。

# 第四章 理论建构与理论检验

发展社会理论是社会研究的重要目标之一。在理论性的社会研究中,研究者的主要注意力在于如何通过经验性的研究去提出一个新的理论或修改一个有缺陷的理论。社会理论最终是来自于人们对社会现象的经验观察,是对社会现象的理论抽象和普遍性概括。但是,由于人们只能观察到有限的社会现象,因而无法通过简单的归纳而得到普遍性的理论命题。因此,在社会研究中,研究者设计了理论建构和理论检验的方法,以便从有限的经验观察资料中得到普遍性的理论命题。本章主要介绍社会研究中的理论建构和理论检验方法,并在介绍这些方法之前,首先对社会理论作一简要的概述。

## 第一节 社会理论概述

在了解社会研究中如何建构理论之前,首先要理解什么是社会理论,包括社会理论的含义和特点、理论的来源及一般发展规律、理论在社会研究和社会实践中的意义,以及理论的基本形式等方面的内容。

### 一、什么是社会理论

1. 社会理论的含义和特点

"理论"是在科学文献和社会生活中经常使用的一个概念。社会理论是人对客观社会现实的反映。从其内容上看,社会理论是人们对客观社会现实的实质和规律的认识;从形式上看,社会理论是人们在社会实践中认识和反映客观现实的一种方式,是对现实世界各种现象的抽象概括。概括起来看,社会理论具有以下一些特点:

(1) 社会理论来自于社会实践(包括日常生活、生产及其他社会活动和科学研究等)。

(2) 社会理论具有抽象性和概括性的特点,能够反映一类社会现象的共同特点。

(3) 社会理论具有解释和预测社会现象的功能。

2. 理论抽象与理论概括

为了发现社会现象的本质和规律,社会研究者首先要将杂乱的社会现象清理、分类,按照某种特征而将同类的现象放到一起,并用某种概念来表述特定的社会现象。在这一过程中,研究者要采用理论抽象和理论概括的方法。所谓"理论抽象",是指研究者在一次研究中抓住社会现象的一种特征,并且在考虑这一特征时暂时忽略其他特征。所谓"理论概括",是指在思维中按照抽象出来的特征对社会现象进行的归类表述。研究者之所以要进行理论抽象和理论概括,主要是因为其研究目的是为了在杂乱的社会现象中寻找带有普遍性的规律,并且要透过社会事件的表面现象而看到事物的实质。通过理论的抽象和概括以后,原来杂乱的社会现象在研究者的思维和语言里就变得有序了,而这种有序的思维和语言就是"理论"。因此,所谓"社会理论",就是社会研究者通过高度的抽象概括而对社会现象的规律和实质做出的反映。

3. 社会理论的来源

从一般意义上看,理论来源于社会实践。人们在社会实践中每天都观察到一些具体的自然现象和社会现象,从而形成对某种具体现象的反映,这时人们的认识还处在具体的和个别的认识阶段。久而久之,当人们对同类现象的观察比较多了之后,就会形成对这类现象的一般性概括。例如,当人们看到某人在大学毕业后获得了工资较高的职位,这时还只是看到了这一具体的个别事例,或者是将所看到的现象局限在某个具体的人或事件上。但当人们观察到很多大学毕业生所得到的工资都普遍高于其他同龄人时,就会产生一个一般性的经验概括,认为大学毕业生更容易获得工资较高的职业。所谓经验概括,是指人们通过有限的经验观察而获得的对一类社会现象的规律带有普遍性特点的概括。经验概括还属于在经验层次上对社会现象的反映,而不是理论层次的概括,其依据的经验事实比较有限,抽象和概括的程度都较低,并且一般也不要求使用抽象的概念。

普通人在日常生活中的认识活动常常局限于一般性的经验概括,但对社会研究者来说,这仅仅是认识的起点。在社会研究者的眼里,发生在个人身上的各种事件并不都是完全孤立和杂乱的;相反,在众多的单个事件之间有着某种形式的联系。处在相似环境和条件中的人在许多行为及后果上往往都趋向一致;条件大致相同的群体之间在各种社会现象上也都会表现出相似的倾向。这就是说,不论是在个体行为还是在群体倾向的层次,社会现象都遵从着某种"规律"。社会研究者的研究使命正是要通过科学的方法在思维中将表面上看起来是杂乱的社会现象理顺,并从中发现出各种带有普遍性的规律。就是说,理论研究者要进一步地通过理论思维或专门的研究活动,将日常观察中的一般性的经验概括上升为理论。他们所要做的工作包括:在形式上使用抽象的概念;提出具有理论形式的命题,并建立相应的理论模型;通过一定的方式去论证和检验理论命题的真实性。当他们通过这些方法建立了某种理论后,还可以用这个理论去解释新发生的现象,并预测未发生的现象。例如,理论研究者不再局限于大学毕业与获得高工资的关系,而是使用更加抽象的"教育程度"与"收入水平"的概念,将这一现象概括为这两个抽象概念之间的关系,并通过理论分析和经验研究而验证这两个概念之间的关系,从而形成一个理论命题。当这个理论命题得以确立以后,研究者们还可以用它来解释其他高收入者的原因,并且预测高教育水平者的收入水平一般会高于其他人。

4. 社会理论的发展

随着社会的发展变化和人们社会实践的发展,研究者可能会发现有些新发生的社会现象很难用已有的理论去解释。当难以解释的现象越来越多,或者其中有些现象在现实生活中特别重要时,研究者就只有修改已有的理论。如果经过简单的修改后的理论可以恢复其解释和预测的能力,则这个理论框架在总体上仍可保留。然而,在一些时候,当做出局部的修改也难以达此目的时,整个的理论框架就只有被放弃了,其位置就会被其他更有效的理论框架所取代。社会研究中各种理论框架的修改和替代过程也就是社会理论发展的过程。

5. 社会理论的社会功能

从社会研究的角度看,理论之所以重要,主要是因为可以用它去解释和预测各种社会现象。一旦建立了某种理论以后,研究者就会用它去解释和预测现实社会中的各种现象。研究者一般相信,只要理论是按科学的方法建造起来的,它就具有普遍的适用性,不仅可以解释此时此地的社会现象,而且可以解释和预测彼时彼地的社会现象。此外,从社会实践的角度看,由于社会理论具有解释和预测的功能,它常常被用于指导人们的各种社会实践。

6. 社会理论在社会研究中的意义

社会理论在社会研究中具有重要的意义,其意义主要体现在以下几个方面。

首先,社会理论是社会研究课题的重要来源之一。如本章第一节所述,社会研究课题有两个方面的来源:一是来自社会实践,二是来自理论的发展。在理论发展过程中提出的理论问题是许多社会研究课题的重要来源。

其次,社会理论是社会研究的主要目的之一。许多社会研究课题不仅来源于理论发展,而且其研究的目的也是为了修改、加深和完善理论体系,进而促进理论的发展。同时,一些来源于实践的研究课题对理论的发展也具有重要的意义。

再次,理论可以为社会研究提供指导。在社会研究过程中始终需要一定的理论来提供指导。一方面,理论可以引导研究的方向也可以指导社会研究中收集资料的方向;另一方面,理论可以为社会研究提供一定的概念和分析框架。

最后,社会理论可以为分析资料提供解释。在对定量研究资料的分析中研究者可以得到各个变量之间的相关关系,而这些相关关系是否代表着现实世界中社会事物之间的因果关系,则需要通过理论分析来加以解释。在定性研究中,研究者所获得的资料也往往是少数个案的情况,而这些少数个案的资料能否代表普遍的情况,也需要通过理论性的分析来加以确认。

## 二、社会理论的基本要素、基本形式与层次

社会理论的基本特点是抽象和概括。在社会研究中,我们可以通过理论的抽象概括而把握带有普遍意义的社会规律。社会理论的基本要素是概念、变量及其相互之间的关系,而人们运用理论的基本形式是理论命题和理论模型。

1. 社会理论的基本要素

所谓社会理论的基本要素,是指从形式上看构成一个理论的基本元素。社会研究中的理论思维是运用概念的思维,理论的表达方式也是运用概念和变量的表达方式。因此,社会理论的基本要素主要包括概念、变量及其相互之间的基本关系。

(1) 概念。社会研究中大量使用概念来概括和表述同类的社会现象。所谓概念,是指人们在思维和表述中对客观事物和现象本质特征的反映。人们在理论思维和表述中运用概念,一方面可以抓住事物的本质特征,从而将某类事物或现象与其他事物或现象区分开来;另一方面可以对同类的事物进行概括。在这种思维和表述方式中,人们只是抓住其本质特征,而舍弃了各种社会现象的次要特点。凡是具有这种本质特征的现象都可以归为一类,用同一个概念来表述。例如,"迁移"概念所反映的本质特征是人们居住地的变动,而不论变动者是男是女、是老是少,也不管是从农村到城市还是相反。又如,用"家庭关系"的概念来概括由婚姻和血缘关系而构成的社会关系,而不论身居其中的人在社会上具有何种特征。

通过运用概念,研究者可以在思维和表述中将杂乱的社会现象整理成为有序的排列,从而为把握社会规律打下基础。概念是人们抽象思维的基本形式。运用概念时,研究者将某一社会特征抽象出来,从而概括某类社会现象。然而,由于舍弃了该类现象的其他次要表现,因此,任何一个概念都不能完全反映出社会现象的丰富内涵。例如,"人口"概念可以代表一定时空中所有人的总和,但它无法将此总体中的内部差异反映出来。为了使社会概念更接近现实的社会现象,研究者往往将一个大的概念分解为较小的概念,再将后者分解为更小的概念。

例如,将"社会流动"概念分解为"垂直流动"和"水平流动",而"垂直流动"又可以分解为"向上流动"和"向下流动"等。

科学研究在运用概念时首先要明确概念的真实含义。研究者一般是通过对概念进行定义来做到这一点。所谓"概念的定义",实际上就是对概念的内涵或外延进行说明。定义概念最基本的方式是对表述概念的语词进行语义说明。例如:"死亡是指生命的终结";"生育是人类繁衍下一代的行为"。但是,由于社会研究中的概念大量采用日常语言来表述,而许多日常语词带有歧义,因此,一般的语义性定义在很多时候难以避免人们对概念理解的偏差,从而导致理论上的混乱。于是在科学研究中,研究者在使用一个概念时必须清楚地理解和说明自己是如何使用该概念的,也就是说需要对概念进行操作性定义。所谓"操作性定义"是指用一组实际操作来说明概念的实际含义和使用方式。例如,采用尺子上的刻度(可观察的经验现象)来说明"长度"(抽象的概念);用"在一定时期内一个人所获得的现金及实物价值的总和"来定义"个人收入",等等。由于操作性定义可以使概念的含义更加明确,并且可以将抽象的概念转化为在经验中可以操作的实际测量,因此,在对社会现象的经验研究中需要使用此种定义方式,尤其是对于较为复杂的社会现象更是如此。

(2)变量。社会研究的目的是要把握各种社会现象在现实社会中发生的程度和原因,因此,研究者不仅需要理解各种概念在社会研究中的真实含义,还要把握它们在现实中表现的程度。也就是说,概念不仅有质的含义,也有量的含义。当我们从量的方面来考察一个概念时,我们会发现它在实际测量中可以在量上有一个变化的范围。用研究方法的术语说,它有一组"可取值"。例如,年龄的概念在量上可以是从零岁到一百多岁;性别概念可以有"男"和"女"两个可取值。这时,概念就变成了"变量"。所谓变量,就是指在经验中可以测量的,具有两个或两个以上可取值的概念。

就其所代表的社会现象来说,变量与之相对应概念实际上是同一的。它们的差别在于:首先,概念注重从质的规定性方面去反映客观的社会现象某种特征,而变量侧重从量的方面去反映这种特征的存在及变化程度。其次,一个概念可以是高度抽象的,并且有时无需考虑它是否可以在经验当中实际测量;而一个变量则必须能够在经验当中测量。因此,当我们需要对某种社会现象做出综合性的理论概括和描述时,更多地需要运用概念;而当我们要在经验研究中对一个概念进行测量时,就必须首先将它转化为一个变量。更具体地讲,在社会研究最初的理论准备阶段和最后的理论总结及表述时,往往更多地运用抽象的概念,而在设计测量方案,收集、整理和分析社会资料时则需要运用变量。

(3) 概念或变量之间的关系。在现实社会中各种事物和现象之间存在着相互影响的关系,一些事物或现象的发生是由另外一些事物和现象所引起,这些事物和现象之间的引起和被引起之间的关系就是因果关系。在社会研究中,研究者最关注的是所研究的社会现象之间的因果关系,力图通过在理论上建立起概念之间的因果关系来反映现实社会中各种事物和现象之间的因果关系。

然而,与一般自然界的因果关系相比,社会事物和现象之间的因果关系有两个重要的特点:一是其概率性特点,即原因和结果之间的关系不具有必然性,某种特定的现象(原因)只是有可能导致某种特定的结果,而不是必然导致后者的发生。二是社会事物或现象之间的因果关系常常无法直接观察和测量。人们只能观察和测量到两个社会现象之间存在着某种共同变化的情况(如一个地区的平均收入和物价水平之间的共同变化),而无法直接观察和测量它们之间的相互作用。因此,社会研究者只能通过社会事物和现象之间的共同变化情况来推测他们之间存在着因果关系。

研究者需要通过以下几个方面的情况来推测两个社会现象之间的因果关系。首先,两个社会现象之间是否具有共同变化的情况,即当一个现象出现或发生改变时,另外一个现象是否也出现或有相应的改变。其次,两个现象发生的时间上先后顺序,按照"前因后果"的原理去确定其因果关系。最后,按照已有的理论和常识去判定两个具有共同变化效应的现象之间是否具有因果关系。因此,要确定概念之间是否具有因果关系,就首先要把握两个社会现象之间是否具有共同变化的关系。一般的做法是,先将要研究的概念转化为一定的变量,并选用一定的指标对变量进行测量,然后通过对测量结果的分析来确定两个变量之间是否具有相关关系。

所谓"相关关系"就是指两个或多个变量在多个测量对象上的测量结果发生有规律的共同变化的关系,即当一个变量的测量结果不断上升时,另一个变量的测量结果也较多地随之而上升(或下降)。例如,当我们对一群人的受教育程度和收入水平进行测量时,如果受教育程度低的人收入也普遍偏低,而受教育程度高的人收入也普遍偏高,那就是说在对这一群人的测量中,这两个变量(教育程度与收入水平)之间具有相关关系。

变量之间的相关关系有程度和方向之分。从程度上看,两个变量之间相互关联的程度有大有小。如果在一个被调查的群体中当一个变量的测量值发生变化时,只有少部分人那里另一个变量也同时发生有规律变化,这时二者之间的相关度比较小;而当一个变量变化时在全部或绝大多数被调查者那里另一个变量也发生相应变化的,这时的相关程度就较大。另外,变量之间的相关关系还可以分为正相关和负相关。前者是指两个变量之间的变化都朝着相同的方向,即当一个变量的测量值增大时,另一个变量也趋向增大;而后者则是指两个变量之间的变化方向相反,即一个变量的测量值增大时,另一个趋向减少。

2. 理论的基本形式

概念是理论的基本要素。但仅有概念还不能构成一个理论。在科学研究中,理论的基本形态是理论命题和理论模型。

(1) 理论命题。社会理论的目的一是要描述各种社会现象存在和表现的程度,二是要解释各种社会现象之间以及多种社会现象之间的关系。三是要在描述和解释的基础上对未来和未知的领域做出预测。它们分别被称为"描述性理论"、"解释性研究"或"因果性研究"以及"预测性理论"。所有这些理论都必须用科学的理论命题来反映。所谓理论命题,是指研究者用来说明各个概念(变量)存在及表现的程度,以及各个概念(变量)之间的关系和发展趋势的科学语句。例如,"近年来在某些地区新生婴儿的性别比例失调"、"农村青少年受教育程度低于城市"、"家庭收入与生育意愿之间存在正相关"等,都是社会研究中理论命题的形式。

概念只是理论的基本要素,而不能形成一个完整的理论形态;而一个命题从其形式上看,已经可以(虽然并不必然)构成一个理论。根据各种命题所表述的理论类型的不同,可以将其分为简单描述性命题、比较性命题、解释性命题和预测性命题。这些命题类型之间的差异,一方面反映出社会研究层次的不同;另一方面也表明它们所包含的概念和反映的社会现象之间的关系不同,如表4-1所示。

表 4-1

| 命题类型 | 所包含的概念或反映的现象 | 概念之间的关系 | 研究层次 |
| --- | --- | --- | --- |
| 简单描述性命题 | 单一概念或单一现象 |  | 描述性研究 |
| 比较性命题 | 多个概念或多个现象 | 平行比较 | 比较性研究 |
| 解释性命题 | 多个概念或多个现象 | 因果关系 | 解释性研究 |
| 预测性命题 | 多个概念或多个现象 | 预测关系 | 预测性研究 |

在社会研究中,研究者应该根据研究的目的和理论层次来灵活地运用各种类型的理论命题。

(2)理论模型。理论命题虽然可以反映一定的社会现象及其与其他现象之间的关系,但一个命题当中只能包含一个或少数几个概念,而客观的社会现象往往是受各种复杂的因素影响的,社会研究需要将社会现象中各种复杂因素之间的关系尽可能真实地反映出来。因此,在社会研究中仅仅采用单一或零散的理论命题往往是不够的。但是,当研究所涉及的要素和关系较多时,所需要的理论命题就会变得很复杂。为了将理论表述得更清楚,社会研究与其他社会科学研究一样,也普遍地采用各种理论模型来概括较为复杂的社会现象及其各种影响因素。

所谓"理论模型",是指人们在抽象思维的领域中对外部客观现实的各种要素特征及其关系的再现。在社会科学研究中,建立理论模型的思路来自于工程设计中构筑模型的做法。工程模型是缩小了的原型,它在某些特征方面可以表现或代表原型。在构筑工程模型时人们往往根据需要而有意识地略去一些无关的部分和细节,而保留和突出另外一些需要重点表现的部分。通过工程模型可以将各个重点部分的结构和关系表现出来,从而便于设计和施工。社会研究中理论模型的原型是客观的社会现象,而理论模型则是将社会现象中需要研究的某些重点要素及其关系抽象出来,从而在理论层次上再现这些要素之间的真实关系。通过建立模型,研究者可以将多个理论命题有机地整合到一个模型中,从而较全面、清楚和直观地把握和表述所要研究的社会现象中的多因素复杂关系。

　　理论模型有多种表述方式。其中常用的有变量结构图示法、坐标图示法和公式法。

　　变量结构图示法是首先找出所研究问题中涉及的各种概念或变量,并用文字或其他符号来表述它们。然后按照它们之间可能的关系而将各个变量区分为自变量、因变量和中介变量。最后按照它们之间的关系结构而将各个概念或变量排列起来,从而形成理论模型图。这种理论模型图的基本形式如图4-1所示。

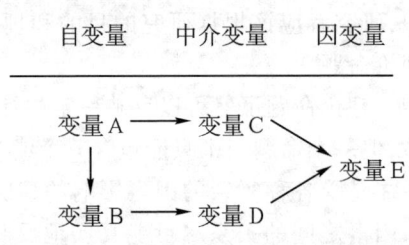

图4-1　理论模型的变量结构图示

　　图4-2和图4-3是关于城市贫困问题的宏观理论模型和微观理论模型。通过它们,我们可以看出如何用结构图示法来表示一个理论模型。

　　变量结构图示法的优点:首先,它可以包含许多变量。当研究所涉及的变量数较多时,常采用这种表述方式。有时候采用这种表述方式可以将几十个变量之间的关系清楚地表述出来。其次,这种表述方式能够较清楚地表示出各个变量之间复杂的因果和影响关系。这种表述方式的主要缺点在于,它难以表示出各个变量之间的非线性关系。

坐标图示法是用坐标图的方式表述各个变量之间的关系。坐标法的最大优点是,它能够表示出变量之间的非线性关系以及变量随时间的变化情况。但它只能包含少数几个变量,而无法表述众多变量之间的复杂关系。因此,当所涉及的变量较少,变量之间具有非线性关系或随时间变化的特征时,常采用这种表述方式。①

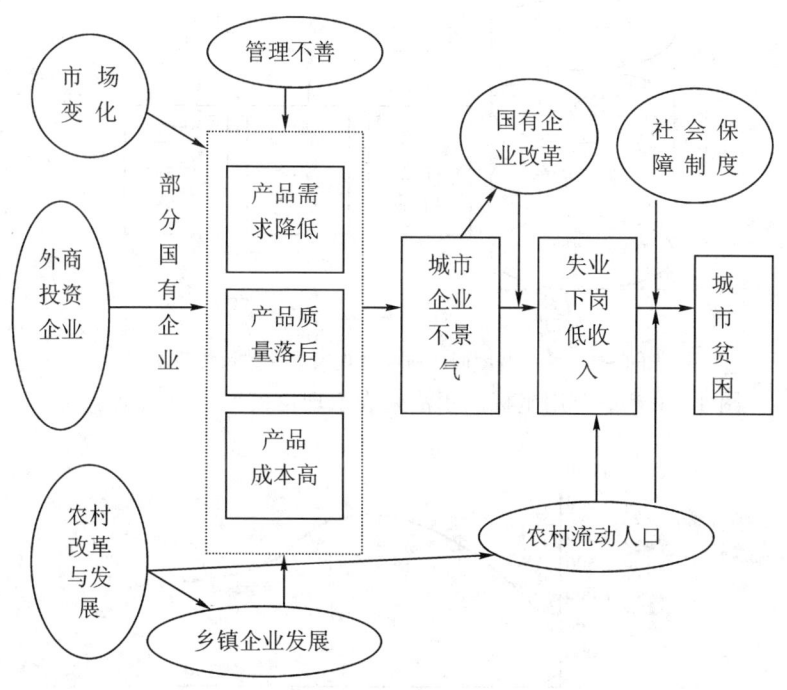

图4-2 城市贫困问题研究宏观因果模型示意简图①

---

① 关信平.中国城市贫困问题研究.长沙:湖南人民出版社,1999.208

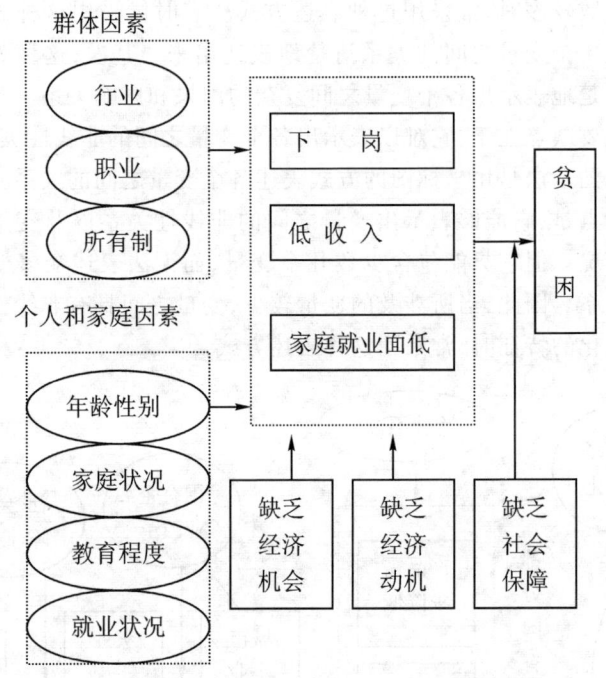

图 4-3　城市贫困问题研究微观因果模型示意简图①

图 4-4 是一个用坐标图示法来表示理论模型的模拟例子。

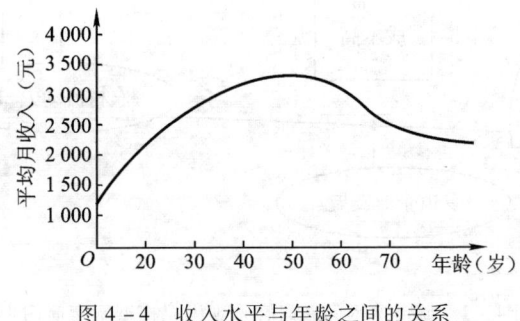

图 4-4　收入水平与年龄之间的关系

---

① 关信平. 中国城市贫困问题研究. 长沙:湖南人民出版社,1999. 211

图 4-4 表示了人们的收入水平与年龄之间的非线性关系。在较年轻时收入较低,随后逐渐提高,中年时收入达到高峰,到了老年阶段又降低。当对关于这两个变量之间关系的判断还只是一个理论假设时,对代表它们的两个坐标轴可以不赋予具体的数字。而当通过调查验证了这个理论,并且获得了可靠的数据资料后,就可以将具体的数字加在两个坐标轴上,以便使对两个变量关系有更精确的定量表述。

公式法是用数学公式的方式来表述各个变量之间的关系,从而形成理论模型。公式法的基本形式是:

$$Y = f(x)$$

其中,$X$ 用来表示自变量,$Y$ 表示因变量。

公式法的主要优点是,它可以较精确地反映各个变量之间的数量关系,从而有助于精确的定量分析。它的缺点是,往往只能包含少量的变量。因为在实际研究中难以将众多变量之间精确的数量关系表示清楚,同时变量太多也会影响一个数量模型的可计算性。

3. 理论的层次

社会生活是由各种行为事件而构成的总体,在其中有大量具体的行为和事件,而这些具体的行为和事件相互作用又构成了整体社会的结构和运行的规律。社会理论既要在微观层面上反映具体的行为和事件,也要在宏观层次上反映整体社会的结构和运行规律,并且还要在介于宏观和微观之间的层次上反映某类社会行为和社会现象。因此,社会理论可以分为宏观社会理论、微观社会理论和中观社会理论。

(1) 宏观社会理论。宏观社会理论是对发生在整体社会层次的社会现象及其发展变化规律的反映。这种理论又称为一般性社会理论,它最基本的特征是它只是反映社会现象的一般特征和普遍规律。此外宏观社会理论具有高度的概括性,往往适用于所有类型的社会。并且宏观社会理论往往采用高度抽象的概念,具有复杂的理论命题和理论模型以及比较庞大的理论体系。由于宏观社会理论高度抽象,它往往难以直接通过具体的经验研究来验证。从应用的角度看,宏观社会理论一方面可以为一个社会的经济与社会发展战略提供基本的理论导向;另一方面也可以为微观的社会研究提供理论背景。

（2）微观社会理论。所谓微观社会理论，是指关于具体的社会现象和社会行为的理论。微观社会理论所反映的社会事实一般发生在个人和家庭层次等微观的社会层次上，并且往往是通过在微观层次的经验研究而产生的。微观社会理论所使用的概念抽象程度较低，理论命题和理论模型的结构也比较简单，因此，比较容易直接通过与经验事实的比较来加以验证。从应用上看，微观社会理论主要解决具体的行为和社会现象，它可以为具体的政策和其他行动提供具体的指导；同时，还可以在一定程度上为宏观社会理论提供更细致的微观基础，起到加强或者弱化宏观社会理论的作用。

（3）中观社会理论。中观社会理论是指抽象和概括的程度介于宏观与微观之间，并且通常是反映社会生活中某一方面或某一类社会现象的理论。例如，在社会学中的社会分层理论、社区理论、社会控制理论等都属于中观社会理论。中观社会理论使用概念的抽象程度、理论命题和理论模型的复杂程度一般都低于宏观社会理论，但又都高于微观社会理论，因此，中观社会理论的发展既要以相应的宏观社会理论为其发挥指导作用，也可以通过直接的经验检验而获得检验其理论的真实性程度。

## 第二节 从理论建构到理论检验

在理论性研究中，研究者最终需要得到理论性的结论，因此，如何从经验材料中得出理论命题是整个研究工作的主线。研究者一般的方法是，首先通过理论建构的方法从经验观察和经验概括中形成假设性的理论命题（理论假设），然后用理论检验的方法去验证这些理论假设的真实性。在介绍理论建构和理论检验的基本原理之前，先分析社会研究的科学逻辑。

### 一、社会研究的科学逻辑

社会研究是人们科学地认识社会的活动，这种认识活动的目的是要从具体的经验观察中得出关于某种社会现象的普遍性命题。要达到这一目标,社会研究方法必须建立在科学逻辑的基础之上。所谓社会研究的科学逻辑,是指在社会研究活动中必须遵守的认识论原则,包括经验归纳原则、演绎推理原则、假设-检验原则、统计性原则、抽样-推论原则等。

1. 经验归纳原则

与自然科学一样,现代社会科学也是建立在经验归纳基础上的。所谓"经验归纳",是指人们通过对特定自然现象或社会现象进行大量经验观察的资料累积中总结出关于该现象的普遍性命题。在日常生活和社会实践中,人们自发地运用着归纳原则去认识自然和社会现象。例如,人们从每天观察到太阳东升西落的现象中总结出"太阳每天都从东方升起,从西方落下"的普遍性命题。近代自然科学遵循归纳原则,强调对自然规律的认识要建立在对经验观察并进行归纳的基础之上。现代实证主义的社会研究方法也强调对社会的认识应该建立在对社会事实进行经验归纳的基础上,即通过对大量具体个案的经验观察并进行归纳而得出对社会现象的普遍性概括。在社会研究中遵循归纳原则最大的好处是保证研究结论能够建立在经验事实的基础上,并且能够通过众多经验观察的归纳而为建立普遍性命题打下基础。但是,在现实的研究过程中,研究者常常无法观察到某一自然现象或社会现象的所有情况。例如,在一项以"教育对个人收入水平的影响"为题的研究中,如果完全采用归纳法的话,应该首先收集所有成年人的受教育水平和他们的收入水平的经验资料,然后对其加以归纳。但事实上,在社会研究过程中很难做到这一点。因此仅靠归纳法来得出对某一社会现象的普遍性概括是具有缺陷的。

2. 社会研究中的演绎推理原则

演绎推理是指按照人们的思维逻辑从一个(或多个)命题推导出另一个新的命题。例如,我们可以从"所有的人都是要死的"和"张三是人"这两个真实的命题来推导出"张三会死"的新命题。在演绎推理中,新命题的真实性(即是否符合客观事实)是由原有命题真实性来保证的。演绎推理的逻辑方法也广泛运用于科学研究中。在社会研究中演绎推理主要应用于两个过程中。其一是在对一个比较抽象的理论命题进行经验检验之前,需要从这个抽象命题推演出一个或多个能够在经验中加以检验的命题。其二是将经过检验为真的普遍性理论推演到具体的事例上,以使社会研究的结论能够指导具体工作。然而,在社会研究中演绎法虽然很重要,但它并不能保证一个命题的真实性,也不能检验一个命题的真实性程度。因此,在社会研究中要同时采用归纳逻辑和演绎逻辑。通过归纳逻辑去检验命题的真实性,而通过演绎逻辑去提供对普遍性命题进行经验检验的条件,并且将经过检验的命题扩展到更广泛和具体的应用领域。

3. 社会研究中的假设-检验原则

我们所研究的社会现象常常是很复杂的,因此,一般很难做到通过对研究对象进行直接的经验归纳而得出普遍性的结论。例如,在一项研究"收入差别"的社会研究项目中,由于可能有相当多的因素在影响着人们的收入差别,如果研究者要采用直接的经验归纳的话,就必须对大量的变量进行经验调查,这将使一个项目耗费相当巨大的人力、财力和时间,而这在现实的社会调查中常常是做不到的。因此,现代社会研究一般采用假设-检验方法。所谓"假设-检验方法",是指研究者先通过有限的前期调查研究而提出关于所研究问题的理论假设,然后通过收集相关的经验资料去验证这一理论假设,从而得到关于这一问题的理论解释。这里所讲的"理论假设"是指一种有待于经验验证的理论雏形。其形式和内容上都已经是一个理论命题或多个理论命题构成的复杂的理论模型,只是其真实性(与客观事实相符合)的程度尚待通过足够的经验调查资料去检验。理论假设的来源可以是社会研究过程中的前期探索性调查、对以前文献的分析,或者直接来源于人们的生活经验或常识。

理论假设形成以后,研究者将围绕着它去收集有关的经验资料,并通过经验资料去检验它的真实性。对理论假设的检验可以采用证实和证伪两种研究逻辑。证实的逻辑是通过收集正面的资料去证明一个理论假设为实,从而接受该假设的命题或命题组。只有在经验调查中收集到了足够多的正面资料(与一个理论假设相符合的资料),才可以证明该假设为真,才能将该假设上升为正式的理论。证伪的逻辑是通过证明一个理论假设为假的过程去验证该假设:只有在经验调查中发现了足够多的负面资料(与一个理论假设不相符合的资料),才能证明该假设命题是不真实的,从而否定这一假设命题,否则该理论假设就会被接纳为真实性命题。在现实的社会研究过程中比较多地采用证实的逻辑。例如,在关于收入差别的研究中,研究者提出了"人们的教育程度对收入水平有正向的影响"的理论假设,采用证实的逻辑,研究者将根据在实际调查资料中是否有足够大比例的人符合这种情况,从而决定能否证实这一理论假设。

4. 社会研究中的统计性原则

社会研究中的"统计性原则"是指在社会研究要发现社会运行的统计性规律。所谓"统计性规律",是指某类现象发生和发展变化的概率度。社会现象的发生及其发展变化是一种概率性的事件,社会现象之间的因果关系也是一种概率性的因果关系,因此,社会规律常常是一种统计性的规律。社会规律不是说在特定的条件下某种社会现象必然会发生,而是说它具有比较高的发生概率。社会现象之间的因果关系也不意味着作为原因的现象必然会导致作为结果的现象,而是表示这两个现象之间存在着比较大的影响关系,当前者(原因)出现时,后者(结果)也出现的概率较大。因此,社会研究是要把握某种社会现象在特定条件下发生发展的概率度,以及各种社会现象之间相互影响的程度。

5. 社会研究中的抽样－推论原则

社会研究中的抽样－推论原则是指在社会研究中要通过对部分成员的调查结果去推论总体的情况。社会研究的目标是要把握某种社会现象发生和发展的普遍性规律,但在现实的社会研究中我们常常由于研究条件的限制而无法或不必将某类群体的总体(其全部成员)都加以调查,而往往只能或只需要调查其中的部分成员,然后用被调查的部分成员的情况去推论出总体的情况。例如,我们要研究我国家庭中夫妻关系的情况,由于条件的限制,研究者往往不能将我国所有的家庭都加以调查,而只能从中选取部分家庭加以调查,然后用这些被调查家庭中的夫妻关系情况去推论我国家庭中夫妻关系的总体情况。在社会研究中之所以可以用部分个案的情况去推论总体,其依据在于个体与总体之间存在着一定的统计性关系。根据现代统计学的研究,被调查的个体(样本)的情况与总体情况相一致的概率程度主要受三个因素的影响:总体的同质性程度、抽样的随机性程度以及样本量。当总体同质性较高,即某类群体中的所有个体之间的情况都比较接近的情况下,即使用单个或少数个体情况去推论总体情况,发生偏差的可能性也较小。在这种情况下,研究者只需要随意地选取少数个案加以调查,其结果就可以推论该总体的情况。在总体同质性较低的情况下,如果采用科学的抽样方法来抽取调查样本,也可以使样本情况与总体相一致的概率度较高。因此,在这种情况下,研究者往往采用随机抽样的方法抽取足够数量的个案来加以调查,并用样本调查的结果去推论总体的情况。

## 二、理论建构

### 1. 理论建构的含义

在本节已经谈到,社会理论来源于社会实践,是通过对人们实践中的经验概括进行理论性加工而形成的。也就是说,在理论形成的过程中要经历一个从经验观察到经验概括,再从经验概括上升到理论的过程。从经验观察到经验概括可以是一个自然的过程,普通人在日常生活中都能自然地产生一些经验概括。但是从经验概括到理论却需要通过专门的理论建构程序来实现。所谓理论建构,就是指研究者根据经验观察和经验概括而建构理论假设的过程。

### 2. 理论建构的方式

理论建构的目标是形成理论假设。按照前面介绍的"假设－检验"研究逻辑,在理论建构过程中,研究者要通过使用抽象的概念而将经验观察和经验概括上升为具有理论形态的理论假设。在社会研究过程中可以通过多种途径形成理论假设。在研究者比较熟悉的领域中,他们可以将过去的经验概括直接上升为理论假设;在一个不太熟悉的领域中,则一般要通过前期的调查而获得足够的经验观察素材,并在此基础上形成经验概括,然后再将其上升为理论形态的理论假设。同时,研究者还可以通过对已有的理论和经验资料进行分析而得出理论假设。

理论假设在形态上已具有理论命题的形式,但是,它是从有限的经验观察和经验概括中得来的,还没有经过检验,还只能是一种假设,而不是理论。因此,在形成了理论假设以后,还需要通过一定的程序而对之加以检验,以形成理论。

### 三、理论检验

在形成了理论假设以后,研究者就需要通过理论检验的方法来验证其真实性。在理论检验过程中,研究者首先要通过操作性推演将这些理论命题转化为可以在经验中检验的操作性命题,然后通过收集经验资料而检验这些命题。

1. 理论检验的含义

在形成了理论假设以后,就可以进入理论检验的阶段。所谓理论检验,是指研究者通过收集和分析经验资料去论证社会研究中提出的理论假设是否符合社会实际情况。符合社会实际情况的理论假设就会被接受为真实性命题。经过理论验证的理论假设就可以上升为理论。理论检验一般分两个步骤:第一步是进行命题推演;第二步是对理论假设命题进行经验检验,即直接与经验材料加以比较,以确定经验资料是否能够支持理论假设。

2. 命题推演

在社会研究中,对假设加以检验的基本方式是通过将理论假设的内容与真实的经验数据加以比较,看理论假设的陈述是否符合经验资料。而要做到这一点,就要求理论假设的命题是能够与经验资料加以比较的形式。但在很多情况下,理论假设是以比较抽象的或高度概括的概念来表述的,因此就需要通过命题推演的方式将之转化为能够与经验资料相比较的形式。所谓命题推演,就是按照概念之间的逻辑关系和概念操作化的方式将一个理论假设命题推演为一个或多个能够进行经验检验的命题。命题推演包括逻辑推演和操作化推演两种类型。

(1) 命题的逻辑推演。在研究工作中常常因各种原因而难以获得有效的经验资料去对一个理论假设命题进行经验检验。这时研究者可以通过逻辑推演的方式得到一个容易获得经验资料的新命题,进而通过检验这个新的命题来间接检验原来的理论假设命题。逻辑推演是按照命题之间的逻辑关系而从一个理论假设命题中得到另外一个或多个新的命题。例如,对于"增加社区卫生投入有助于提高社区居民的工作和学习效率"这样一个理论假设,研究者可能会很难获得社区居民的工作和学习效率的资料,因而难以检验。在这种情况下,研究者可以借助一个已经得到验证的理论命题(或一个不需要验证的常识性命题)来建立以下三段式逻辑推论,以得到一个新的命题:

命题一:"增加社区卫生投入有助于降低居民的发病率。"

命题二:"居民发病率的降低有助于提高他们的工作和学习效率。"

命题三:"因此,增加社区卫生投入有助于提高社区居民的工作和学习效率。"

在这三个命题中,命题三是有待检验的理论假设命题,命题二是一个常识性命题或者是已经被验证为真的命题,而命题一是一个新的命题。这三个命题的关系是,只要命题一和命题二为真,命题三也必然为真。由于命题二是一个已经得到验证的真命题,因此,研究者只需要对命题一加以检验,就可以判定命题三是否为真。这样一来,研究者就不需要很费劲地去收集有关社区居民工作和学习效率的资料,而只需要去收集有关社区卫生投入和居民发病率的数据就可以检验命题一,而只要命题一被检验为真,原来需要检验的理论假设(命题三)事实上也就被检验为真了。

(2)命题的操作化推演。在很多情况下,理论假设是以比较抽象的概念来表述的,而这些抽象的概念难以直接加以经验测量,因此,在进行理论检验之前,需要对这些抽象的概念进行操作化推演。命题的操作化推演是指,按照对概念进行操作性定义的方式而将抽象的概念转化为可以直接进行经验测量的变量。例如,研究者要对"失业问题会导致犯罪问题严重化"这样一个理论假设命题进行检验。在这个命题中两个主要的概念都是比较抽象的,难以加以经验测量。因此,研究者需要对这个命题进行操作化推演,以得到一个可以进行经验测量的命题。具体方式如图 4-5 所示。

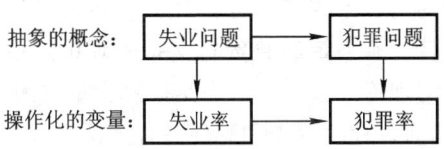

图 4-5　命题的操作化推演图示

通过这种操作化推演后,原来理论假设中的抽象的概念就变成了可以在经验中加以测量的变量,研究者可以获得有关的经验数据去检验经过操作化推演以后的变量。

在很多情况下,一个抽象的概念同时也是复合的概念,在对其进行操作化推演的过程中需要对概念进行分解。例如,当研究者要对"家庭关系的恶化会对子女的学习产生负面影响"的命题进行操作化推演时,首先要对其中的复合概念加以分解,如图 4-6 所示。

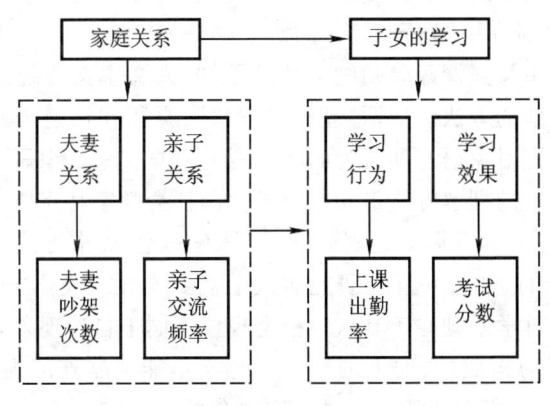

图 4-6　复合概念的分解

3. 经验检验

在对命题进行了逻辑推演和操作化推演以后,研究者就得到了一组可以在经验中加以检验的理论假设命题。这时,研究者就可以通过一定方式对这些假设命题进行经验检验。所谓经验检验,是指研究者按照理论假设中的内容去收集和分析经验资料,以确定理论假设能否被经验资料所支持。有大量经验资料支持的理论假设,一般会被研究者采纳为真实性的理论。具体方法一是按照变量的测量指标提出收集资料的方案;二是通过社会调查和其他各种方法去收集实际资料;三是通过对经验资料的统计分析确定所收集的经验资料是否支持理论假设。如果经验资料能够支持操作性的命题,就表明着当初的理论假设是真实的,研究者就可以将理论假设上升为理论。反之,如果经验资料不支持理论假设,研究者就不能接受该假设,需要进一步修改理论假设或进行新的调查和研究。

**四、定性研究的逻辑**

前面介绍的"假设－检验"过程主要是定量研究的逻辑过程,其研究方法的思路来自于实证的科学方法。在定性研究中研究者则往往采用不同的逻辑思路和研究方法,即社会科学中的"理解方法"。

1. 社会研究中"理解方法"的研究逻辑

与实证主义强调经验归纳的传统不同,人文主义传统的社会研究方法强调理解的方法。所谓"理解的方法",是指在社会研究中通过深入地理解研究对象语言和行为的实际意义来真实地认识研究对象。现代社会研究中的理解方法最初来源于德国社会学家马克斯·韦伯的经典论述,其后来的发展受到现象学、符号互动论、民俗方法论等哲学和社会学理论的影响,并且在研究实践上受到文化人类学方法的影响。这种方法的哲学基础在于其认为社会现象不同于自然现象。社会现象是由人的行为构成的,而人的行为的意义不能单靠外部观察来获得。在研究过程中,研究者常常通过研究对象的语言和外部行动去推测其行为的意义。但在现实社会中,人的语言和行为的意义都是多样化的。人的某个特定的思想、情感和行为可以通过多种语言或外部行动来表达;同时,一个语词或外部表现的行动也可以代表多种不同的含义。这种多样性,一方面是受不同文化的影响;另一方面也体现出每个人的个体差异性。研究者仅从外部观察和描述一个人的外在行为并不能保证前者真正理解后者行为的真实意义。此外,人具有主体性,会随着环境的变化而改变其行为。在社会研究过程中,研究者必须通过直接接触研究对象,而这种直接的接触本身就可能导致后者行为的改变,研究者事实上观察到的很可能是研究对象已经变形的行为,而不是其原来真实的行为。以上情况说明,社会研究不能只像一般的自然科学研究那样简单地从外部对研究对象进行客观的观察,而是应该通过与研究对象进行更加深入的互动而全面和深入地理解研究对象所处的文化背景和个性特征,在此基础上理解其行为和语言的真实意义。

2. 定性研究的方法特点

定性研究方法与定量研究方法最大的不同点是,定性研究不需要采用"假设－检验"的研究逻辑,因此,不需要在正式收集资料前严格设计一个假设性的理论模型,而是由研究者直接进入研究场所,通过与被研究者进行长期性的深度接触,并通过深入访谈和观察等方法去获得有关的定性资料,并通过对这些资料的分析而得出研究结论。

# 第五章 抽 样

本章将介绍社会研究中的抽样方法,即选择研究对象的方法或程序。在现代社会研究中,抽样是一项有力的技术,除了社会研究外,它在市场调查、民意测验、生物和医疗实验、工业产品检测等领域,都有着广泛的应用。抽样的理论基础是数理统计学。本章省略了抽样原理中复杂的统计分析理论,而重点使读者对抽样概念和基本抽样方法的应用有所了解。

## 第一节 抽样的概念与程序

抽样是研究者选择调查对象的方法,与社会研究的其他议题相比,有关抽样的讨论更加严谨和精确。有关抽样逻辑和操作程序的讨论,是用一套专门的抽样术语来表述的,这使得抽样更加技术化,更具有操作性。因此,要弄懂抽样的含义,掌握各种具体的抽样方法,必须先搞清楚不同抽样的术语的确切含义。这一节将介绍抽样的概念、抽样的术语以及抽样的程序。

### 一、为什么要抽样

在社会研究中,研究者经常从一个规模很大的研究对象中,选出一部分作为研究对象,这个选取过程就是抽样(sampling)。之所以要进行抽样,主要是考虑研究成本和研究的可行性。首先,在社会研究中,经费是一项硬约束,多增加一个研究对象,就意味着多花一份钱,故研究者无法超出预算,对过多的对象逐一进行研究;其次,对于一些太大的总体,如对全国十几亿人口中的成年人逐个进行问卷调查也不现实。而借助于抽样则能够克服以上困难,因为根据抽样理论,无论社会研究涉及的研究对象有多大规模,只要抽样是按随机原则(random principle)实施的,则被抽出的少数对象的情况,就能够相当精确地代表全体对象的情况。而且由于选取的对象少了,研究者可以进行更细致、深入的研究,得到更全面的研究资料。

不过,被抽出的少数对象与全体对象毕竟不是一回事,因此,无论怎样精致的抽样设计,都会产生抽样误差(sampling error),于是抽样得到的少数对象的情况,就不一定完全符合全体对象的情况。也就是说,根据抽样结果来推断全体对象的情况,可能是对的也可能出错。问题是推论中的对或错的可能性是多少。如果出错的几率很小,便可以接受推论,但如果出错的几率太大,就无法接受推论。

抽样方法大体可分为两类:一种是非概率抽样(non-probability sampling),主要是依据研究者的主观意愿、判断或是否方便等因素来选取对象;另一种是概率抽样(probability sampling),主要是按照随机原则来选取对象,完全不带有研究者的主观因素。两种方法最大的差别是,在概率抽样中,能够比较精确地估算出抽样误差,这样根据被抽出的少数对象的情况,便可以对全体对象的情况进行推论;而在非概率抽样中,则无法估算抽样误差,这样有时即使碰巧抽到的少数对象确实具有代表性,研究者也不知道,因为非概率抽样的代表性只有将抽出的少数对象的情况与全体对象的情况比较后才能得知,所以,非概率抽样是无法对全体对象进行推论的。

## 二、抽样的有关术语

抽样是一门专业化技术,涉及许多专门的概念和术语,这里介绍抽样中常用的概念与术语。

1. 总体、样本和元素

如果用专业术语严格定义,则抽样是指从总体(population)中按一定方式选取一组元素(element)的过程,由此产生的元素集合称为样本(sample)。也就是说,在抽样的专业化表述中,每一个具体的调查对象被称为元素,全体研究对象被称为总体,样本则代表一组元素,即一部分研究对象,它可以是人、学校、组织,也可以是文章、杂志,甚至是歌曲。但不管样本由什么构成,它必须是从总体中抽取的,换句话说,样本不能独立于总体而存在。

总体还可以进一步划分为研究总体和目标总体(target population),其中,研究总体是在理论上明确界定的元素的集合体。例如,在有关妇女生育率的研究中,"妇女"这个概念所代表的总体,只有被界定为 15～49 岁有生育能力的妇女后,才成为可用于研究的总体。目标总体有时也称为调查总体,是实际抽取样本的元素集合体,它是排除了研究总体中的一些特例后的总体。在上例中,15～49 岁的妇女被界定为研究总体,是因为理论上这一年龄段的妇女具有生育能力。但在现实生活中,有些满足这一理论条件的育龄妇女,可能并没有生育的机会。一般说来,样本只能推论目标总体,而非研究总体。

样本中元素个数与总体中元素个数的比率,即样本规模与总体规模的比率称为抽样比率(sampling fraction)。例如,在一个 5 万人的总体中,研究者想要抽取 150 人,这时抽样比率就是 150/50 000 = 0.003 或 0.3%;如果总体为 500 人,而研究者要抽取 100 人,则抽样比率就是 100/500 = 0.20 或 20%。

2. 抽样框和抽样单元

研究者在实际抽样(特别是概率抽样)时,经常是先找到一份近似涵盖所有总体元素的名单,然后从中抽取部分元素,这份名单被称为抽样框(sampling frame)。例如,要调查某大学本科毕业生的就业情况,则抽样框就是该大学全体毕业生的花名册。下例是抽样史上的一个经典例子,充分说明了建构正确抽样框的重要性。

美国一份叫《文学摘要》(Literary Digest)的新闻杂志,在 1920 年、1924 年、1928 年和 1932 年,以邮寄明信片的方式对总统大选进行了民意测验,并准确地预测出这 4 次选举的结果。当 1936 年总统大选来临时,杂志仍以同样的方式进行了民意测验,并从寄出的 1 000 万份明信片中,回收了 200 多万份。测验结果显示,57% 的人支持共和党候选人兰登(Alf Landon),民主党候选人、在任的总统罗斯福(Franklin Roosevelt)的支持率为 43%。然而,两星期后的选举结果,使杂志的编辑们大跌眼镜,罗斯福以 62% 的得票率,获得第二届任期。杂志因此声誉扫地,不久就关门大吉了。

杂志民意测验失败的原因是什么呢？客观地讲,造成预测错误原因不止一个,但最重要的是抽样框设计中的错误。虽然杂志抽取了数量相当多的选民,但他们的地址与姓名大都取自于电话簿与汽车俱乐部会员名单。而 1936 美国还处在 30 年代经济大萧条后期,许多美国人都没有电话和汽车。也就是说,杂志选定的抽样框排除了低收入选民,而这些穷人都支持罗斯福的新政。由此可见,一旦抽样框出现了偏差,无论多大的样本规模,也无法减小抽样误差。

抽样框中的总体元素又被称为抽样单元,有时抽样单元与分析单位是相同的。但在较大范围的抽样中,可能有多个层次的抽样单元。例如,在某县进行农户生活水平抽样调查,可以先抽取若干个乡组成乡样本,然后从乡样本中,抽取若干个村组成村样本,最后从村样本中抽取若干个农户。这时抽样单元分别是乡、村和农户三种,分别称为初级抽样单元(primary sampling units,简称 PSU)、次级抽样单元和终级抽样单元。在一次抽样中,抽样框的数目与抽样单元的层次是相对应的,即与乡、村和农户相对应,有三个抽样框:全县所有乡的名单、乡样本中所有村的名单、村样本中所有农户的名单。

3. 参数值、统计值和抽样误差

一般说来,总体的情况或特征是未知的,由参数值(parameter)来描述,如某个城市中吸烟人口的平均年龄;而样本的情况或特征则是已知的,由统计值(statistic)来描述,如通过对样本调查资料的统计所得到的被调查吸烟者的平均年龄。参数值与统计值之间的差异就是抽样误差。差异越大,抽样误差就越大;差异越小,抽样误差也就越小。

由此可见,抽样误差是衡量样本代表性大小的标准,一般说来,它主要取决于总体的异质性程度和样本规模。一方面,如果样本规模相同,总体异质性程度越高,抽样误差越大,样本代表性越低;反之,总体异质性程度越低,抽样误差也越小,样本代表性也就越高。另一方面,如果总体异质性程度相同,样本规模越大,抽样误差越小,样本代表性越高;反之,样本规模越小,抽样误差越大,代表性越低。需要指出的是,抽样中因违反抽样规则产生的人为误差,如抄写、资料录入和计算中的人为失误,并不是这里所说的抽样误差。

### 三、抽样的步骤

抽样作为一门严谨、精确的技术,有一套完整的操作程序。虽然不同的抽样方法,在操作方法上会有一些不同的要求。但总的说来,通常都要经历以下几个步骤:设计抽样方案、抽取样本和评估样本。

1. 设计抽样方案

设计抽样方案包括以下几点内容:首先,要界定总体,即对抽样总体的范围和特征加以明确的说明,特别是要明确目标总体的范围和特征。其次,介绍抽样框的具体内容,即给目标总体下一个操作化定义。再次,要确定样本所含个体数目,即样本规模的大小。最后,要根据不同的目标总体,选择合适的抽样方法。

2. 抽取样本

抽取样本是指抽样人员按照抽样方案中选定的抽样方法,从抽样框中实际抽取总体元素,构成样本的过程。由于抽样方法不同,实际抽样工作既可以安排在实地调查前,也可以与实地调查同步进行。前者比较适合总体规模较小,事先有比较完整抽样框的情况;而后者则是比较适合总体规模较大,抽样采取多阶段方式进行的情况。

3. 评估样本

评估样本是指样本抽出后,对样本的代表性和各类误差情况的检验和评估,目的是为了防止由于样本偏差过大而导致对总体推断的失败。评估样本的方法是先找出一些能够反映总体特征的资料,通常是一些统计数据,如性别比、年龄结构、教育结构和收入结构等,与同类指标的样本统计值进行比较。若二者之间差别不大,则可以认定样本的质量较高;反之,若二者之间差异明显,则样本质量存在问题,需要对其进行修正。一般来说,评估所依据的总体统计数据越多,则评估效果越好。

## 第二节 非概率抽样

进行概率抽样的前提条件是有抽样框,但这个条件有时无法满足,如电视栏目收视情况的调查,就很难编出合适的抽样框。在这种情况下,经常会采用非概率抽样,即放弃随机原则,依据研究者的主观意愿、判断或是否方便等因素来抽取样本。非概率抽样的成本比较低,操作也比较方便,但无法预先估计抽样误差,因此,很难对总体情况做出可靠的推断。这一节将介绍方便抽样、配额抽样、判断抽样和雪球抽样等几种常见的非概率抽样方法。

### 一、方便抽样

方便抽样(convenience sampling)又称偶遇抽样,是指研究者使用对自己最为便利的方法来选取样本。这种方法很容易产生系统误差,样本代表性很差,因此,在使用时要特别小心,总体的情况越复杂,方便抽样的效果就越差。

电视台、电台和报纸记者的"街头拦人"调查,采用的就是方便抽样。表面上看,"街头拦人"这种碰到谁就选谁的抽样方法,貌似简单随机抽样,有些人、有些媒体也认为这就是随机抽样了。其实这种看法并不正确。因为虽然方便抽样旨在排除主观因素的影响,纯粹依靠客观机遇来抽取对象。但它并没有通过随机过程,使总体中的每一个元素有相等的被抽中概率。那些最先被碰到的、最容易见到的、最方便找到的对象,具有比其他对象大得多的机会被抽中。与"正常"的研究对象相比,那些衣着破烂、年纪太老、不擅言辞的研究对象,很少有机会进入电视镜头。

另一个方便样本的例子是报社要求读者剪下报纸刊登的问卷,填完后寄回去。这里系统偏差是显然的,因为并不是每一个人都看报纸,也不是每一个人都对问卷调查的主题感兴趣,还有人懒得花时间把问卷剪下来,填答后寄回去。当然报社可能有奖励,填答后寄回问卷的人数目也可能很多,但这种方便样本可能仅具有娱乐价值,它可能得到的是扭曲的观点,无法对读者总体做出正确推论。

## 二、配额抽样

配额抽样(quota sampling)首先要根据某些参数值,确定不同总体类别中的样本配额比例,然后按比例在各类别中进行方便抽样。例如,研究者想要用配额抽样方法,抽取一个40人规模的样本。他首先决定用性别和年龄作为决定样本配额的参数值,通过查阅相关资料,了解到总体中男女各占50%,30岁以下、30~60岁之间和60岁以上的比例分别为:25%、50%和25%。如表5-1所示。实际操作中,可以依据参数值,建立相应样本配额矩阵或表格,然后,按矩阵中的配额进行方便抽样。

表5-1 40人样本按性别和年龄的配额矩阵

| 年龄 | 性别 | | 合计(人) |
| --- | --- | --- | --- |
| | 男(人) | 女(人) | |
| 30岁以下 | 5 | 5 | 10 |
| 30~60岁 | 10 | 10 | 20 |
| 60岁以上 | 5 | 5 | 10 |
| 合计 | 20 | 20 | 40 |

配额抽样的逻辑是通过样本配额,使样本结构尽可能与总体结构保持一致,对总体进行"克隆"。不难想像,配额矩阵所依据的总体参数值越多,则样本元素的分类也越细,样本与总体的结构也越接近。但随着参数值的增加,配额矩阵的分布会越来越复杂,抽取到符合条件的对象也就越来越困难。配额抽样中经常采用的参数值包括性别、年龄、教育程度、婚姻状况、收入和职业类别等。配额抽样有以下两点先天不足:

首先,为了不偏离总体,配额矩阵中的数字必须十分准确,要做到这一点,就必须掌握总体的最新资料,但这并不容易做到。对此抽样史上有个很好的例证,盖洛普采用配额抽样,在1936年、1940年和1944

年,成功地预测了美国总统选举结果,但在 1948 年,他没能正确地预测出杜鲁门会当选总统。造成预测失败的一个主要的原因,就是样本配额没能正确地代表所有地理区域和所有实际去投票的选民。

其次,尽管配额方法是一种改进,但最后抽样仍由调查员根据方便原则执行,他们从某些特定的矩阵格子中选择样本时,有很大的随意性。在这种情况下,调查员可能为了图方便而去找那些比较好调查的人。例如,调查员很可能会访问最先碰到的 5 位 30 岁以下的男性,而这 5 人可能恰好是刚从同一公司下班走出来。有些人还可能想被调查而主动去找到调查员,因而也干扰了调查员在选择被调查者时的客观性。这些情况都会降低样本的代表性。正是由于最后采用了方便抽样,使配额抽样与分层抽样具有本质的区别,后者依据随机原则抽样,排除了主观因素,被抽中的研究对象即使是身居高楼、家养恶犬的人,调查员也不能图方便而不去拜访。

### 三、判断抽样

判断抽样(purposive sampling)又称立意抽样,是指研究者根据其研究的目的或专家的判断来选取样本。在这种抽样中,样本是否能满足研究目的的要求,是否能正确反映总体情况,很大程度上依赖于研究者的主观判断,因此,对研究者个人的研究素质有较高的要求。判断抽样经常被用于以下三种研究场景:

首先,研究者用判断抽样来选择特别能提供信息的独特个案。例如,在问卷设计阶段,为检验问题设计是否得当,常有意地选择一些观点差异悬殊的人作为研究对象。又如,为发掘流行的文化议题,研究者在对杂志进行内容分析时,会特别选择一些比较流行的女性杂志作为研究对象,他看中的就是这些杂志领导文化潮流的特点。

其次,研究者用判断抽样来选取很难以接近的特殊人群。例如,在对城市外来人员的调查中,由于他们居住和就业都很分散,流动性强,并且没有统一登记的名册,因此很难采用随机抽样的方式。对他们的调查中采用判断抽样就是一个比较有效的方法。研究者可以通过各种方法收集信息,如寻找外来务工人员比较集中的地区,同与外来人员有关的一些组织取得联系,等等。同时还可以访问一些了解情况的人,如居委会的工作人员,外来人员比较集中的单位领导,等等。通过这些信息来界定对外来人员研究所需要的样本。

最后,研究者用判断抽样来选取某种特殊个案类型,以便进行深入探究。例如,选择一些收入远高于农民人均收入水平的农民作为研究对象,深入分析他们的致富途径。这种研究是希望获得对这种类型的深入了解,它的作用在于发现问题、提出假设,而不在于对总体做出概括,因此,无需根据样本对总体进行推论。

### 四、雪球抽样

雪球抽样(snowball sampling)也称网络抽样,是一种根据已有研究对象的介绍,不断辨识和找出其他研究对象的累积抽样方法。名称源于滚雪球的类比,雪球开始时可能很小,但当它在潮湿的雪地上滚动时,就会不断黏上新的雪片,越变越大。与此类似,雪球抽样开始时,样本可能只有一个或少数几个人,但在随后的时段里,这几个人会凭借自己的社会关系,介绍新人加入,新人也有社会关系,于是,随着关系网络的不断扩大,样本也越滚越大,可见雪球抽样是一种多阶段的技术。

雪球抽样特别适合用来对成员难以找到的总体进行抽样,如城市中的散工、无家可归的流浪者和吸毒者等。另外,也可以用雪球抽样对具有一定网络联系的总体进行抽样,例如,可以用这种方法抽取一个高收入人群的样本,开始时,可以先设法找到几个高收入者,而他们肯定会有高收入的朋友,故可以请他们互相介绍,进而找出新的高收入者来。

雪球抽样理想的结果是"雪球"滚到了大于所需样本规模的人群,这时可在某个时点中止"雪球"的滚动。当然,也不排除"雪球"滚到一定数量的对象后,样本就无法再扩大了。这种情况通常是由于"雪球"滚动中,人们互相介绍的对象都属于同一个圈子或关系网络,当圈子里的人统统被介绍完了,"雪球"也就滚不下去了。这时需要找到圈子以外的人,以他们为核心继续"雪球"的滚动,直至"雪球"达到样本规模为止。

## 第三节　概率抽样

抽样能让研究者依据少量元素,来推断元素众多的总体。而概率抽样则是实现由样本推断总体的最佳方法,概率抽样是按照随机原则进行的抽样,因此又常被称为随机抽样。因为它是以随机原则为前提的,因此不仅能使研究者在选取要素时避免各种形式的系统误差,而且还能估计出抽样误差的大小。概率抽样有若干种具体形式,社会研究中,要根据研究问题、总体性质和经费情况加以选择。这一节将介绍简单随机抽样、系统抽样、分层抽样和多阶段整群抽样等几种常用的概率抽样方法。

### 一、简单随机抽样

简单随机抽样(simple random sampling)也称纯随机抽样,是指研究者严格按照随机原则来抽取样本。"随机原则"在数学上是有特定含义的,它意味着在选取对象的过程中,一方面要排除任何事先设定的模式,使每一个对象被选中的概率都相等,即要满足等概率要求;另一方面,对象之间相互独立,任何一个对象是否入选样本,与其他对象无关,或者说,每一个对象的抽取都是相互独立的,是一种随机事件,即要满足独立性要求。

在抽样过程中引入随机性有两方面理由:首先,随机抽样由于排除了研究者个人对样本的主观决定,所以可以避免研究者自觉或不自觉的偏见。其次,随机抽样是以概率理论为基础,因此,可以计算参数值和抽样误差。

这里还需提及的是,概率抽样和等概率抽样在概念上并不相等。所谓概率抽样是指总体中每个元素都有一定的非零概率被抽中,每个元素被抽中的概率可以相等,也可以不相等,相等称为等概率抽样,不相等称为不等概率抽样。不难看出,随机抽样是一种等概率抽样。

进行简单随机抽样先要建立抽样框,然后再从抽样框中选取元素构成样本。这种抽样方法是最基本的,也是最容易了解的概率抽样方法，其他概率抽样方法都可以看成是由它派生出来的。根据被抽中的元素是否放回总体，简单随机抽样又可分为放回和不放回两种。研究者在实际抽样中大多采用不放回抽样，严格地讲，这样做是不符合随机原则中的独立性要求的。然而，在很大的总体中，如从某市 1 300 万人口中抽取几个人，在抽取下一个人之前，将上一个人放回或不放回总体中，基本不改变其他人被抽中的概率。

当总体数目 $N$ 不大时，可以用抽签法进行简单随机抽样。具体操作方法是先建立抽样框，即将 $N$ 个用均质材料做成个的签编上号码，将这 $N$ 个签充分混合，然后一次抽出 $n$ 个签；或每次抽取一个但不放回，再抽另一个直至抽到 $n$ 个签为止。这抽出的 $n$ 个签上的号码就是入样元素的号码。

如果总体数目 $N$ 很大，可以用随机数法进行简单随机抽样。这种方法的关键是产生随机数，可以用多种工具产生出随机数，最经常用的工具是随机数表，它是由范围在 00001～99999 内的 5 位随机数组，按行和列排序构成的。该随机数表允许从一个规模小于 10 万的总体中抽取简单随机样本。最后根据产生出来的随机数，决定哪些元素应该被选入样本。下面结合实例介绍随机数表的使用方法。

假设要从一个 900 人的总体中，用随机数表方法抽取一个 100 人的样本。在利用随机数表产生随机数之前，先要建立抽样框，即给这 900 人中的每一个人按 1～900 的顺序编号。接下来再从随机数表中选出 100 个随机数，抽样框中编号与选出的随机数相同的那些人将组成样本。假如已经有了所有人的名单，就不一定非要给所有的人编号了，因为在选出随机数后，可以用计数的方式，将被选到的人"数"出来。

用随机数表产生随机数，需要完成以几个步骤：

第一，确定选出的随机数的位数。在本例中，由于总体人数为 900，在使用随机数表时，需要有 3 位数的随机数才能保证所有人都有被选中的机会。同样，如果总体规模为 4 位数，随机数就应是 4 位数。

第二，决定从 5 位数组中选择哪几位数字。要从随机数表的 5 位数组中产生 3 位数，可以有以下几种情况：选择从左到右前 3 位数字；

选择中间的 3 位数字;选择从左到右后 3 位数字。如选取随机数表第 1 页的第 1 个 5 位数组:10819,从中可分别选出 108,081,819 等 3 个 3 位数字。这里关键是要预先约定好规则,然后一直按此规则行事。本例从方便考虑,选择从左到右前 3 位数字。

第三,确定在表中选择数字的顺序。选择数字遵循的顺序是可以随意确定的,如可以顺着每一列自上而下或自下而上,也可以顺着每一行从左到右或从右到左,还可以顺着对角线方向。同样,这里顺着什么方向并不重要,关键是在选定了一个顺序后,一直都按这个顺序选取。本例从方便考虑,选择顺着每一列自上而下的选取方式,一列选完后,从右边的一列继续自上而下选取;一页选完后,从下一页的第一个列继续自上而下选取,直到选够随机数为止。

第四,确定开始选择的 5 位数组起点。这个问题的答案很简单,只需闭上眼睛,用铅笔随意在随机数表上戳一下,戳中的那个 5 位数组,就是开始的 5 位数组。也可以在纸上随意写下某一行与某一列,然后找到这个 5 位数组作为开始。本例随意戳中的 5 位数组,是第 1 页第 6 列第 20 行的 40 829,从左到右前 3 位数字为 408,这样抽样框中号码为 408 的人就被选入样本了。

第五,处理大于总体规模或重复的随机数。按自上而下的顺序,下一个数是 969,但由于总体一共是 900 人,故抽样框中没有 969 号,一个简单的处理办法是跳过(舍去)这个数,接着选取下一个随机数:493;再往下选,号码分别为 045,595,528,…,选完第一页后,接着从第二页继续选,一直到选够 150 人为止。如果在选择过程中,碰巧选中了两个相同的随机数,如两次选中了 399,则应跳过(舍去)第二次选中的 399。

在多数情况下,简单随机抽样的效果还是令人满意的,但它也存在着一些不足。首先,这种方法在抽样之前,必须编制出一份完整的抽样框,并给每个元素编号。因此,当总体规模较大时,采取这种抽样方法工作量较大。例如,大中型城市一般都有几百万户家庭,给它们全部登记造册,制成抽样框,需要很大的人力和经费投入。虽然,当前可以借助计算机来完成这项工作,但更新和维护抽样框的正常运转,仍需要很大的投入才行。其次,简单随机抽样的样本在总体中比较分散,这使得实地访问工作难以实施,因为寻找这些分散的元素往往要动用较多的人力,花费较多的时间,这无疑会大大增加研究费用,抽样节约成本的优点就大打折扣了。在以上情况下,就必须采用其他抽样方法。

## 二、系统抽样

系统抽样(systematic sampling)又称机械抽样,抽样效果与简单随机抽样相同,但操作起来却容易得多。系统抽样的样本元素是按某种确定的规则从总体中抽取的,由于等间距抽取是最常用的规则,故系统抽样经常被称为等距抽样。由于抽样使用的是抽样间距(sampling interval),而不是随机数,故等距抽样是一种准随机(quasi-random)抽样方法。下面结合实例介绍等距抽样方法。

假设要从一个900人的总体中,用等距抽样方法抽取一个150人的样本。与简单随机抽样相同,等距抽样也需要先建立起抽样框,即给总体的每一个元素按顺序编上号码。但与简单随机抽样不同,等距抽样不用随机数,而是按一个固定的间距抽取人选,因此,它需要完成以几个步骤。

首先,确定开始抽取人选的位置。这个问题的答案很简单:任何随机的起始点都可以。与简单随机抽样中选起点类似,也是只需闭上眼睛,用铅笔随意"戳数",不过这次是在抽样框上戳一下,戳中的那个编号就是抽取样本的起始点。假设在抽样框上戳中的随机起始点为548。当然,也可以在随机数表上随意戳一下,把戳中的5位数组作为抽取样本的起始点。不过这时还需要决定采用几位数字,如果样本规模小于100,就用2位数;小于1 000,就用3位数;如果戳中的3位数是007,就意味着从第7号开始抽取。

其次,计算抽样间距。抽样间距($k$)是由总体规模($N$)与样本规模($n$)之比决定的:

$$k = \frac{N}{n} = \frac{900}{150} = 6$$

也就是说,抽样间距为6。有时总体规模不是样本规模的整数倍,如样本规模为 70,抽样间距则为 12.86,不是整数,这时抽样间距 $k$ 可取最接近 $\frac{N}{n}$ 的整数 13。

样本占总体的比例由抽样比决定,即样本规模($n$)与总体规模($N$)之比。本例的抽样比为:$f = \frac{n}{N} = \frac{150}{900} = 0.167$,也就是说,样本约为总体的 16.7%。

最后,确定抽取元素的方法。等距抽样是指从起始点开始,每隔一个抽样间距,抽取一个元素。本例中,从随机起始点 548 开始,每隔 6 个人抽取一个人,选入样本的号码依次为 554,560,566,…,当数到 896 时,还没抽够样本规模要求的 150 人。这时就需要将抽样框的末位号码与首位号码相接,然后再接着抽取 2,8,14,20,…,直到再次遇到开始点 548 为止。

如果总体元素是随机分布的话,等距抽样与简单随机抽样的结果没什么差别。等距抽样的操作相对简单,故在实际应用中,较多地被采用。不过等距抽样也有潜在的问题。如果抽样框是以与抽样间隔一致的循环方式排列的,则等距抽样会由于周期性问题,使样本出现偏差。例如,在研究夫妻对婚姻的满意程度时,如果在排列总体名单顺序时,每对夫妻都采取丈夫在前、妻子在后的模式,那么,当抽样间距为偶数时,则抽取到的样本元素,如果是以丈夫为起点,就可能全都是丈夫;如果是以妻子为起点,就可能全都是妻子。对于周期性排列的总体,要么采用简单随机抽样,要么重新随机排列总体元素。

### 三、分层抽样

分层抽样(stratified sampling)是指研究者先把总体分为若干个同质的层(次级总体),然后用简单随机或系统抽样方法,从每层中抽取样本元素。相对于简单随机或系统抽样方法,分层抽样并不是一种独立的替代方法,而只是这两种方法的一种修正形式。

与简单随机或系统抽样相比,分层抽样能减少抽样误差,提高样本的代表性。因为当样本规模不变的情况下,总体异质性越高,样本状态偏离总体状态的机会就越大。在这种情况下,如果采用简单随机抽样或系统抽样,总体中的各个亚群体的比例在样本中可能得不到真实的反映。为此,研究者们采用分层抽样的方法,将一个异质性的总体分成若干个同质性的层,按照各个层在总体中的实际比例去分配各层的样本规模,以确保总体中每个同质的层都有适量的元素被抽中,从而使样本状态偏离总体状态的机会减小,减少了抽样误差,增大了代表性。

除了提高样本的代表性,采用分层抽样还有另一个理由。当研究者感兴趣的某个类别在总体中比例很小,简单随机或系统抽样很有可能会漏掉该类别的元素时,研究者就会使用分层抽样。例如,研究者按1%的比例从20 000名青少年中抽取一个200人的样本。相关资料显示,在这20 000名青少年中有2%即400人来自离异家庭。研究者希望样本中能包含足够比例的来自离异家庭的青少年。但是如果用简单随机抽样或系统抽样,很有可能会漏掉他们,而分层抽样就能保证样本中含有至少4位($400 \times 1\%$)该群体的元素。

实际进行分层抽样,需要解决以下几个问题:

第一,怎样进行分层,或者说根据什么原则确定分层变量。在把总体分为同质的层时,需要依据一定的总体特征,用来描述这些总体特征的变量,被称为分层变量,而分层变量的值就是总体的层次。例如,以性别为分层变量时,总体就分成男性和女性两个层。常用的分层变量还有:年龄(老、中、青)、教育程度(文盲、小学、中学、大学)、婚姻(未婚、已婚、离异、丧偶)、收入(高、中、低)、居住区域(城区、近郊、远郊),等等。除了以上这些常见的分层变量外,选择分层变量还应注意总体的性质。例如,如果总体是学生,则可以选一些与学校有关的分层变量:班级、年级、专业等;如果研究在工厂开展,则分层变量可选工作性质:将总体分为管理人员、技术人员、工人、勤杂人员等几个层次。另外,还应注意尽可能选择那些与研究变量相关的分层变量,例如,研究消费问题,收入水平就是不可缺少的分层变量;研究人口流动问题,城市规模就是一个好的分层变量。

第二,怎样确定样本比例。在大多数情况下,分层抽样采用等比例方式进行,即要求从各层抽取元素的数量在样本中的比例,与该层在总体中的比例相等。分层抽样一般需要事先了解各层在总体的比例。例如,某大学有 6 748 名学生,其中男生 3 534 名,女生 3 214 名,分别占总体的 52.4%和 47.6%。如果按比例进行分层抽样,抽取一个 100 人的样本,则样本中男生应为 52 人,女生应为 48 人。

此外,在某些特殊的情况下,当总体中某些层的元素太少(或太多)时,也可采用不等比例方式,即样本中某层元素的比例,大于(或小于)该层元素在总体中的真正比例,以使一些数量很小的群体也能够有较好的代表性。例如,前面所举的离异家庭的青少年的例子,如果按照他们在总体中的真实比例来分层抽样,则他们在样本中只能有 4 位(400×1%)被抽中。而如果仅以他们 4 个人的情况去代表整个离异家庭的青少年的情况,出现偏差的可能性会很大。因此,研究者在这里可以采用不等比例的分层抽样方法,在其他各层都用 1%抽样比例的情况下,对离异家庭的青少年群体可采用 5%或 10%的比例,以便得到该群体足够多的样本。但是,这种不按照比例分层抽样得到的某个层的样本只能用于分析该层的情况,当要将该层的样本加入到总的样本中进行统计分析时,还需要对样本进行技术处理,以便将之按真实的比例加入进去。

第三,确定实际分层抽取样本的方法。在分层抽样中,有两种常见的样本抽取方法:

一种方法是先将所有总体元素按分层变量进行分层,并计算各层在总体中的比例。接着如果采用等比例分层抽样,则直接将总体比例视为样本比例;如果采用不等比例分层抽样,则需要对样本比例做一定的调整。最后再按确定的样本比例,用简单随机或系统抽样方法,抽出适量的样本元素。例如,计划从 1 000 名大学教师中,用分层抽样的方法,抽取一个 100 名教师的样本,将职称设为分层变量,抽样结果如表 5-2 所示。

另一种方法适用于等比例分层抽样。先将所有总体元素按分层变量进行分层,然后将各层的总体元素一层一层地连续排列,最后对连续排列的总体元素进行等距抽样,在前面的例子中,抽样间距为 10,起始元素为 1。这种方法被称为分层等距抽样。从表 4-2 中,可以看到两种方法最后的样本构成基本一致,误差的数量大概在 1~2 个元素之间,误差元素究竟落在哪一层,取决于抽样起点元素的位置。

表 5-2 大学教师分层抽样

| 职称 | 人数 | 百分比 | 等比例分层样本 | 分层等距样本 |
| --- | --- | --- | --- | --- |
| 正教授 | 253 | 25.3 | 25 | 25 |
| 副教授 | 375 | 37.5 | 38 | 37 |
| 讲师 | 108 | 10.8 | 11 | 11 |
| 助教 | 61 | 6.1 | 6 | 6 |
| 教辅 | 203 | 20.3 | 20 | 21 |
| 总计 | 1 000 | 100.0 | 100 | 100 |

### 四、多段整群抽样

前面介绍过的三种概率抽样方法,在总体规模或范围很大的情况下,会遇到两个很难解决的问题。首先,在很多情况下,无法获得抽样所需要的总体元素名单(抽样框)。其次,样本分布过于分散,实地调查的成本极其昂贵。例如,在全国城市居民综合调查中,要想获得一份登记有全国所有城市居民的名单几乎是不太现实的。即使通过电脑管理的人口普查资料得到了一份抽样名单,抽到的居民也会是天南地北、四处分散,要耗费巨资才能接触到他们。在这种情况下,就需要采用多段整群抽样(multistage cluster sampling)。

这里"多段"指的是按总体内的层级关系,把抽样分成几个阶段来进行。例如,在一个 100 万人的城市中抽取 2 000 人进行调查,抽样比例为 2%。该城市中的 100 万户居民分属于 1 000 个居委会。采用多段抽样的方法可以先从 1 000 个居委会中随机抽取一定比例(如10%)的居委会,然后在下一阶段中再从所抽到的居委会中随机抽取一定比例(如20%)的居民。相对于多段抽样而言,前面三种概率抽样都是一段抽样。

不难看出,在这一例子中,最初阶段的抽样单元——居委会,不是单个元素,而是包含许多单个元素的群,这与前几种概率抽样有所不同。这种以群为抽样单元的抽样方法,就是整群抽样(cluster sampling)。一段整群抽样,是直接用被抽中的居委会中的所有居民构成样本,不再进一步抽样;而多段整群抽样则需要在被抽中的群中,进一步抽取样群或元素。整群抽样中的群可以是班级、学校、工厂、公司、街道、居委会和城市等,对群的抽样可采用简单随机、系统或分层抽样方法进行。

由于群的个数大大低于元素的个数,名单(抽样框)比较容易获得,这样利用多段整群抽样就可以避开无法获得元素抽样框的难题。另外,由于群内元素彼此比较靠近,因此,在实地调查这些元素时,会节省很多经费。在前面100万户和1 000个居委会的例子中,如果直接采用简单随机抽样,所得到的样本可能会分布在所有1 000个居委会中,而采用分段整群抽样,被抽中的人只分布在其中100个居委会中。在同一个居委会多调查几个居民,自然要比多调查几个居委会更省时、省钱。多段整群抽样虽然提高了抽样效率,省时、省钱的代价,但是也在一定程度上降低了抽样精度。简单随机抽样会产生一次抽样误差,两段整群抽样则会产生两次抽样误差。抽样的段数越多,产生的抽样误差也越大。因此,多段整群抽样的抽样误差会显著地高于一段概率抽样。

实际进行多段整群抽样,需要解决以下几个问题:

首先,要决定是多抽群,还是多抽群中的元素。为了尽可能地减少抽样误差,在多段整群抽样的设计中,必须先决定样本中抽取的群的数量和每个群中被抽取的元素的数量。在前面两段整群抽样的例子中,假设该城市共有100万户居民,分布在1 000个居委会中,样本规模为2 000户居民。最极端的考虑是抽1个居委会,从中选2 000户居民(假设居委会的户数大于2 000);或抽1 000个居委会,每个居委会抽2户居民。不难看出,前者访问1个居委会内的2 000户人家,当然比后者访问分散在1 000个居委会的2 000户人家要省钱。也就是说,前者比较省钱,但样本偏离总体的可能性很大。而后者虽然对群的抽样发生偏差的可能性较小,但在群内抽样的偏差的可能性则会增大,并且这种样本调查起来是很费力、费时和费钱的。

当样本规模给定后,抽取的群的数量增加了,每个群中被抽取的元素的数量就一定会减少。如此来说,增加群的抽样代表性,就必然要牺牲元素的抽样代表性,反过来也一样。要解决这个两难问题,需要对总体的同质性进行分析。一般说来,对于那些由自然群构成的总体而言,群内元素之间的同质性,要高于总体所有元素之间的同质性;也就是说,同一个居委会居民之间的相似程度,要高于城市中所有居民之间的相似程度。因此,要代表一个群内部的差异性,只需相对较少的群内元素即可;而要代表所有群之间的差异性,则需要相对较多的群才行。把以上情况推向极端,假设群内元素都相同,而群和群之间差异很大,这时只要抽出足够多的群,就能代表总体情况。虽然现实中出现这种极端情况的机会极小,但与此同时,另一种极端例子是群和群之间完全相同,而构成群的内部元素之间差异很大。很显然,这种情况发生的可能性极小。通过以上分析的结论是:在经费允许时,尽可能多抽取一些群。

其次,处理群大小不等的情况。在前面两段整群抽样中,假设决定从1 000个居委会中抽取200个居委会,并从这200个居委会中各抽取10户居民,从而满足2 000户样本规模的设计要求。这里需要注意的是,居委会一般是大小不等的,如果第一段按等概率来抽取的话,则第二段抽居民时,与大居委会的居民相比,小居委会的居民被抽中的概率会大些。在这种情况下,怎样才能保证不同规模居委会的居民,有相同的概率被抽中呢?一种解决办法是,第一段让每个"群"被抽中的概率与它的规模成正比,第二段再从入选的"群"中以等概率抽取相同数量的元素,让元素被抽中的概率与"群"的规模成反比,这就是所谓的概率比例或PPS(probability proportionate to size,简称PPS)抽样方法。有关PPS抽样方法的详细内容,可进一步参见专业抽样书籍。

## 第四节 样本规模

在社会研究中进行抽样,节约成本是重要的原因之一。毫无疑问,样本规模越大,即研究对象越多,花的钱也越多。那么在社会研究中,如何才能做到在不降低抽样精度的前提下,尽可能减少样本规模?换句话说,在一定抽样精度的要求下,样本应该有多大? 这一节将介绍影响样本规模的因素以及样本规模的估算方法。

## 一、影响样本规模的因素

如果先不考虑经费问题,那么样本规模主要取决于抽样精度和总体标准差。一般说来,抽样希望达到的精确度越高,总体的异质性程度越大,所需的样本规模就越大。

首先,抽样精度是指抽样中希望达到的精确度,其实就是能够容忍的抽样误差 $e$。抽样误差是样本统计量与总体参数值之间的偏差,这种偏差是由于样本与总体不一致造成的。一般说来,样本规模越小,样本统计值与总体差异就可能越大,因此,误差也越大。由此可以推论,研究中能够容忍的抽样误差越小,即要求的抽样精度越高,则样本规模也应该越大;反之亦然。

按照以上分析,似乎可以得出这样一个推论:在一定精确度要求下,总体越大,则样本也要越大。笼统地讲,这个推论并没错,但问题是抽样精度并不按比例地随着样本规模的增大而提高。一个占总体比例5%的样本,其抽样精度并不一定会比占总体1%的样本高出5倍。因此,人们就要考虑付出很大的成本去增大样本能带来多大的绩效。一般说来,总体比较小的情况下,增大抽样比率会对抽样精度有较大的改善。有研究表明,对于较大的总体,在确定精度的条件下,总体规模与样本规模之间应该是一种如图5-1所显示的非线性关系,即样本并不按比例地随着总体增大而增大。换句话说,当总体规模达到一定程度时,如果总体规模继续增加,样本占总体的比例与抽样精度之间并不是一种正向的线性关系,样本增大并不会带来精度的线性增长。

其次,总体标准差 $\sigma$ 是反映总体元素之间异质性程度的指标;一般说来,在给定抽样精度后,总体异质性程度越小,所需样本规模也越小;反之亦然。这是因为异质性越小,总体参数的分布越集中,波动性越小,这时只需要有一个较小的样本就可以较好地代表总体。举一个极端的例子,如果总体元素之间无差异,则只要抽取一个元素就行了。反过来,异质性越高,参数分布越分散,波动性越大,这时就需要较大规模的样本才能较好地代表总体情况。

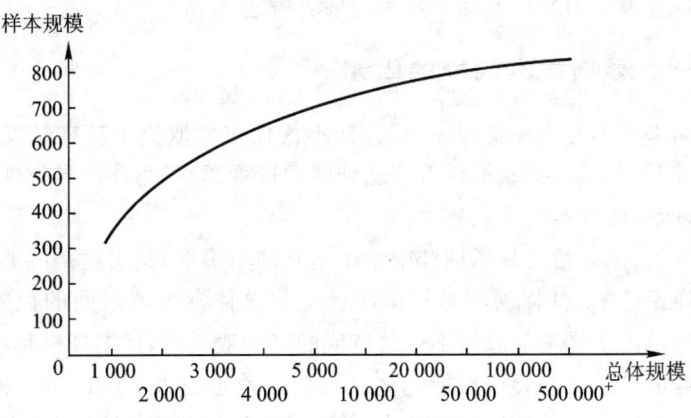

图 5-1 不同的总体规模所需要的样本量①

## 二、样本规模的估算方法

在概率抽样中,可以根据统计方法得出估算样本规模的公式。下面讲结合一个实例,讲解如何估算简单随机抽样所需的样本规模。①

在简单随机抽样中,推论总体平均数的样本规模计算公式为:

$$n = \frac{t^2 \times p(1-p)}{e^2}$$

其中,$t$ 为置信度所对应的临界值,$p$ 为总体的成数或百分比,$e$ 为抽样误差。

假设某市场调查公司接受委托,调查该市居民5年内购买私人轿车的意向。从成本考虑,公司首先要与客户商谈样本规模。客户要求要有95%的把握肯定调查结果是可靠的,同时抽样误差不能超过±3%。由于没有居民总体的构成资料,公司为慎重起见,将成数 $p$ 定为

---

① 参见:林南.社会研究方法.北京:农村读物出版社,1987.183。图中相对于95%的置信度、±3%的置信区间和总体参数值以50%对50%比例均分的假定而言。

50%(因为$p(1-p)$在$p=1/2$时达到最大值)。

以上条件表明,此次抽样的置信度为95%,查正态分布表可知$t$值为1.96;抽样误差$e$等于0.03。将数据带入样本规模计算公式,可得到:

$$n = \frac{t^2}{4e^2} = \frac{(1.96)^2}{4 \times (0.03)^2} = 1\,067$$

调查中发现,12%的居民有购买私人轿车的意向,于是公司告知客户,他们有95%的把握确定,该市有9%~15%的居民在5年内有购车的打算。

假设在该案例中,客户提出的误差要求为±2%,其他条件不变。那么,调查公司就必须将样本规模从1 067人增加到2 401人,才能维持以上结论不变。其实,±3%是个普遍被接受的误差范围,因此,在普通调查中,样本规模在1 000人左右,就能够满足要求了。当然,如果进行大规模的社会调查,牵涉到很多变量,就需要考虑增大样本规模。例如,最近的一项全国综合社会调查(general social survey,简称GSS),样本规模为10 000,其中城市样本为5 894。但是,正如前面谈到的那样,除非是针对特别大规模的总体或者有某些特殊的要求,对于一般性的社会调查本规模一般不要超过2 500人。

# 第六章 社会研究中的测量

本章将介绍社会研究中的测量,即把某个研究设想(idea)转化为可认知、可测量的概念和指标。在社会研究中,测量是一个关键的技术环节,因为如果不能精确和准确地对研究设想进行测量,接下来的经验研究也就无从谈起了。但是,本章的讨论并不涉及与测量过程有关的数学理论和方法论基础,本章的重点是使初学者对测量的概念、测量过程和测量质量评估以及指数和量表的设计有所了解。

## 第一节 测量的概念与过程

测量不仅被用于社会研究中,也是人们日常生活中经常见到的行为。不过与人们日常测量不同,社会测量是一种科学观察技术,它要求观察结果必须是可检验的,或者说观察程序是可重复的。这一节将通过两类测量的比较,阐明社会测量的科学内涵,同时简略介绍社会测量的程序。

### 一、测量的概念

从某种意义上说,测量(measurement)是人们通过对现实世界细致的系统观察而把握某种现象存在程度的过程。例如,人们通过观察去把握一件物体的大小,用手去试试水温,用尺子去丈量长度等等都是测量。在人们的日常生活中,测量是一种经常发生的行为,有时它甚至能决定人们该做些什么。例如,人们在很大程度上依赖于钟表给出的时间概念,来决定自己什么时间睡觉,什么时间起床。同样,人们让磅秤对自己是否肥胖给出"权威"意见;让温度计决定自己出门需不需要加衣服;让米尺作为孩子乘车是否需要补票的依据。在科学研究中,更是经常借助测量工具去测量所研究的对象。测量在很大程度上构成了自然科学研究的基础,许多科学研究都离不开借助测量工具进行的测量活动。例如,生物学家借助显微镜观察微生物和细胞,天文学家用望远镜进行天体观测,等等。

测量活动在日常生活和科学研究中都具有重要的作用。第一,测量可以使人们客观和精确地把握各种自然现象和社会现象存在的状况。第二,测量工具通常比人的感官更敏感,因此通过一定工具而进行的测量往往比仅靠人自身感觉的测量要精确得多。如温度计对温度变化的感知程度,要比用人的皮肤去感知温度变化强很多。第三,通过对自然和社会现象的测量,有时候还可以发现一些未知的物体和现象。例如,一定的测量工具可以帮助人们看到磁场这种用肉眼无法看到的东西。第四,靠一定标准化工具测量的结果不会随特定观察者而变化。例如,用磅秤称女儿的体重,决不会因为爸爸力气大,女儿就轻些,妈妈力气小,女儿就变重了。第五,测量还能帮助人们观察非物理世界的存在。例如,在日常生活中,你可能会听到朋友夸你的女儿很聪明,你的妻子很漂亮,批评你的生活态度太消极,对老板存有偏见,等等。这里聪明、漂亮、态度和偏见,是无法用手抓住的,它们统统都是一种非物理存在,是一种社会建构,是一种社会存在。而在社会研究中,研究者的大量工作就是想方设法把这些含混不清的说法,通过社会测量转变成一种精确的表述。

关于社会和自然的测量分别针对不同的对象,一个是物理现象,另一个则是社会现象,由此在测量方法和工具上,存在着许多不同。相比之下,社会研究者的工作要比自然科学家困难一些。自然科学家测量的行星、细胞或化学物质的存在方式更加客观,并且相对比较稳定。但社会测量涉及对人们进行访谈或对人的行为的观察,而人们在访谈中的回答以及人们行为所体现出来的意义,可能都是相当模糊的,并且在测量过程中还可能随时发生改变。因此,社会测量要应对双重困难,不仅要通过建构有效的测量工具,来破解和辨识模糊不清的测量内容;同时,还要随时准备处理测量对象由于意识到被测量而发生的改变。

不过,与日常生活中的测量相比,社会测量更接近自然科学测量,也是一种科学测量,它具备一切科学测量的基本要素。首先,它是按照一定程序的系统测量,每一步都有详细的记录,是可重复的、客观的和能被检验的。其次,它不仅有明确的目的,而且还是在一定理论背景下发生的。最后,它有精心设计的测量工具,特别是有针对类似偏见这样的非物理存在,发展出了特殊量表工具。

社会测量中,与自然科学测量最接近的是定量(quantitative)测量,即针对表示某种社会属性的概念,构造出相应的测量工具,对之进行经验观察,并以数字形式表示观察结果。例如,在社会调查中,对于性别这一社会属性,就可以用问卷对其进行测量,并以数字1和2分别代表男性和女性。定量测量是本章讨论的重点,此外,社会研究中还有定性(qualitative)测量,这方面的内容可进一步参考有关定性研究方法的书籍。

## 二、测量过程

一般说来,测量过程包括三个步骤:首先,要把测量对象以概念的形式表示出来,或者说对测量对象形成概念化认识,这就是"概念化"过程;其次,针对需要测量的概念,构造相应的测量工具,这属于"操作化"的内容;最后,用测量工具对测量对象进行经验观察,这是"资料收集"的任务。

在社会测量过程的第一步是对测量对象形成一定的概念。例如,要测量经济发展、贫困程度等方面的情况,就应该首先有"经济增长率"、"贫困发生率"等概念。在定量测量中,研究者在形成研究问题和设计研究计划时就要提出所要采用的概念,而后面的测量过程主要是围绕着这些概念而展开。因此,在提出和分析概念时,不仅要考虑他们在分析框架中的位置(如:它们在研究假设中应该是自变量还是因变量),而且还应该给这些概念赋予清晰的定义,并认真考虑所使用的概念是否可以在此次经验研究中加以测量以及如何测量。

社会测量过程的第二步是对概念进行操作化加工,将它们变为可测量的变量。在操作化的过程中,同时也就构造出有效的测量工具。测量的操作化步骤,又可具体分为两步来完成,先是将概念操作化成指

## 第一节 测量的概念与过程

标,然后再将指标设计成在调查中可以用语言表达的提问。其中,构造指标是关键的一步,有了指标才能在经验层次上进行观察。但是,指标常常还不能直接用到调查过程中,还需要将他们转化为能够直接与被调查者交流的提问。构造提问属于问卷设计,设计问卷中的各种提问不仅需要遵循一定的原则,也还需要掌握一定的技巧。这部分内容安排在调查方法的相关章节中讲解。下面结合一个实例来进一步说明测量过程。

假设一位社会学家想测量偏见程度,在进行测量前,他首先要对偏见有个概念化的认识,即给社会偏见下个定义,弄清楚社会偏见的含义是什么,否则测量是无法进行的。细究起来,物质世界并不存在偏见这个东西,没有人看过偏见长得什么样,有多大,是什么颜色;也没人触摸过偏见的实体,但人们却经常在谈论偏见。也就是说,偏见是一种社会建构,对它的理解和把握并不那么直截了当,需要有一个概念化的过程,对"偏见"下一个较严格的定义。接下来是构造有关社会偏见的测量工具,对于这种无法直接观察的概念,犹如生物学家观察细胞要依赖显微镜一样,社会学家需要构造出专门的工具来测量"偏见"。因此,研究者根据对偏见概念的定义,寻找这种态度或行为在日常生活中的具体表现,用这些可以具体把握的态度和行为来反映"偏见"的概念,这就是对这一概念进行"操作化"。

由于每个人的偏见态度或行为是不一样的,可能会呈现出一种从低到高的分布状况,因此,研究者可以考虑采用某种量表来对人们的偏见进行测量,将可称为是"偏见"的态度或行为表现按其程度排列出来,并用可以在调查中直接想被调查者询问的语言表示出来。最终通过量表的测量结果就能将社会偏见从众多社会事实中显现出来,并说明其强弱程度。

在测量过程中,另一项工作是相伴而行的,这就是测量质量并进行评估,即根据一些标准来判断对社会现象的测量是否成功。在测量的每一步,无论是概念化,还是操作化都需要对测量质量进行判断。测量的成功与否,主要靠信度(reliability)和效度(validity)两项技术性指标来评判。所谓信度是指使用相同测量工具重复测量同一个对象时,得到相同研究结果的可能性,指的是测量的可靠性;而效度则是指测量工具在多大程度上反映了概念的真实含义,指的是测量的准确性。需要补充的一点是,测量的准确性与精确性是不同的,后者代表了测量变量属性的精确性程度,在测量中通过测量层次反映出来。例如,精确地记录下某位人士的年收入,要比简单地把他归为"富人"或"穷人"要精确得多。

## 第二节 概念化与操作化

如前所述,概念化和操作化是测量的两个关键环节,前者对概念进行名义定义,从理论层次对概念的含义加以说明;后者对概念进行操作定义,从经验层次形成测量概念的工具性指标。但是,无论是厘清概念,还是形成指标,二者都没有太多的规则可循,惟一可行的方法就是大量实践。因此,本节将主要通过一些范例来介绍概念化和操作化过程中需要注意的一些问题。

### 一、概念化

概念化(conceptualization)是社会测量的第一个环节,是对概念的含义和应用范围给予清晰说明的过程,即在理论层次上对概念进行名义定义(nominal definition)。之所以要进行概念化,主要出于以下两点考虑:

首先,概念是人们主观上对同一类事物或现象的抽象概括。但人们在日常生活中,用来指称事物的概念的含义经常是模糊不清的。例如,说"某人有文化",其中"文化"概念的含义就不够清晰,既可以理解为这个人是识字的,也可以认为他受过良好的教育。这样的概念无法为测量对象提供完整准确的说明。因此,为了满足测量的要求,就必须对概念进行清晰明确的界定。

其次,有些测量对象纯粹是一种理论建构(construct),如智商(IQ)、偏见、失范和异化等,它们源于观察,但在现实中,又观察不到明确的对应物,也就是说,它们的存在本身就是一种概念定义。例如,社

## 第二节 概念化与操作化

会动荡和剧烈变迁带给人们一种不确定感,使人们感到迷惘、焦虑,甚至自我毁灭,法国社会学家迪尔凯姆(Durkheim)用失范(anomie)来形容这种社会状态。虽然失范原本是有一定含义的,但迪尔凯姆依据一定的理论,给失范赋予新的含义,这就是一种理论建构。

在社会测量中,概念的抽象程度是不同,有些概念比较具体,如性别、年龄、教育程度和婚姻状态等,其含义一目了然;反过来,有些概念则比较抽象和隐晦,如社会阶层、偏见、同情心、士气、异化等,其含义不太容易说清楚,人们似乎觉得有一种东西存在,可又很难在现实中找到明确的对应物,也很难三言两语说清楚,而且人们的理解还很容易产生分歧。比较起来,年龄这种具体的概念,是很容易进行定义的,例如,自出生后,已经活过的年数。而对异化(alienation)这一高度抽象和复杂的概念进行定义就比较困难了。这个概念内含有一些低层次的概念(例如,无权感),而这些低层次的概念还可以进一步具体化(例如,感到无权决定自己的生存位置)。

由此可见,对于比较抽象复杂的概念,必须先弄清楚概念各个层面的具体含义,然后再对概念按顺序地进行定义。研究者经常用维度(dimension)这个术语来指称概念的层面或具体方面。区分概念的维度,实际上就是对概念的含义进行分类,这有助于加深对概念的了解。例如,在定义社会地位这个概念时,就可以先考虑一下社会地位可能具有的维度。一般说来,一个人所处的社会地位与他的收入、教育程度和职业有关,因此,可以将社会地位定义为:个人在社会结构中,由收入、教育程度和职业所决定的相对位置。

另外还要注意,越是抽象概念,越容易对概念的定义产生歧义。这里除了个人主观认识上的差异外,概念所依据的理论框架的差异,也是差异产生的重要原因。例如,结构功能主义范式将阶级定义为共享某种社会地位、生活模式以及主观认同的个人;而冲突主义范式则将阶级定义为拥有(或缺乏)权力、财产或声望的一群人。也就是说,在概念化过程中,有歧义是正常的,关键是要将概念的含义分析透彻、表述清楚,这样即使有了歧义,彼此也会了解对方是怎样使用这个概念的。

## 二、操作化

### 1. 操作化的意义

概念化的过程是在理论层次上对概念进行了名义定义,由此得到这个概念各个层面含义的语义说明。但是,依据这种说明,仍然无法从经验上对概念描述的事物进行观察或测量。要想具体测量这个概念,需要把概念抽象的名义定义进一步具体化,使其转化成能从经验上进行观察和测量的变量(variables)和指标(indicators),这个过程通常被称为操作化(operationalization),即在经验层次对概念进行操作定义(operational definition)。

通过操作定义,概念转换为变量形式,即转变成了能有不同取值的概念。也就是说,变量是概念的具体化,可以在经验层次上观测,表明事物在数量、等级或类别上的变动状态。可以直接观察的变量又称为指标,它比变量更加具体,直接从经验层次反映出概念内涵中某个层次的内容。对于比较具体的概念,如性别、年龄等,可以通过单个指标进行测量,这时变量与指标之间没有什么区别。但是,对于那些具有多个维度、比较抽象复杂的概念,就必须用一组指标才能进行测量,每个指标负责测量其中的一个维度。在这种情况下,变量由于是整个概念在经验层次上的代表,因此,它并不完全等于某个单一指标,而是多个指标的一种综合。这时直接观察到的是各个指标,对变量的经验观察只能通过对指标观察结果的综合来实现,这种综合观察被称为复合测量,常见的形式包括量表和指数,有关内容在下面将给予介绍。由此可见,变量和指标并没有实质性的区别,都是从经验层次上对概念含义的说明,只是综合层次略有差别而已。习惯上,研究者在研究设计时,更多地使用变量这种说法,如假设、变量关系、自变量和因变量等;而在测量领域中,则更多地使用指标这一说法。

由概念到指标,是一个从抽象到具体的过程,因此,每一个概念都可能会有不止一个指标与之相对应。例如,对于文化程度这样一个简单的概念来说,就可以用"受教育的年数"和"取得毕业证书的等级"两种指标来表示。而对于抽象复杂的概念,就可能会找到更多的指标。

在这种情况下,就需要一个择优规则来决定哪些指标更能代表概念。遗憾的是,并不存在明确的择优规则,可行的方法就是尽量采用那些已被认可的指标。如果需要引入新的指标,那它与其他指标之间应具有指标互换性,即新旧指标所表示的行为之间就应具有一致性。

2. 测量层次

在量化测量中,测量指标的精确度是用测量层次来衡量的,按精确度由低到高,测量分为定类测量、定序测量、定距测量和定比测量四个不同的测量层次(levels of measurement)。

(1) 定类测量(nominal measures)是根据属性的不同对人或事件进行分类。不同的类别可用数字来表示,相同的数字表示相同的类别,但数字不能用于计算,仅用于区分不同的类别。例如,您当前处于何种婚姻状态?答案可能会是"未婚"和"已婚"。在调查问卷或表格中可以用1表示"未婚",2表示"已婚"。这里的1和2只是一种类别的符号,而没有大小和等级之分。

(2) 定序测量(ordinal measures)不仅对属性进行分类,而且还根据属性强度的不同对人或事件进行顺序排列。标记属性强度的数字之间可以比较大小、高低或先后,但是它们之间的距离没有任何意义,因为这个距离并不等于所测属性强度的间距。例如,您的健康状况如何?答案可能会是"非常好"、"不错"、"尚可"和"不好",可以用1表示"非常好",2表示"不错",以此类推;也可以用4表示"非常好",3表示"不错",以此类推;但用3表示"非常好",4表示"尚可",1表示"不错"是没有意义的,因为这样破坏了回答中隐含的次序。另外,1和2之间的距离没有实际意义,它并不等于"非常好"和"不错"之间的强度距离。

(3) 定距测量(interval measures)是以相等的固定间距(标准间距)来确定属性强度的实际距离。标记属性强度的数字(标准间距个数)是有意义的,其间距等于属性强度的间距,但数字相互之间的关系不等于属性强度的关系。例如,40 ℃和20 ℃的温差与80 ℃和60 ℃的温差是一样的,它反映了实际热度的差距。然而40 ℃的热度并不意味着是20 ℃的两倍,两个数字之间的关系并没有真实反映出实际热度之间的关系,这是因为摄氏温度的零度标准是随意定下的,零度并不意味着没有温度。定距测量的例子比较少见,除摄氏温度外,标准化智力测验(IQ)也属定距测量,IQ 测验得 0 分的人不应被视为没有智力。

(4) 定比测量(ratio measure)是在确定了间距数字后,通过确定有实际意义的零点,将属性强度间的比例关系用间距数字间的比例关系表示出来。例如,开氏温度(Kelvin scale)就是以完全没有热度的"绝对零度"为零点,这样 40 K 的热度就是 20 K 的两倍了。许多重要的社会科学变量,如收入、年龄都符合定比测量的要求。

从数学性质看,高层次尺度都具有低层次尺度的一切性质;反之不然。四种测量层次及其基本特征如表 6-1 所示。

表 6-1 几种测量尺度的比较

| 尺度特征 | 定类测量 | 定序测量 | 定距测量 | 定比测量 |
| --- | --- | --- | --- | --- |
| 分类( = , ≠) | √ | √ | √ | √ |
| 次序( > , <) |  | √ | √ | √ |
| 距离( + , -) |  |  | √ | √ |
| 比率( × , ÷) |  |  |  | √ |

## 第三节 指数与量表

在社会研究中,有些概念比较具体,如年龄、性别,测量时也比较直观和简单,通过一个问题就能涵盖全部意义。但是,也有一些概念比较抽象,含有许多层面上的意义,如偏见、个人气质和社会阶层等,而且人们对这些概念的理解也常常会产生分歧。这些概念通常需要用多个问题,才能进行完全测量,而指数与量表则是测量抽象概念的常用工具。本节将介绍指数与量表的概念、量表的类型以及建立指数的方法。

### 一、指数与量表的概念

在日常生活中,如果你听到朋友夸某个女电影明星:"太漂亮了",

但你恰好没看过她演的电影,那你就很难想像出她究竟漂亮到什么程度。因为漂亮是个很抽象的概念,即使给你打了"闭月羞花,沉鱼落雁"的比喻,你也很难将其与某个具体的事物对应起来。不过,量表(scales)或许能帮上你的忙,你可以这样问朋友:

"在1~10分的范围内,如果10分代表漂亮的最高程度,那么,你给这个女明星的身材、容貌、举止各打几分?"
根据朋友给出的分数,你也许能大致想像出女明星漂亮的程度了。

气质与漂亮一样,也是个很抽象的概念,说某人气质好,往往是从这个人的谈吐、仪表、待人接物、修养造诣等多个方面得出的印象。也就是说,"气质"是一个包含了多层含义的综合概念,是用一个概念来对一个人多方面素质的综合表达。而如果要具体测量一个人气质的话,就需要首先将"气质"所包含的各个方面的情况加以分别测量,然后将各个方面测量的结果综合起来,最后用一个统一的分数来表达一个人的气质。

上面两个例子分别说明了量表和指数的含义和用法。在社会研究中,量表(scale)是一种将所测量的复合变量的各个方面都按同样的方式将其可取值按一定顺序排列出来的测量工具。在实际的社会测量中,量表就像一把有刻度的尺子一样,用来测量人们某种社会现象的态度、意愿以及某种社会特征存在的程度。例如,当需要测量人们对某一事物是否赞同的态度时,可以采用一个五级量表:

| 1 = 完全赞同　2 = 比较赞同　3 = 无所谓　　4 = 不太赞同　5 = 完全不赞同 |

这个量表中列出了从"最赞同"到"最不赞同"的5个选择,在调查时,人们可以从其中选择一个最能反映自己态度的选择。也就是说,通过这个量表可以对人们的某种态度进行测量。

在实际测量中,由多个指标构成的指标群,通常被整合为某种指数。指数(indexes)是将多个指标整合为一个单一的分数。利用指数这个工具去测量个人和社会的某种特征,可以在给个人或社会的许多相关方面的表现进行打分的基础上,通过将这些分数加以整合形成一个综合分数,最终反映出此个人或社会的特征存在的状况。

如前所述,量表和指数都是对抽象概念进行复合测量,即基于一项以上资料的测量。例如,对漂亮和气质给出的分数,都是根据多方面表现的综合评分。但是,量表和指数的得分方式是不一样的。量表是根据被测量对象对问题的回答强弱程度,给予不同的得分;而指数是根据被测量对象选择指标的多少,给予不同的得分。例如,用量表测量漂亮程度时,人们是根据漂亮这一属性内在的强度结构,先在心中对漂亮做出"非常漂亮"、"漂亮"或"一般"等程度不同的综合评价,再给出相应的得分;这里每个得分都代表了一种整体印象,分值强弱结构反映出的也是不同整体印象之间的结构关系。而用指数测量气质时,人们要先对气质的不同层面,进行"有"和"没有"的二项判断,再给"有"的情况赋予分值,最后对分值进行加总;这里加总分值的大小并不是一种结构关系,而只反映出一种总量差异。由此看来,量表不仅能测出变量的大小,而且还能反映出变量的强弱结构,因此能获得比指标测量更多的信息。

另外,虽然量表测量得到的是从小到大的连续分值,但从测量层次看,量表测量仍属于定序测量层次,因为量表得分之间不存在标准等距。例如,在漂亮的测量中,你心目中7分和8分的差别,并不一定就等于你朋友心目中7分和8分的差别,而且就你自己而言,2分和3分的差别,也不一定就等于7分和8分的差别。同样的理由,指数测量也应该属于定序测量层次,但是,在实践中,许多研究者从便于统计分析的角度考虑,都将指数测量作为定距测量或定比测量层次的测量来使用。

最后,从使用频率看,指数比量表运用得更加频繁。这主要是因为根据已有的资料建立量表的难度较大,有时甚至是不可能的,而已有的成熟量表又不多。相对来说,建立指数的技术则相对简单一些,建立指数对资料的要求也不那么苛求。另外,建立指数和量表的逻辑,原则上讲并不冲突,一个细致全面的指数是可以被转化为一个量表的。

## 二、建立指数

指数的建立包括以下几项技术：首先，选取指标的方法，这需要对指标进行表面效度检验和相关性分析；其次，对指标分值进行加权的技术；最后，处理缺失值的方法。下面介绍每一步骤的具体细节。

1. 指标的选取

建立指数的第一步是选取符合标准的指标。首先，要尽可能挑选表面效度较高的指标，如果是建立大学综合质量指数，"学校的师生比"就是比"教师参与社会公众活动的比率"更具有表面效度的指标。其次，要对不同指标进行相关性检验，如果两个指标之间完全没有相关关系，例如，"图书馆藏书量"与"每星期慢跑次数"就表明这两个指标代表的不是同一个变量。因此，如果某个指标与其他所有指标都不相关，那就应将这个指标排除掉。同时，如果两个指标之间完全相同或有非常强的相关关系，也只需要保留一个就行了。例如，"受教育年限"与"获得学位证书等级"就表明两个指标的意义基本相同，因此，只需保留其中一个指标就行了。

2. 指标的加权

在按一定标准选定指标后，进一步要考虑每个指标在指数构成中的分量如何，也就是考虑加权（weighing）问题。加权是给指数中的某些重要指标赋以特殊的分量。在一般情况下，各个指标的权数应该是一样的。但如果通过调查发现某个指标对我们要测量的变量有更大的影响的话，那就应该给它赋予更大的权数，以使它在最后的综合计算中能够对指数结果产生更大的影响。下面通过一个例子来进一步说明加权问题。

假定你对大学综合质量感兴趣，希望构造一个大学综合质量指数。你分别从重点、非重点和大专院校中挑选了三所大学进行调查研究，最后决定采用6个指标来代表大学的综合质量。表6-2是你的调研成果。

表 6-2 大学综合质量调查结果

| 指标 | 学校类别 | | | | | |
| --- | --- | --- | --- | --- | --- | --- |
| | 重点大学 | | 非重点大学 | | 大专院校 | |
| | 未加权 | 加权 | 未加权 | 加权 | 未加权 | 加权 |
| 1. 教师与学生人数比 | -14 | -14×2 | -18 | -18×2 | -30 | -30×2 |
| 2. 硕士以上学位教师的百分比 | 80 | 80×2 | 80 | 80×2 | 60 | 60×2 |
| 3. 学生人均拥有的图书馆藏书量 | 300 | 300×1 | 309 | 309×2 | 360 | 360×2 |
| 4. 未能获得学位学生的百分比 | -8 | -8×3 | -10 | -10×2 | -12 | -12×2 |
| 5. 毕业后读更高学位学生的百分比 | 14 | 14×1 | 16 | 16×2 | 1 | 1×2 |
| 6. 教师平均发表学术论文数 | 8 | 8×3 | 3 | 3×2 | 1 | 1×2 |
| 综合质量得分 | 380 | 446 | 380 | 428 | 380 | 388 |

注:指标的正负号代表指标的作用方向。负号数字越高,表明其对学校综合质量的负面影响越大。

经过研究分析,你认为表 6-2 中的 6 个指标在指数中的分量是不一样的,其中,教师平均发表学术论文数和未能获得学位的学生的百分比最为重要;其次是教师与学生人数比和硕士以上学位教师的百分比;最不重要的是学生人均拥有的图书馆藏书量和毕业后读更高学位的学生的百分比。按此重要性顺序加权,分别给予 3、2、1 的权重数。

从表 6-2 中可以看到,在未加权时,重点大学、非重点大学和大专院校的综合质量完全相等;但是,加权后,重点大学的综合质量上升到了第一,而专科院校则退居末尾了。也就是说,加权能够直接影响到调查研究的结果。虽然表 5-2 中的数据是为了示范的目的而虚构的,但是通过对加权与不加权情况的比较,可以显现出加权的重要性。

3. 处理缺失值

无论是何种方法收集到的资料,都会出现资料缺失的情况。数据缺失对建立指数的影响较大,因为指数是多个指标综合而成,只要有一个指标因被访者拒绝回答,产生数值缺失,就可能是影响整个指数的信度和效度。下面介绍几种处理缺失值的常用方法。

第一,如果数据中缺失值占的比重不大,如在3%~5%之间,可以考虑删除那些含有缺失值的被访者。在这里需要考虑的问题,一方面是剩下的数据是否还能满足统计分析的需要;另一方面是在删除一些被访者后,是否会使样本代表性产生偏差,从而影响到分析结果。

第二,如果指数有多个指标,可以考虑用已有数据的平均值来代替缺失值。假设研究者用一个由10个指标构建的指数,对100名被访者进行了测量,其中分别有8、14和6名被访者,没有回答第3、7和10个指标。这时可先算出92名回答者,第三个指标得分的平均值,用该平均值去填补8名被访者的缺失值。同理,可以同样处理其他指标的缺失值。但是,需要注意的是指标太少时,最好不要用平均值方法。

第三,在大样本和指标较多的情况下,还可以用随机方法给缺失值赋值。虽然从个别被访者的角度看,随机值可能与实际情况有较大的出入,但相对于调查总体而言,这种无序的偏差基本上会自我抵消。但如果在统计分析时还要将该指数与其他变量进行相关分析,则最好不要采用随机赋值的方法,因为这可能会增大相关分析中的误差。

## 三、量表的类型

量表主要用来测量人们的感觉或主观判断,它的测量逻辑是假定有相同主观感觉的人,会在一个由弱到强的连续线段(维度)的相同位置,标出自己的感觉。量表有助于概念化与操作化过程,它产生量化测量,并且可以和其他变量一起被用来检定假设。下面将介绍应用范围较广的李克特量表和语义差异量表。

### 1. 李克特量表

问卷调查经常询问被访者是否同意某个陈述,例如,您是否同意"吸烟有害无益"这种说法。对此,你可以回答"同意"或"不同意"。但是,如果你的回答是"特别同意"或"十分不同意",那二项选择答案就无法完全反映出你的相对同意程度。美国心理学家李克特(R. Likert)在20世纪30年代,将答案从两种选择扩展成了4种:"非常同意"、"同意"、"不同意"和"非常不同意"。清楚的顺序回答形式,是李克特量表(Likert scales)最大的优点。而且根据以上回答形式,还可以

衍生出其他许多回答形式:

(1) 对"社会研究方法"这门课的教学质量,你的总体评价是:

① 优秀　　② 良好　　③ 一般　　④ 较差

⑤ 很差

(2) 总的说来,我经常觉得自己是个失败者。

① 总是这样　② 常常这样　③ 有时这样　④ 很少这样

⑤ 从未这样

(3) 您对飘柔洗发水的感觉是:

① 很不喜欢　② 比较不喜欢　③ 稍有不喜欢　④ 稍有喜欢

⑤ 比较喜欢　⑥ 很喜欢

不难看出,李克特量表可以在很多不同的场合和情况下使用,虽然,针对不同的陈述内容,答案的用词有所变化,但答案的排列顺序和强度结构并没有变化。另外,李克特量表的答案类别应保持在 4~8 个之间,最好能包含类似"不知道"、"未决定"和"没意见"等中性类别。

在实际测量中,一般总是针对某个议题的不同层面,设计出不同的陈述,分别用李克特量表进行测量。然后将每一个陈述的测量得分的进行加总,用加总后的综合得分,来代表对该议题的测量结果。这种形式的测量又被称为李克特总加量表,简称为总加量表或李克特量表,其实,总加量表最后得到的测量结果更像是一个指数。表 6-3 是用来测量"自尊心"的罗森伯格量表(Rosenberg scales),就是总加量表的例子。

**表 6-3　罗森伯格量表**

您是否同意下列说法?请在合适的答案栏＿＿中打√。

| 陈述项目 | 答案选项(限选一项) | | | |
| --- | --- | --- | --- | --- |
| | 完全同意 | 同意 | 不同意 | 完全不同意 |
| 1. 总的说来,我对自己很满意。 | ＿＿ | ＿＿ | ＿＿ | ＿＿ |
| 2. 有时我认为自己一无长处。 | ＿＿ | ＿＿ | ＿＿ | ＿＿ |

## 第三节 指数与量表

续表

| 陈述项目 | 答案选项(限选一项) | | | |
|---|---|---|---|---|
| | 完全同意 | 同意 | 不同意 | 完全不同意 |
| 3. 我认为我有一些好的品质。 | ___ | ___ | ___ | ___ |
| 4. 我能把事情干得像其他大多数人那样好。 | ___ | ___ | ___ | ___ |
| 5. 我感到我没有什么可自豪的。 | ___ | ___ | ___ | ___ |
| 6. 我有时候确实感到自己很无用。 | ___ | ___ | ___ | ___ |
| 7. 我感到我是个有价值的人,至少和别人相等。 | ___ | ___ | ___ | ___ |
| 8. 我希望我对自己的尊重能多些。 | ___ | ___ | ___ | ___ |
| 9. 总的说来,我倾向于认为自己是个失败者。 | ___ | ___ | ___ | ___ |
| 10. 我对自己采取积极的态度。 | ___ | ___ | ___ | ___ |

罗森伯格量表是按照李克特总加量表的形式而设计的一个具体的量表,它反映了李克特总加量表的基本特点。需要指出的是,量表的10个陈述中的1、3、4、7、10是自尊心高的表现,2、5、6、8、9则是自尊心低的表现,建立量表时,要将不同方向的陈述穿插安排,避免被访者不认真考虑,全部选择"同意"或者"不同意"。如何给李克特量表的答案类别打分,完全由研究者个人决定,既可以用"4"来代表"完全同意",也可以用"1"来代表。但是要注意陈述的方向,例如,当陈述1用"4"来代表"完全同意"时,陈述2就应用"1"来代表"完全同意"。另外还要注意,李克特量表属于定序测量,答案的分数显示的只是一种顺序排名。虽然,在实践中,总加量表的得分通常被作为定距变量来使用,但这并没有改变它定序测量的内涵。

2. 语义差异量表

语义差异(semantic differential)量表是20世纪50年代发展出来的,主要用来测量人们对观念、事物或他人的感觉。由于人们通常愿意用形容词来描述自己的感觉,而形容词又多具有反义词,如好与坏、慢与快、多与少等,因此,以形容词正反语义为基础建立的量表,被称为语义差异量表。从语义上看,形容词大致分为三大类:评价(好与坏)、力度(强与弱)和行动(主动与被动),其中,最经常使用的是评价。这种量表除了可用于社会研究,还有着其他多种用途,例如,在市场研究中,了解消费者对某种产品的感觉;在精神治疗中,判断病人如何理解他自己;在舆论调查中,了解大众对某项公共议题的看法。

进行语义差异测量时,首先要确立测量客体;然后,选择 3~15 组语义相反的形容词或短语,它们应能够显示出测量客体在某个方面的对立形象;接下来,准备一份计分表,让被访者对测量客体表达自己的感受,注意要使每对语义相反的形容词之间含有 7~11 个评分点。下面表 6-4 是用来测量消费者对某商业机构感受的语义差异量表实例。

表 6-4 语义差异量表

| | 某商业机构 | | | | | | | |
|---|---|---|---|---|---|---|---|---|
| | 1 | 2 | 3 | 4 | 5 | 6 | 7 | |
| 现代 | | | | | | | | 老式 |
| 积极进取的 | | | | | | | | 保守的 |
| 不友好 | | | | | | | | 友好的 |
| 根基不稳固的 | | | | | | | | 根基稳固的 |
| 有吸引力的外型 | | | | | | | | 无特色的外形 |
| 可靠 | | | | | | | | 不可靠 |
| 宾至如归的感觉 | | | | | | | | 感觉不适 |
| 对顾客漠不关心 | | | | | | | | 提供帮助 |
| 易打交道 | | | | | | | | 难打交道 |
| 无停车或交通问题 | | | | | | | | 有停车或交通问题 |
| 不成功的 | | | | | | | | 成功的 |
| 无引人注目的广告 | | | | | | | | 广告吸引注意力 |

这个例子用了 7 个评分点。其中 4 号位置为中性选择,表示没有什么感受;而该点以外的选择或多或少地表示出某种倾向性意见。需要注意的是,多组语义相反的形容词在安排上不能形成固定的模式。例如,例子中左边既有"积极进取的"这样的褒义形容词,也有"根基不稳固的"这样的贬义形容词,这是为了避免被访者形成答题惯性,把所有的答案集中在一边。另外,可以采用 1~7 分的记分方式,也可以采用 -3,-2,-1,0,1,2,3 的记分方式,但记分时要考虑形容词安排的方向。例如,如果在"积极进取的—保守的"这行的 1 号位置计 3 分,那在"根基不稳固的—根基稳固的"这行的 1 号位置就应计 -3 分。

## 第四节 测量质量的评估

对测量质量进行评估,就是依据一些标准来判断对事物或变量的测量是否成功。看看测量过程是否稳定可靠,测量结果是否会由于测量时间、地点和操作者的变化而发生改变;同时,还要看看测量结果是否准确,测量到的是否正是研究者感兴趣的变量特征。所有这些被归结为测量的信度(reliability)和效度(validity)问题,本节将分别讨论信度和效度的定义以及实际测量方法,然后还将讨论信度和效度之间的关系。

### 一、信度

信度是指使用相同指标或测量工具重复测量相同事物时,得到相同结果的可能性。如果说某个指标或测量工具的信度高,那它提供的测量结果就不会因为指标、测量工具或测量设计本身的特性而发生变化;反之亦然。根据测量过程中不同的误差来源,可以给出信度的不同定义方法,下面介绍社会研究中常用的几种信度。

1. 再测信度

再测信度(test-retest reliability)又称为稳定性信度(stability reliability),是用同一种测量工具,在两种不同场合对同一群受试者前后测量两次所得到结果的一致性程度。研究者选定一批受试者,就同一个问题先后在不同的场合对他们进行两次测量,然后计算两次测量分数的相关系数,相关系数越大,说明两次测量的一致性程度越高。也就是说,相关系数反映的是测量分数的稳定性程度,故称为稳定性信度。

再测信度是最简单、最直接评估信度的方法,但它存在着不足之处,即第一次测量产生的"练习效应",会对第二次测量产生影响。例如,幼儿园希望了解儿童口头表达能力,分别在 5 月和 7 月,进行了两次内容相同的测试。如果这个测试是可靠的,或者说具有再测信度,那么,两次测试结果应该是接近的,即在 5 月份得分低的孩子在 7 月份的得分仍然低,高的也仍然高。不过,即使孩子两次的得分不一样,也不能肯定地说这个测试不可靠。因为在这两个月的间隔里,孩子在"学习",有的孩子可能学会了一些在测试中取得高分的技巧,另一些孩子可能记住了测试题目。当然也不能完全排除测试信度较低的可能性。

总之,这里有个很难回避的矛盾,缩短两次测试的时间间隔,被测试者比较容易回忆出测试的题目;而延长两次测试的时间间隔,则被测试者比较容易受外部影响而变化。当然如果练习效应对每一个受试者的帮助程度是一样的话,它也不会影响到再测信度系数。不过在再测时,练习效应一般是随机地影响每一个人,例如,有的人可能对第一次测量的答案记得多一些,而另一些人则记得少一些,这样误差就是随机的,而不是恒定的,于是就会降低对再测信度的估计。

2. 复本信度

复本信度(parallel-forms reliability)是在一个测量中采用两个或两个以上的复本来对同一群研究对象进行测量时所得到结果的一致性程度。例如对同一个班的学生在某门考试中采用 AB 卷,如果学生们不论做 A 卷或 B 卷所得到的分数都大致相同的话,那这两套题的复本信度就较高。复本信度是等值性信度(equivalence reliability)的一种,它比再测信度的工作量大,因为同一个测量工具(调查问卷、心理量表等)要构建两个完全等值的(平行的)复本,两个复本要包含相同数量、类型、内容和难度的题目。评估复本信度要用两个复本对同一群受试者进行测试,再计算两种复本测量分数的相关系数,相关系数越大,说明两个复本构成带来的变异越小,这与再测稳定性信度中考虑时间产生的变异不同。也就是说,相关系数反映的是测量分数的等值性程度,故复本信度又称为等值性信度。

3. 折半信度

与再测信度中"练习效应"产生的困难一样,复本信度中完善的复本是很难构造的。英语考试常采用的 A、B 卷,只能说是这种复本的一个近似例子。为了克服复本信度操作上的困难,心理学家斯皮尔曼(C. E. Spearman)使用了一种变通的方法,即只用一个测量工具对同一组一群受试者实施一次测量,但将奇数题和偶数题分开计分,再计算奇数试题和偶数试题分数之间的相关系数($r_{oe}$),即所谓的折半信度(split-half reliability)。但是,这样得到信度系数只表明一半测试的信度,整个测试的实际信度需要根据斯皮尔曼－布朗公式(Spearman-Brown formula)校正后得出:

$$r = \frac{2r_{oe}}{1 + r_{oe}}$$

例如,你设计了一份有 10 个问题的问卷,来测量人们对女性歧视的看法。你计算出的折半信度为 $r_{oe} = 0.5$,于是,整个测试的实际信度为:

$$r = \frac{2 \times 0.5}{1 + 0.5} = 0.67$$

需要指出的是,折半信度虽然能克服构造复本的困难,但也有着内在的不足之处,因为没有一种理论推导严格证明其有效性。特别是对同一组问题,可能会有多种组合方式,从而使得对折半信度的计算带有一定的随意性。例如,在有关人们对女性歧视的看法的测量中,你既可以按奇偶数将 10 个问题分为两组,也可以从 10 个问题中随机地抽出 5 个进行分组。不难想像,两种分组方法的信度系数是不一样的。另外,评估折半信度,需要两组问题的难度、内容等特征相似,这也限制了折半方法的应用范围。

## 二、效度

效度是指测量工具能够测出其所要测量的特征的正确性程度。效度越高,即表示测量结果越能显示其所要测量的特征。如果说根据某项特征能够区分人、物或事件,那么,说某个测量该特征的测量工具是有效的,就是指它的测量结果能把具有不同特征的人、物或事件进行有效地区分。例如,大学教师基本不会用100以内的加减法问题来测量大学生的数学能力,因为,仅从表面上看就知道,这种程度的数学问题并不是对大学程度数学能力的有效测量工具。与计算相关系数来测定信度不同,效度无法进行客观计算,只能通过主观评估,下面介绍社会研究中常用的表面效度、内容效度和效标效度。

1. 表面效度

表面效度(face validity)是指测量结果与人们头脑中的印象或学术界形成的共识之间的吻合程度,如果吻合程度高,则表面效度就高。测量是否有表面效度,主要是基于个人的主观判断,因此,在测量那些人们比较容易理解或容易达成共识的概念时,比较容易获得较高的表面效度。例如,由于人们普遍认为对自己能力评价的高低,从一个侧面反映出个人"自尊心"的强弱,所以,测量"自尊心"这个概念时,可以询问被调查者是否认为自己的能力强于他人。也就是说,用个人对自己能力的主观评价来测量"自尊心"这个概念,是一种具有表面效度的测量方法。

表面效度虽然是最容易评估、也是最基本的效度类型,但它并没有被学术界广泛接受,一方面,是因为它的评估比较容易受到测试者个人因素的影响;另一方面,除了一些极端情况以外,在实际测量中采用的每一种测量方法,或多或少总有一些表面效度,因此,很难判定哪个测量不具备表面效度,这样也就无法有效地运用表面效度来评估测量质量了。

2. 内容效度

内容效度(content validity)是指测量在多大程度上涵盖了被测量概念的全部内涵。测量工具代表概念定义的内容越多,则内容效度就越高。可见内容效度实际是在检查由操作化得到的经验指标是否能够比较全面地代表概念所包含的内容。一个概念定义往往会包含数个维度或层面,具有内容效度的测量工具应该是所有层面的代表。例如,在"社会阶层"这个概念的定义中,通常包含教育程度、收入程度与职业等数个层面,如果测量"社会阶层"的测量工具只包含收入层面的指标,就明显缺乏内容效度。又如,一份测验英语能力的试卷,如果只有语法、词汇和阅读的测试项目,就不能说它具有较高的内容效度,因为该试卷还缺少听力和写作的测试项目。

内容效度的测定也是通过主观判断来实现的,但由于有概念定义作为客观依据,因此,随意性比表面效度小。不过,由于主观判定对概念的理解往往会因人而异,为了防止个人主观判断失误产生的偏差(bias),在科学研究中,测定内容效度通常需要由有关专家对测量指标进行仔细检查和分析。专家们首先要将测试内容与测试设计者列出的测验项目大纲进行比较,同时判定哪些项目保留,哪些项目删除;然后,专家们要确定不同部分在测试中的比例,并计算出不同专家之间的一致性程度。最后通过进一步的调整,形成测量工具。

3. 效标效度

效标效度(criterion validity,又称"准则效度")是指测量结果与一些能够精确表示被测概念的标准之间的一致性程度。根据比较标准与测量结果之间是否在时间上有延迟,又可将效标效度分为预测效度和同时效度两种类型。

预测效度(predictive validity)是指测量结果与测量对象在一段时间以后的表现(预测标准)之间的相关程度,相关程度越高,则预测效度也越高。也就是说,检测标准是将来发生的事件或行为。例如,为了评估某项大学生学习能力测试的预测效度,可以在新生入学时,选取一些大学生进行测试,获得他们学习能力的分数;然后经过一学期的学习,对这些大学生的学业成绩和表现做出评估,通常以各科课程成绩和教师对这些学生的评定为评估依据。然后再求出当初对他们学习能力测试的得分与后来对他们学业评估分数之间的相关系数,这就是学习能力测试的预测效度。这里,当初的学习能力测试得分是预测指标,而后来的学业评估分数是效标。如果学习能力测试具有较高的预测效度,那么,在学习能力测试中,得分高的学生进入大学后学业评估分数也会较高。如果当初测验时得高分的学生后来表现平平或与低分的学生一样,则说明这个学习能力测验的预测效度很低。

在很多情况下,需要在测量过后马上知道测量的效度,因此,只能寻找一个已被断定具有效度的现有指标作为效标,它与测量结果之间的相关程度称为同时效度(concurrent validity)。二者之间的相关程度越高,则同时效度也越高。例如,你设计了一种新的智力测验方法,想知道它是否具有效度。假定现有的 IQ 测验能有效地测量人的智力,一个简便的测定方法就是将 IQ 测验的得分作为效标,对同一组检测对象,计算你的测验得分与 IQ 测验得分之间的相关系数。相关系数越高,说明你的测验方法具有很高的同时效度;反之亦然。

效标效度是用测量分数与效标分数之间的相关系数来衡量的,这样就进一步减少了由于主观判断失误而产生的偏差,所以它是一种比较实用的效度。它的不足之处在于效标的选择,仍然是靠主观判断的,因此,有些作为效标的测量工具,只是被假定是有效的,它本身是否真正有效并没有理论依据。这样在实际操作中,对于效标的选择应该十分慎重,特别是不要以测试者个人判断为准,而要多参考一些专家们的意见或各类权威部门发布的标准。

### 三、信度与效度的关系

信度和效度是评估测量质量的两个标准,二者之间存在着一定的关系。下面通过分析一个射击比赛的结果来说明二者之间的关系。一般说来,射击成绩的好坏一方面取决于射击手的技术水平,另一方面,也与枪支的瞄准系统是否准确有关。技术水平影响弹着点分布的疏密程度,这相当于随机误差,水平越高,弹着点越密,随机误差越小;瞄准系统影响弹着点分布中心与靶心之间的距离,这相当于系统误差,瞄准系统越好,距离越小,系统误差越小。假设有 A、B、C、D 四个射手进行射击比赛,四人同时举枪射击的结果如图 6-1 所示。不难看出,射手 A 和 C 弹着点密集,说明二人枪法好,而射手 B 和 D 弹着点分散,说明二人枪法不好;另外,A 和 B 弹着点分布中心没有偏离靶心,说明枪没问题,而 C 和 D 弹着点中心偏离了靶心,说明他们的枪不准。

可以大致地将测量信度类比为射手的枪法,而将效度类比为枪的瞄准系统。如果用以上射击结果来类比测量过程,那么 A 射手的结果

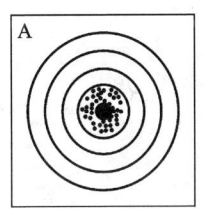 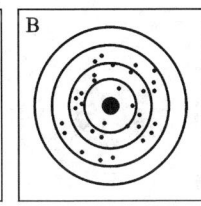 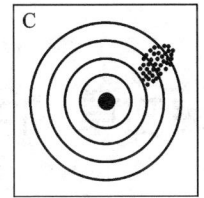 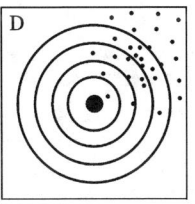

图 6-1 信度和效度关系演示图

既没有随机误差,也没有系统误差,属于信度和效度都比较高的有效测量。而对于其他三位射手的结果来说,B 射手有随机误差(信度低),C 射手有系统误差(效度低),D 射手则既有随机误差,也有系统误差(信度效度都低),因此,均不属于有效测量。由于信度(可靠性)主要受随机误差的影响,因此,可以得出以下结论:首先,有效的测量,一定是可信的,如 A 射手的结果;其次,不可信的测量,一定是无效的,如 B、D 射手的结果;最后,可信的测量,不一定都是有效的,如 C 射手的结果。

以上分析结果可以概括成如下的关系准则:信度是效度的必要条件,但不是效度的充分条件。换句话说,一个测量工具要有效度就必须有信度,没有信度就不可能有效度(必要条件);但有了信度不一定有效度(非充分条件)。

# 第七章 问卷设计

现代社会研究大多依靠第一手资料,采用问卷调查是系统搜集资料的一种重要方法。而使用这种方法的关键在于对问卷的设计。问卷设计得好坏,直接影响到问卷的回收率以及资料的真实性,从而影响到社会研究的质量,甚至决定着社会研究的成败。因此,问卷设计在社会研究中具有十分重要的地位,是很多研究方法,特别是问卷调查方法的关键环节。

本章将重点介绍问卷的概念、类型与结构,问卷设计的基本原则,以及设计一份合格问卷的主要技术。最后,我们还将简析应用问卷进行调查的优点与不足。

## 第一节 问卷的概念、类型与结构

### 一、问卷的概念与类型

1. 问卷的概念

在社会研究中,当研究者就所研究的问题提出了理论假设,并且设立了测量方案以后,接下来就是要去具体测量研究对象,即按照测量方案,利用一定的工具去收集研究对象的有关资料。在进行这一步之前,首先要设计具体收集资料的方案和工具。在社会研究中可以用多种方式去收集资料,其中比较常用的一种方法是采用问卷调查的方法。所谓"问卷调查",是指调查人员用预先设计好的问卷去询问被调查者,并通过被调查者的回答来获得研究对象的有关信息。在问卷调查中,调查者所使用的最重要的工具是问卷。什么是问卷?简单地说,它是一组问题的集合,这些问题经由研究者精心设计,并按照一定的版式和结构进行排列,旨在系统、科学地收集被调查者的信息以便研究者进行分析。也就是说,问卷实际上是按照规范化的结构将测量方案转化为日常语言的表达方式。

2. 问卷的基本类型

在实际的社会研究中,由于研究对象、研究目的、研究内容以及研究方式等的不同,研究者采用的问卷类型是多样化的。根据调查对象的不同,问卷可以分为针对个人的问卷、针对家庭的问卷以及针对组织的问卷等。根据问卷填答的方式可以区分出另外两种主要的问卷类型:一是自填式问卷,即问卷是采用某种方式(例如通过邮局邮寄、通过报刊网络刊发或派人分发等)送达被调查者,由他们自己阅读并填答问卷,然后采用约定方式送回研究者手中;二是访问式问卷,即问卷是由研究者或其聘请的访问员直接向被调查者提问,并根据被调查者的回答进行记录。

3. 问卷设计的基本要求

问卷设计至少有三个方面的基本要求。首先,问卷在内容上要符合测量方案,要反映测量方案对研究对象进行测量的要求。其次,问卷在语言上要注意用日常语言表达,以便被调查者能清楚地理解每个问题的含义。最后,问卷具有规范性的结构,其中的各种问题应该按照一定的结构提问并给出回答的选项。一方面便于被调查者比较方便地选择回答,另一方面也使得到的资料比较规范化,便于进行数量化分析。因此,如果只是问题的集合还不是规范意义上的问卷,则最多是一份访问提纲。

除了以上的基本要求以外,问卷设计中还有很多的原则、规则和技巧。并且在实际的社会研究中,由于研究对象、研究目的、研究内容以及研究方式等的不同,研究者采用的问卷类型是多样化的。例如,适用于单位的问卷与适用于个人的问卷就有所不同,侧重收集行为方面资料的问卷与侧重收集态度方面资料的问卷也有所不同;自填式问卷与访问式问卷也不同,以上各种类型的问卷在设计程序、设计原则上基本相同,内容结构也大体相似,但由于填答者和填答的方式有所不同,在问题设计的技巧、问题排序和版式设计等方面有一定差别。这将在后面进一步介绍。

## 二、问卷的基本结构

一份规范的问卷大体上包括这样几个组成部分:封面、致被调查者信、填答指南、问题、答案(选项)、编码位、访问记录、结束语。

### 1. 封面

封面通常由四项内容组成:第一,是问卷编号,一般放在封面的右上角。第二,是问卷名称,例如"城市居民环境意识调查问卷"。问卷名称应该简洁,居于封面突出位置,让被调查者能够直观地把握调查内容。第三,是调查主持单位,例如"中国人民大学社会学系",一般放在封面的偏下位置。有的研究者为了消除被调查者的顾虑,还提供更为详细的主持单位信息,例如单位地址、电话号码、联系人姓名等。第四,是问卷设计时间,一般放在调查主持单位信息的下面。

有些时候,研究者也将访问记录的一部分内容放在封面的适当位置,例如访问地点、访问员签名、检查员签名、编码员签名、复核员签名等。

### 2. 致被调查者的信

为了接近被调查者,并取得他们的理解、信任和支持,研究者一般要在问卷中附一封短信,这封信主要包括研究者的身份说明、研究目的、研究内容、对被调查者的期望以及研究者的保密承诺等内容。在有些时候,还要以必要的措辞消除或减弱被调查者的回答顾虑。致被调查者信不宜过长,二三百字即可,一般放在问卷的封二,有的研究者也把它放在问卷正文首页的上部。

下面是一封致被调查者信的例子:

×××同志:您好!

请原谅我们耽误您的一段宝贵时间!我们是中国人民大学社会学系学生,正在参加由中国人民大学社会学系主持的一项针对全国城市居民的社会调查。本次调查的主要目的是了解改革开放20多年来城市居民的就业、教育、社会生活以及价值观念等方面的情况,为科学研究和有关部门决策提供客观依据。您是我们采用科学的抽样方法选中的访问对象,您的配合和支持对于我们完成调查意义重大!

本次调查采取无记名方式进行。您的回答不涉及是非对错,只要反映了您的实际情况和想法就行。我们对您的回答将遵照《统计法》予以保密。

谢谢您接受我们的访问!

3. 填答指南

填答指南对于被调查者正确填答问卷是十分重要的,特别是在没有访问员的情况下,由被调查者自己填写问卷,必须有清晰的填答指南。

填答指南就是关于如何填答问卷的说明,一般有三种类型:总体性的填答指南、问卷各部分的填答指南、个别问题的填答指南。

总体性的填答指南适用于整个问卷,一般放在封二的致被调查者信之后,并标有"填答指南"或"问卷填写说明"的标题,其内容大体是问卷填写的方法、要求、注意事项等。举例如下:

填答指南

1. 请您针对每一道问题,根据自己的情况,选择合适的答案,并在该答案的序号上划圈,或者在该问题之后的空白横线上填写适当的内容。

2. 问卷每页右边的方框是编码位,用于问卷填写后统一编码,请您不用填写。

3. 若无特殊说明,请您针对每一个问题只选一个答案。

4. 请您独立填写问卷,不要与他人商量。

5. 请您在填完问卷之后检查一遍,看看有无漏填的问题。

问卷各部分的填答指南是关于问卷各部分内容的简要说明以及填写提示,一般用在比较复杂的问卷中,放在各部分内容的前面。这样不仅有助于指示被调查者进行思维转换,而且有助于提高填答质量。例如:

"刚才询问了您的一些基本情况。下面是一份工作履历表,我们想了解一下您的工作经历。请您回忆一下,您第一次就业是什么时间?在什么单位?做什么具体工作?担任什么职务?如果这些方面的任何一个方面发生变化,都算作一次工作变动,需要另起一行填写。请您将第一次就业到现在的工作变动情况逐次填写在下表各行中。"

个别问题的填答指南主要是针对可能使被调查者发生混淆的问题,简要解释该问题中一些关键概念、提供计量单位、可以选择的答案数量、答案排序要求、开放题的填答要求以及跳答指示等,一般用括号标示在相关问题之后。例如:(该题中的"收入"包括所有工资、奖金、津贴、福利以及其他收入);(该题收入计量单位为万元);(该题可选择多个答案);(请选择三个主要因素,并按重要程度排序);(请简要说明您对工资改革的意见,不要超过100字);(该题回答完毕后,请跳过第七题,直接回答第八题);等等。

4. 问题和答案(选项)

问卷中的问题是调查指标的具体化,答案则是研究者设计的测量尺度,二者是紧密联系的,共同构成问卷的主体部分。

根据问题与答案的对应关系,我们可以把问卷中的问题分成三种类型,即:开放式问题、封闭式问题和半开放式问题。事实上,很少有问卷只采取其中一种类型的问题,更为普遍的情况是三种类型兼取。

所谓开放式问题,就是研究者设计了相关问题,并在该问题下面留出适当的空白处,不给出明确的答案,而是让被调查者自由回答的问题。例如:

您在大学读书期间印象最为深刻的事情是什么?_____。

设计这种问题,一般是由于相应的答案可能非常多样化,研究者无法给出完备、准确的选项。

所谓封闭式问题,是指研究者设计出问题,并在该问题下面给出完备的各种选项,被调查者可以从中选择适合自己情况的选项的问题。例如:

您的性别是:① 男　② 女。

设计这种问题,一般是由于相应的答案非常清楚、确定。

在实际研究中,研究者所设计的问题很少是有非常清楚、确定的选项的。但是,完全采用开放式问题又不方便调查后的数据处理。因此,很多研究者大量采用了半开放式问题。这种问题实际上介于开放式问题与封闭式问题之间,也就是说,研究者针对相应的问题设计出一部分明确的选项,同时增加一个"其他"选项。如果已经给出的选项都不符合或者不完全符合被调查者的实际情况,他(她)就可以选择"其他",并做出必要的说明。例如:

您的民族是:① 汉族 ② 满族 ③ 蒙古族 ④ 回族 ⑤ 藏族 ⑥ 壮族 ⑦ 其他(请注明_____)。

如果根据提问的内容,我们可以将问题区分为有关行为或事实的问题、有关态度或意见的问题、有关个人(单位)背景资料的问题等几种类型。例如:"您是否上过大学?"就是询问有关事实的问题;"您是否同意取消博士研究生入学考试?"就是询问有关态度的问题;而询问个人的性别、年龄、文化程度、职业、婚姻状况、家庭人口,等等,实际上就是询问有关个人的背景资料,便于调查后进行统计分析。

5. 编码位

计算机的发明和普及大大方便了社会研究。大多数的问卷调查资料都要输入计算机进行处理分析。为了输入计算机并方便统计分析,问卷调查资料就需要转换为数字信息,即需要给问卷中的每一个问题的答案转换为相应的数字,这样一个过程就是编码。实际上,编码的过程也是重新审查调查原始记录的过程,有助于保障数据质量。

为了输入的方便、快捷,很多研究者在问卷设计时就预留了专门的编码位,一般用方框或下横线表示,放在每一道题的右边,有时还可用一条纵线将编码位与问题及答案部分分开。因此,编码位就构成了问卷的必要组成部分。

每一个问题究竟预留多少个编码框,主要视答案的数量而定:个位数的答案给一个编码框;10位数的答案给两个编码框;百位数的答案给三个编码框,以此类推。特殊情况下,编码框可以特别约定。比如说,国内针对一般个人的调查,很少会遇到100岁及以上的人,所以年龄这个问题只给两个编码框,万一遇到个别100岁以上的人,可以约定编码为99;再比如说,国内个人月收入一般来说不会超过10万元,所以这个问题的编码框最多预留5个。万一遇到个别月收入10万元以上的,可以约定编码为99999。图7-1就是编码位的实例:

(1) 您的年龄：_____周岁
(2) 您的性别：① 男　　② 女
(3) 您个人每月的收入为多少？_____元/月

图 7-1　编码位实例

对于多项任意选择题,每一个选项都应对应一个编码框,被调查者选中一般编码为1;没有选中一般编码为0。对于可选多项并限定排序的问题,预留编码框的数量等于设计选项的位数(1,2等)乘以要求选择的选项数量(2,3等)。

对于开放式问题如果要进行定量分析,就要先对被调查者的回答进行必要的归类,然后专门进行编码、录入和分析。

如果被调查者拒绝回答或表示不知道,编码时可以统一约定一个特殊的代码。

6. 访问记录和结束语

在派访问员对被调查者实施访问时,研究者为了了解访问员实际访问的情况以及被调查者对于问卷的填答情况,往往还要在问卷中设计出一些内容,让访问员做原始记录,这就构成问卷中的访问记录部分。其内容大体包括：访问次数；每次访问的日期、开始时间、结束时间、是否成功访问、没有访问成功的原因；被调查者理解问卷的程度、是否合作；访问使用什么语言进行、有无他人在场；访问员对于被调查者回答的真实性评估；如此等等。这些信息的获得对于评估调查质量以及在进一步的研究中改进问卷设计、调查过程等也是十分重要的。

在一定意义上,访问地点、访问员签名、检查员签名、编码员签名、复核员签名等也是访问记录的内容,但是一些研究者将他们放在封面的适当位置。

在问卷的结尾部分,研究者一般会设计一句话,对被调查者的配合与支持表示再次感谢,甚至可以根据需要,表示愿意听取被调查者对于问卷内容的意见,这就构成了问卷的结束语部分。

## 第二节 问卷设计的基本原则与主要步骤

不同的研究者设计问卷有着不同的策略,但是,都需要考虑研究主题、研究对象、问卷使用的方法、统计分析的策略等等重要因素,遵循一些基本的原则和步骤。

### 一、问卷设计的基本原则

1. 满足研究需要原则

问卷本身只是研究工具,问卷设计的首要原则应是能够满足研究的需要,有利于获得必要的研究信息。研究者确定的研究主题是问卷设计的灵魂,它决定着问卷的内容和形式。一份问卷的所有问题,应该都是从不同方面体现并服务于研究主题的。

在问卷设计中体现满足研究需要原则,一方面,要求设计者全面考虑研究目的,尽可能地收集所需资料,不要遗漏,以至于在后期分析中遭遇不必要的信息缺失;另一方面,也要求设计者能够准确地理解研究目的,将测量指标转换为问卷中的适当问题,提高问卷设计质量,尽量避免设计出缺乏测量信度与效度的问题。特别是要注意避免一些对于研究主题而言没有多大价值的问题。

2. 考虑被调查者原则

尽管问卷设计的首要原则是满足研究需要,但问卷调查的结果是否真正能够满足研究需要,还要受到问卷适用性的影响,也就是说要看问卷设计是否考虑到了被调查者的实际情况。一份在设计者看来能够很好地体现并服务于研究需要的问卷,如果不能充分考虑被调查者回答问题的意愿和能力,也许并不能收集到有效的信息。在这种意义上,考虑被调查者原则也是问卷设计中的一条非常重要的原则为此需注意以下几个方面。

第一,被调查者的受教育程度。受教育程度在很大程度上决定了阅读能力和理解能力。如果计划中的被调查者受教育程度很低甚至不识字,就适用采用问卷进行调查。必须采用问卷时,问卷设计者就应该努力使问题简单一些,并且聘请访问员。而对受过良好教育的人进行问卷调查,问卷中的问题就可以相对复杂一些,表述也可以更书面化,甚至可以让被调查者自己填答问卷。

第二,被调查者的语言习惯。针对特定的研究对象,例如少数民族或者使用地方语言的人,问卷设计者应该尽量熟悉他们的语言,并运用到问卷设计和访问中去。

第三,被调查者的文化心理背景。对于有一定文化禁忌的研究人群,在问卷中就不应设计相关的问题。对于不习惯向陌生人表达真实情况的人,除了培训、提高访问员的技巧外,在问卷设计时也应尊重被调查者,避免一些敏感话题。如果研究者确实需要获得这类问题的信息,适当增加一些测谎题是必要的。同时,也可以采用一些间接询问的方式。

第四,避免设计过长、过于复杂的问卷。由于进行一次规范的问卷调查,需要付出很大成本,特别是在全国范围内进行调查时,尤其如此。因此从研究者的角度出发,常常希望获得尽量多的信息。但如果在一份问卷中间的问题太多,会使得问卷篇幅太长、内容太庞杂,访问过程需要花费很长时间。这样的问卷常常使被调查者产生厌烦,而不愿意回答,即使勉强回答,也容易不认真,因此研究者所得信息价值会降低。经验表明,目前在国内进行研究,问卷访问时间控制在 30 分钟以内是比较好的,问卷设计者应该努力遵守这个限制。当然,问卷长度和复杂性的要求也是有弹性的,往往因研究背景不同、研究主题不同、研究方式不同而不同。如果由于研究项目确实需要更长时间的调查,则应该在问卷设计和调查方式上做出一些特殊的安排,以求得被调查者的有效配合。

第五,保持问卷卷面的简洁明快。美国著名社会研究方法专家艾尔·巴比指出:"无论怎样强调问卷的卷面问题都不为过"[1]。保证卷面简洁明快,既是尊重被调查者的体现,也有助于使被调查者轻松答

---

[1] 艾尔·巴比.社会研究方法(上).第 8 版.北京:华夏出版社,2000.197

卷,减少因情绪问题而导致的调查偏差。有的研究者很注重问卷的内容,但却忽视了问卷的形式,不注意排版问题,使得卷面显得拥挤、混乱;有的研究者则因害怕问卷过长,所以故意缩小行距,或者将问题过于简化,这样会造成被调查者的视觉障碍或理解障碍,从而损害调查效果。这些问题都是应该避免的。事实上,被调查者花费过多时间填答一份看起来很短的问卷,比起他们很快地填答一份看上去很长的问卷,会更容易烦躁和沮丧。

此外,从被调查者的角度考虑,问卷中应当尽量避免设计太多复杂的回忆性问题。由于问卷调查一般速度较快,可能导致回忆的不可靠,特别是对事隔久远、比较复杂事件的回忆。如果确需通过被调查者的回忆来获得资料,更好的办法是做深入访谈,而不是简单的问卷调查。同时,问卷中也应当努力避免提出被调查者不熟悉的问题,这类问题常常会使被调查者感到紧张,不知如何回答。即使做出回答,也不具有研究意义。

3. 与资料分析方法相结合原则

事实上,问卷设计者不仅要很好地把握研究主题,而且要基本掌握分析调查资料的方法,这样才能设计出好的问卷。问卷设计应当与可能使用的资料分析方法结合起来。

首先,问卷设计者应当明确对调查后的资料是进行手工分析还是计算机分析。一般来说,采用手工分析方法,问卷的内容就应该少且简单;而采用计算机分析,就可以设计出较多的、相对复杂的内容。

其次,问卷设计者应当明确对调查后的资料主要是进行定量分析还是进行定性分析。一般来说,主要采用定性分析方法,问卷中可以有多一点的开放题,供被调查者自由回答;而主要采用定量分析方法,则在问卷中应尽量设计封闭题。

最后,问卷设计者应当明确对调查后的资料是进行简单的描述统计还是复杂的统计分析。如果只是进行简单的描述统计,在问卷中只需设计研究者希望了解的所有方面就可以了。而要进行复杂的统计分析,在问卷设计时就应注意各变量之间可能的关系,根据统计分析要求选择合适的测量尺度,特别是要设计合适的自变量和因变量。

4. 考虑具体调查方式原则

考虑具体调查方式原则是指问卷设计者应当根据使用问卷的具体方式来调整问卷内容的设计、编排。

如果采用邮寄问卷或通过报刊、网络刊发问卷的方式进行调查,那么,这类问卷是需要被调查者自己填答的,因此对于问卷的卷面、致被调查者信、填答指南、问题的数量、问题的表述、问题的排列等,都有着更为严格的要求。一般而言,这类问卷的卷面要更加强调整洁、清晰;致被调查者信要求更加全面,并提示回收问卷的方式、方法;填答指南要非常醒目和明确,方便被调查者阅读理解以及正确填答问卷;问题的数量要严格控制,否则会严重影响回收率;问题的表述应更为准确、简洁、易懂;可以把一些容易引起被调查者兴趣的问题放在问卷正文的前部分,以吸引被调查者填答问卷,一些比较枯燥的背景资料可以放在问卷正文的最后。

如果通过电话进行访问,最重要的是设计适当的调查内容、严格控制问卷的长度、注意提问的简洁。一般而言,社会热点问题、容易引起公众注意的突发事件等,可以作为电话调查的内容,而一些比较平淡、枯燥的问题就不太适合。通过电话进行访问,一般把访问时间控制在 15 分钟以内比较合适,这就要求问题少而精,简洁易懂。

如果是聘请访问员对被调查者进行面访,那么,按照一般的规则设计问卷就可以了。相对前两种调查方式而言,问卷中的问题可以根据研究需要适当多一些,相对复杂一些。一些个人背景资料也可以放在问卷正文的前面,这些项目容易回答,几乎没有威胁性,可以方便访问员与被调查者建立关系,消除陌生感和紧张感。一旦初步的融洽关系建立起来之后,访问员就可以询问更加复杂和相对敏感的问题。

## 二、问卷设计的主要步骤

根据一般的经验,问卷设计大致有以下一些阶段和步骤。

1. 准备阶段

在此阶段主要开展三个方面的工作。首先是要明确研究主题,了解究竟需要通过问卷调查获得哪些信息,或者说哪些信息是研究者必需的。这项工作对于问卷设计极其重要,否则,随意列举问题对于研究而言是没有意义的。

其次,要注意搜集已有的调查问卷,请教相关的研究者,了解哪些问题的设计是不适当的,哪些问题经过调查检验,表明是比较适用的。如果那些经过检验的问题与将要进行的研究直接相关,可以借用到问卷中去。这样既有助于保证问卷的适用性,又可以为调查后与其他研究进行比较分析提供方便。

最后,要通过探索性的访问,熟悉和了解被调查者的一些基本情况,以便对各种问题的提法和可能的回答有一个初步的认识,从而避免提问和答案设计的盲目性,增强问卷的适用性。特别是可以尽量使开放题转变为封闭题。

2. 设计问卷初稿

经过必要的准备之后,研究者就可以设计问卷初稿了。问卷初稿不一定要完全格式化,主要体现为一系列的问题与答案。设计问卷初稿的具体做法有两种:

(1) 卡片法。采用卡片法大致有6个步骤:第一步,根据准备阶段收集的信息,把每一个问题及其答案写在一张卡片上;第二步,根据每张卡片上的内容,将卡片分类合并,也就是把相关问题放在一起;第三步,在每类卡片中,按适当的询问顺序将卡片排序;第四步,根据问卷整体的逻辑结构,将每类卡片排序,使之联成一体;第五步,遵循考虑被调查者的原则,反复检查、调整所有卡片的顺序,对缺漏之处进行补充;第六步,将所有整理好的卡片上的问题抄录到纸上或者输入计算机,从而形成问卷初稿。

(2) 框图法。采用框图法大致有4个步骤:第一步,根据研究假设和需要调查的内容,在纸上画出问卷各个部分及前后顺序的框图;第二步,遵照一定顺序设计出问卷每一部分的问题及答案;第三步,遵循考虑被调查者的原则,反复检查、调整各部分问题的顺序,对缺漏之处进行补充;第四步,将所有整理好的问题誊写在另一张纸上,或输入计算机,从而形成问卷初稿。

事实上,卡片法遵循归纳法则,由个别问题开始,然后到部分,最后到整体;而框图法遵循演绎法则,先从问卷整体开始,然后到部分,最后到个别问题。两种方法各有利弊。在实际的问卷设计工作中,常常是兼用两种方法。同时,随着计算机应用的普及,以上两种做法都可以从一开始就直接在计算机上操作。

3. 试用问卷初稿

在规范的社会研究中,问卷初稿设计出来后,不能直接用于正式调查,而必须经过试用这一重要环节。对于大规模的问卷调查而言,这一环节更显重要。因为问卷设计过程中,最初通常要出一些错,因此需要通过试用来发现可能的错误,以便在正式使用前能再次修改。

试用问卷初稿的最好方法就是参照实际调查对象随机抽取一个小样本,派访问员使用问卷初稿进行面访。这种方法也叫客观检验法。之所以要派访问员而不是让被调查者自己填答问卷,是因为访问员可以把实际调查中发现的各种问题更完整地记录下来,并反馈给问卷设计者。

采用客观检验法,主要是要检验问卷初稿的以下一些方面:

(1) 问题和答案设计是否合适;被调查者是否能够回答;是否容易引起歧义;如果不合适,如何修改更适用于被调查者。

(2) 被调查者是否愿意回答问卷中的问题。

(3) 问题的顺序是否合适;填答指南是否清晰。

(4) 问题的分辨率如何;是否存在一些没有询问价值的问题。

(5) 问卷的长度是否合适;被调查者大概愿意接受多长时间的访问。

(6) 被调查者对于问卷设计有什么意见。

客观检验法的成果主要有两部分,一是访问员的记录或报告,包括对于每个问题的评估;二是实际完成调查的问卷。对于这两部分成果,问卷设计者都应该仔细分析,以便进一步修改问卷初稿。

有些时候,研究者也采用主观评价法来检验问卷初稿的适用性。具体做法是,将设计好的问卷初稿送给相关的专家、研究人员以及少数被调查者,请他们阅读和分析问卷初稿,并根据自己的认知和经验进行评论,提出修改意见。这样做可以集思广益,尽量减少设计不当。

在实际的社会研究中,特别是在大型研究中,为了确保问卷质量,避免调查后的遗憾,研究者往往同时采用主观评价法和客观检验法。

4. 修改、确定问卷并印制

根据试用的结果,研究者应当对问卷初稿的各个方面重新评估,并做出适当的修改,最后确定问卷的长度和内容,并按照前述问卷的基本结构对问卷进行格式化。到了这一步,问卷设计工作就基本完成了,可以交付印刷了。不过,在印刷过程中,研究者还应对纸质、版式等提出要求,并认真做好校对工作,防止印刷过程中的各种错误。

## 第三节　问卷设计的主要技术与标准

问卷设计除了遵循以上基本原则和步骤外,还可运用一些技术,包括提问、答案、题型、排序等方面的技术,以避免一些常见错误,提高问卷质量。

### 一、问卷设计的主要技术

1. 提问技术

提问技术是问卷设计中的关键技术。被调查者的回答在很大程度上取决于问题的遣词造句。提问适当可以避免误解,获得比较可靠的信息;而提问不适当,不仅难以获得可靠的信息,甚至使被调查者拒绝回答。

第一,提问应当尽可能简短。无论是从保持卷面简洁的角度看,还是从被调查者易于阅读、理解并回答的角度看,提问都应当简短。问题的陈述越长,看上去越不舒服,而且越容易产生模糊不清的地方,被调查者的理解也越有可能不一致,从而影响了调查效果。

第二,提问应当力求明确,让被调查者一看就懂,切忌提出模糊不清或模棱两可的问题。也许一些问题对于研究者而言是很清楚的,但是在问卷中关键是让被调查者明白。例如,"您对拟议中的减税政策有何看法?"这个问题就很模糊,被调查者会反问:"哪项减税政策?"而像"上周您看了几次电视?"之类的问题,看上去明确,但是实际上可以有不同的理解,有的人把"上周"理解为周一至周五,有的人会理解为周一至周日。

第三,要避免一题两问甚至多问,也就是说在一个问题中,同时询问了两件(或几件)事情。例如,"您的父母退休了吗?"就是一个带有双重含义的问题。它实际上同时询问了"您的父亲退休了吗"和"您的母亲退休了吗"这两件事情。由于一题两问,就使得那些父母中只有一个退休的被调查者无法回答。类似的问题:"您是否认为国家应当增加高等教育投入,而相应削减基础教育投入?",也是属于一题多问。

第四,应当避免使用抽象概念和专业术语进行提问。例如,"您是否认为现在的独生子女父母对于孩子过分溺爱?"这个问题中的溺爱就很抽象,需要进一步具体化。又如,"您的家庭类型是核心家庭、主干家庭,还是联合家庭?"这个问题中的"核心家庭"、"主干家庭"、"联合家庭"是专业术语,一般人也许并不清楚。如果要了解被调查者的家庭类型,不如直接询问其家庭成员组成情况。

第五,应当中性提问,避免暗示和诱导。也就是说,提问时不能让被调查者感觉到应该回答什么,不应该回答什么。一般而言,在提问时引用流行的舆论、主流的价值观、专家的观点、官方的观点或者加重语气,都会使被调查者感受到压力,从而做出某种倾向性的回答。例如,"您对'一女不嫁二夫'这种封建思想的看法如何?"这里的"封建思想"一词就会在很大程度上诱导被调查者。如果将这个问题改成"您是否赞成女性再婚?"效果就要好一些。同样,"您难道不赞成一对夫妇只生一个孩子吗?"这样的提问也会使被调查者感受到很大压力,一般情况下都会回答"赞成一对夫妇只生一个孩子",而实际上被调查者并不一定赞成。

第六,不要使用否定形式提问。在日常生活中,除了某些特殊情况外,人们往往习惯于肯定形式的提问,而不习惯于否定形式的提问。比如说,人们对"您是否赞成物价改革?"这样的提问很习惯,而对"您是否赞成物价不改革?"这样的提问就不习惯。当问题以否定形式提出时,由于人们不习惯,所以常常导致忽略问题中的否定词,并在这种理解的基础上回答问题,结果自然是回答错误,同时也给研究者提供了错误信息。

第七,提问要使被调查者有能力回答。首先,提出的问题应当尽量与被调查者相关,避免询问与被调查者无关的问题或者被调查者不知道的问题,否则他们难以回答。在实际调查中,很多被调查者对他们不知道的事情有时也做出回答,但这种回答常常是盲目的,往往会误导研究结果。在研究者不能完全估计到被调查者的知识范围的情况下,如果必须询问某些问题,应当在答案中设计"不知道"或"没有回答"的选项,并且告知被调查者可以选择此项。其次,要考虑被调查者的记忆能力、计算能力等,不要设计超出其能力的问题。例如,有的研究者要求被调查者回答10年前的月收入是多少,这样的问题就很难回答,即使回答了,通常也不是十分准确。在研究者必须获得历时性资料的情况下,比如说要研究收入变化、受教育经历以及工作转换等,应当在设计相应问题时给予必要的提示,例如:时间提示、事件提示等。又如,有的研究者在农村调查时,往往要求农民将收获的全部农产品都折换成现金收入,这对一些农户来说常常也是很难的问题。有时候一些不负责的被调查者会随意说个数目,而比较认真的被调查者则要一样一样地计算半天,甚至要请人帮忙,这样就使调查的难度增大。因此,除非确有必要,一般不要这样提问。

第八,要尊重被调查者,避免询问他们不愿意回答的问题。被调查者有回答意愿,是成功进行问卷调查的前提。但如果被调查者不愿意回答,如果强制询问,最多只能得到不一定真实的回答,甚至激怒被调查者。经验表明,像家庭存款、个人性生活、越轨行为、对领导的看法、对某些政治话题的态度等等,都是难以直接询问的敏感性问题。如果确实需要提问,应当申明保密承诺,并注意提问的场合、方式、措辞和语气,最好是采用间接询问的题型。

第九,尽量避免设计某种情境进行提问。有些时候,研究者为了间接测量被调查者的态度或行为取向,故意假设了某种情境。例如,在某次调查中,研究者提了这样一个问题:"假定您的单位在调整工资或工作时,使包括您在内的一大批人受到严重不公正的待遇。这时,如果有人想带大家一起去找领导讨个说法,动员您一起去,您会怎么办?"调查结果表明:一方面,被调查者对于假设情境不理解或感到突然,往往表示"没有这回事呀"、"不可能的";另一方面,不同被调查者对于这一情境实际上有着不同的理解,并不一定符合研究者的设计意图,这样即使做出相同的回答,含义也是不一样的,对于研究而言,意义不大。因此,在问卷调查中,至少应该尽量少地使用假设情境的方式进行提问。

第十,尽量使用第二人称提问,在必要时使用第三人称陈述,避免使用第一人称。因为使用第二人称"您"或"你"进行提问,最切合访问员与被调查者之间一对一互动的情境。如果在提问或陈述中突然变换人称,往往会引起被调查者的思想混乱,或者认为该题与他无关,尤其是文化程度较低的人更易如此。例如:

下列说法是否符合您的情况:(1) 我家的耐用消费品大都是名牌、高档;(2) 我从事的工作总是很紧张。

经验表明,被调查者在回答这类问题时,有时会误解题意,需要访问员不断解释。

2. 题型选择

问题与答案的组合有着不同的形式,从而形成了多样化的题型。通常为了研究的需要以及使卷面整洁、便于填答,有时还是为了使卷面看上去活泼一些,不至于显得过分呆板,研究者往往在问卷设计中使用多种题型,包括封闭式问题和开放式问题、填空式、二项选择式、多项选择式、矩阵式、表格式以及关联式问题等。

(1) 开放式和封闭式问题。所谓开放式问题,是指研究者在问卷中只提出问题,而让被调查者根据自身的情况和态度随意回答。所谓封闭式问题,是指研究者预先给出了答案,要求被调查者在回答问题时只能在给出的多个答案中进行选择。

(2) 填空式问题。填空式问题是开放式问题中的一种,即在提问之后,直接划一条下横线,供被调查者填答相关数据。诸如年龄、收入、支出、家庭人口等问题常常采用填空式。在设计此类问题需要重点注意的是,应该清楚地界定相关概念,例如收入、家庭人口等,留出的空白要适当,并在其后注明计量单位,例如元、人、年,等等。

(3) 二项选择式问题。这类问题的答案只有两项,例如,男和女,

是和不是,有和没有,赞成和不赞成,同意和不同意,等等,要求被调查者根据自己的情况选择其一。例如:

您是中国共产党党员吗? ① 是 ② 不是。

这类问题一般容易回答,但是用于测量态度时,难以获得更多、更细致的信息量,而且容易使原本处于中立状态的被调查者违心地偏向态度的一极,在一定程度上带有强迫选择的性质。

(4) 多项选择式问题。这类问题的答案在三个及其以上,具体又包括四种亚形式。

第一种是多项单选式,即要求被调查者根据自己的情况在多个答案中选择一项。这是问卷中采用得最多的一种问题形式,其答案特别适合于进行频数统计和交互分析。例如:

您的文化程度是:① 小学及以下,② 初中,③ 高中或中专,④ 大专,⑤ 大学本科及以上

第二种是多项任选式,即要求被调查者根据自己的情况在多个选项中任意选择,包括选择一个选项或选择所有选项。例如:

在以下各种家用物品中,您家有哪些? ① 彩色电视机 ② 录像机 ③ 影碟机 ④ 空调器 ⑤ 洗衣机 ⑥ 电冰箱 ⑦ 计算机 ⑧ 微波炉 ⑨ 电话

事实上,这类问题可看成多个二项选择题的组合,相当于针对每一个具体选项询问被调查者家里是否有。

多项任选式也就是被调查者可以在一个问题给出的多个选项中,根据自己的情况选择任意多个答案(相互之间有矛盾的除外)。这种选项的方式对被调查者来说比较便于回答,因为他们可以不去对各个选项与自己实际情况相符合的程度进行比较,而只要某项选项基本符合自己的情况,就可以选中它。但缺点则是让被调查者能够选择的空间太大,有时也会使其选答问题时带上更大的随意性,使问题的分辨率降低。同样,这类问题对单个的被调查者来说,其回答的结果也无法看出在他的心目中各个选项的重要性。

第三种是多项限选式。此类题型要求被调查者在给出的多个选择中最多选择若干项(如在给出的5个可选的回答中,最多选择3个最符合自己情况的回答)。下面是这类题的一个例子:

问题:您生育孩子的主要动机是什么?(请从下列答案中选择三项并划圈)

答案:① 传宗接代,② 完善人生,③ 增加夫妻感情,④ 养儿防老,⑤ 扩大家族势力,⑥ 体验做父母的乐趣,⑦ 增加劳动力,⑧ 没考虑过,⑨ 其他(请注明_____)。

这种题型的优点是更方便被调查者选择,同时又能使被调查者加以思考和尽量选择最适合自己的选项,避免选项过于分散而导致问题的分辨率低的问题。但是,尽管最后通过统计分析,研究者可以看出各个选项之间重要性程度的顺序,即当统计结果显示选择答案1的比例高于选择答案3的比例时,即可说前者比后者更重要。但研究者无法区分在单个被调查者那里每个被选中回答之间的相对重要性程度。

第四种是多项排序式,这种题型是针对多项限选和多项任选式的不足而设计出来的。它首先要求被调查者在所给出的多个答案中选两个以上直至全部的答案,同时还要求被调查者对他所选择的答案进行排序。下面是这类题的一个例子:

问题:请在下列社会问题中选择三项您认为值得重视的问题,并进行排序。

答案:第一位_____ 第二位_____ 第三位_____
① 贫困问题② 环境问题③ 人口问题④ 就业问题⑤ 犯罪问题⑥ 腐败问题⑦ 社会保障问题⑧ 其他(请注明_____)

这类题的排序数等于变量数,可以分别进行统计。如果要将排序结果合并成类似多项单选式那样的一个单一的结果进行统计分析,则需要对所选答案进行加权。尽管这类题在一定程度上克服了多项限选式的局限,但是在实际调查中,被调查者常常会感到困难。因为被调查者需要阅读全部选项,并斟酌顺序,有时需要反复阅读。在选项过多时更是如此。

(5)矩阵式问题。这种题型实际上是将若干有着相同答案的问题组合在一起。参见下例:

问题:下列环境问题在您所在城市是否严重?(请在每一行的适当方框内打√)

## 第三节 问卷设计的主要技术与标准

选项：很严重　比较严重　一般　不太严重　根本不严重　不知道/不适用

① 空气污染　□　□　□　□　□　□

② 水污染　□　□　□　□　□　□

③ 噪声污染　□　□　□　□　□　□

④ 生活垃圾污染　□　□　□　□　□　□

采用这种题型有一些优点，例如，可以有效地利用空间，减少问卷篇幅，并且方便被调查者填答。但是，它也有缺点。例如，容易使被调查者形成一种答题惯性，对所有或大部分项目都表示"很严重"或"不太严重"等。或者前面几项是某种一致的态度，而后面几项是另外一种一致的态度。在国内调查中还发现，很多人倾向于做二分判断，例如"严重/不严重"、"同意/不同意"、"赞成/不赞成"等，不太习惯于做更进一步的程度判断。这样，实际调查中就需要访问员十分小心。同时，在问卷设计中，变换不同项目的陈述也是有益的。

(6) 表格式问题。表格式其实是矩阵式的一种变体，其特点和形式都与矩阵式十分相似。比如，与上述矩阵式问题相对应的表格式问题就是：

问题：下列环境问题在您所在城市是否严重？（请在每一行的适当单元格内打√）

选项：

|  | 很严重 | 比较严重 | 一般 | 不太严重 | 根本不严重 | 不知道/不适用 |
|---|---|---|---|---|---|---|
| ① 空气污染 |  |  |  |  |  |  |
| ② 水污染 |  |  |  |  |  |  |
| ③ 噪声污染 |  |  |  |  |  |  |
| ④ 生活垃圾污染 |  |  |  |  |  |  |

表格式题型除了具有矩阵式的特点外,还显得更为整齐、醒目。但无论表格式,还是矩阵式,在问卷中大量使用,都会使卷面显得单调、呆板。

(7) 关联式问题。关联式问题是指一组密切相关、前后衔接的问题,在这些问题中,对于第一个问题的回答决定着是否继续回答后面的问题。通常第一个问题可以称为"过滤性问题",后面的问题则称为"相倚问题"。

在问卷设计中,运用关联式问题的目的主要有两个:其一,是对一部分被调查者的回答进行追问,以便获得更多的研究信息;其二,是方便一部分被调查者,使其不用花费时间阅读和回答与其无关的问题。例如,询问被调查者是否抽烟,回答可能有抽的,有不抽的。如果研究者希望了解抽烟者的烟量以及抽烟习惯等,就需要进一步设计一些问题,比如说:"您每天大概抽多少支烟","您每天早上起床后多长时间就想抽第一支烟",等等。很明显,这些问题对于不抽烟者而言,是不必回答的。这样,研究者就需要运用关联技术,指示那些不抽烟者跳过这些问题。关联的技术主要有两种:

一种是在答案后边提示,例如:"您抽烟吗? ① 抽(请继续回答下面的问题),② 不抽(请跳过第×题—第×题,直接回答第×题)"。在实际的调查中,往往只对回答不抽烟者进行提示,而且用语更简洁,比如"请直接跳答第×题"。

另外一种关联技术是把需要追问的相倚问题用方框圈起来,与其他问题隔开,然后用带箭头的线条将其与过滤性问题中的某个选项连接起来。例如:

您抽烟吗?

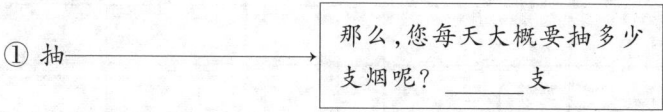

① 抽

② 不抽

上例的确是很清晰。但是,如果需要追问的相倚问题过多,就不能采用这种技术,否则卷面太乱。在此情况下,直接用跳答提示是比较好的。

对于有些问题，也可以不运用关联技术，直接设计一道问题。例如，上例中是否抽烟和每天抽多少支烟这两个关联问题就可以直接合并为一个问题，只要在答案上稍作处理就可以了。例如："您抽烟的情况如何？① 从来不抽烟，② 大约每天抽＿＿＿支"。

3. 答案(选项)设计

如果问卷中所提问题是开放题，就没有什么答案设计，只要在该问题下面留下适当的空白就行了，最多是划一条下横线加以提示。但是，多数问卷调查都是大量使用封闭题，因此答案的设计就很重要。答案设计的要求有：

第一，使答案与问题相对应，避免答非所问。也就是说提什么问题，就要准备什么答案。下面就是一个错误的例子：

问题：您认为您是否有调离目前所在单位的可能？

答案：① 十分困难 ② 比较困难 ③ 不太困难 ④ 十分容易

上例中的答案设计之所以错误，是因为提问的是"有无调离的可能"，答案本应该是"有可能、没有可能、有一定可能"，等等。如果提问的是"调离是否有困难"，设计出上例中的答案才是合适的。

第二，应当努力设计完备的答案，也就是说应该涵盖所有可能的答案。例如，询问被调查者的性别时，一般设计出"男"、"女"两个选项就可以了，在有些情况下，一个问题的可选项目会很多，因此，要求在设计问卷时尽可能使答案完备，否则将可能使一些被调查者无法选择回答。下面是一个错误的例子：

问题：您最喜欢收看的电视节目是什么？

答案：① 新闻节目 ② 体育节目 ③ 电视剧 ④ 教学节目

上例中的答案设计之所以错误，是因为并没有列出所有电视节目类别。因此，肯定会有许多被调查者无法回答问题。比如说，有的人喜欢广告节目，有的人喜欢少儿节目，就无法找到合适的选项。有时候研究者无法知道所给出的答案是否已经完备，最好的做法就是再加上"其他"选项。但是，如果试用问卷表明，回答"其他"的人太多，就需要进一步细化电视节目类别，否则也是不合适的。

第三,应该努力使每个答案彼此独立,也就是具有互斥性,彼此不会重叠或相互包含,从而避免被调查者选择困难,往往在只能选一项时却选择了相关的多项。下面是一个错误的例子:

问题:您的月收入是多少?

答案:① 没有收入② 100元以下③ 100～300元④ 300～500元⑤ 500元以上

上例中的答案设计之所以错误,是因为各个选项之间相互交叉。比如说,有的被调查者月收入正好是300元,他(她)究竟是选择③呢,还是选择④,还是二者都选?改进这类答案设计的方法之一可以将其调整为"① 没有收入②100元及以下③101～300元④301～500元⑤501元及以上",此外还可以采用开放式回答,留下空白直接填写被调查者的收入就行。

第四,鉴于答案实际上是测量尺度,所以,在能够使用高层次尺度时,应当尽量使用高层次尺度,这样在分析数据时,可以根据需要将其转换为较低层次的尺度。而如果设计了较低层次的尺度,是不能转换为较高层次尺度的。例如,当研究者询问被调查者的年收入时,在答案设计上直接留出空白来记录是最好的。这样采用的是定比尺度,所获信息完全可以根据研究需要转换成定距、定序与定类尺度。反过来,如果采用了定类尺度进行测量,也就是说设计若干收入类别,比如说"① 1 000元以下② 1 000元及以上",那么,这样收集来的信息就不能转换为高层次的尺度,深入分析的空间就不大了。

同样的道理,当研究者询问"您是否愿意为环境保护捐款"时,答案设计为"① 非常愿意② 比较愿意③ 不确定④ 不太愿意⑤ 非常不愿意"五级,应当比简单的"① 愿意② 不愿意③ 不确定"三级能够提供更多的研究信息。而且,在研究需要时,五级设计是可以转换为三级的,但三级的不能转化为五级的。

第五,答案的设计要简洁明了,既要避免每个答案的表述太长、太啰嗦,又要避免答案数量太多。这两种情况的出现,都会使被调查者感到不舒服甚至厌烦,从而会对问卷填答造成负面影响。当然,避免答案过多有时需要考虑调整问题设计,通过增加提问的层次来减少每个层次问题的答案数量。

4. 问题的排序设计

为了使访问顺利进行,问卷中的问题排序也需要一定的技术。一般而言,排序设计遵循以下一些规则:

第一,把内容相关的问题放在一起,避免问卷显得杂乱。例如,个人的基本资料作为一组问题;有关行为方面的问题作为一组;有关态度方面的问题作为一组。或者,采用更细的分组,例如:个人情况、家庭情况、社会交往、教育经历、职业经历、价值观念等。

第二,把简单的问题放在前面,把复杂的问题放在后面,这样不至于使被调查者一开始就产生畏难、厌烦情绪,从而不愿继续填答问卷。

第三,把容易引起被调查者兴趣的问题放在前面,而把容易引起他们紧张或产生顾虑的问题放在后面。这样可以消除或缓解被调查者的自我防卫心理,有利于填答问卷。

第四,把了解现状的问题放在前面,而把需要被调查者回忆的问题放在后面,这样符合一般的互动规律,也能使被调查者自然地完成时间转换。

第五,在派访问员面访的情况下,可以先问一些个人或单位的基本情况,而把其他问题放在后面;在由被调查者自己填答问卷的情况下,一般应将容易引起他们关注的问题放在问卷的前面。

第六,如果设计了开放题,一般放在问卷的最后面。这是因为,回答开放题要比回答封闭题复杂一些,无论是把它放在问卷开头,还是放在问卷中间,都会在一定程度上影响被调查者对于整个问卷的填答。而将其放在问卷的结尾,无论是对访问员还是对被调查者,都不会造成太大压力,从而有利于填答。即使被调查者不愿意继续作答了,问卷的主要内容已经完成,基本任务不受影响。

尽管必要的排序设计有利于被调查者阅读、理解和填答问卷,但是应该注意到,排序设计也会产生一定的顺序效应,即一定的问题顺序影响了被调查者对有关问题的回答。例如,如果首先询问被调查者是否信仰基督教,紧接着询问其对基督教的看法,那么,对于后一个问题的回答明显地会受到对前一个问题回答的影响,因为前一个问题在一定程度上强化了被调查者的自我意识。

研究者对于问题的顺序效应应当保持敏感,并用适当的方法进行评估,例如,请教有关专家,设计不同的顺序进行试用等。这样可以在一定程度上控制顺序效应。为了防止顺序效应,也有人主张对问卷中的所有问题进行随机排列,但这种做法也有弊病,因为它会影响卷面的有序以及被调查者对于问卷的理解和填答。

## 二、高质量问卷的标准

设计出什么样的问卷算是高质量的问卷?或者说,高质量问卷的标准是什么?这是一个很难回答的问题。事实上,由于研究目的、研究内容、研究对象、研究方式不同,几乎不存在一个统一的高质量问卷的标准。在一定意义上,设计出适用、有效的问卷就是好问卷。

社会研究方法的研究者们在此方面提出了一些一般性标准[1],在某种程度上可以用作判断问卷质量的参考:

第一,问卷具有较高的信度和效度。也就是说,一方面要努力使问卷中的每一个问题的确是测量着所要测量的变量(做到具有效度),另一方面,还要努力使这种测量不受时间、地点和对象变化的影响(即具有信度)。

第二,问卷适合研究的目的和内容。这一点十分重要。因为问卷只是一种工具,其最重要的价值就是服务于研究。问卷中与研究目的和内容不相关的问题越多,调查所获得的对研究有用的资料就越少,这份问卷的质量也就越差。在问卷设计中确保所设计的问题与研究相关是非常必要的。

第三,问卷适用于研究对象。问卷中的问题应与研究对象相关,他们应有能力回答问题,并且愿意回答问题。考虑到在实际研究中,研究对象的构成往往十分复杂,问卷设计者要做到这一点很不容易,需要从被调查者的角度考虑,进行有效的探索性研究,并尽可能多次试用

---

[1] 风笑天.现代社会调查方法.第2版.武汉:华中科技大学出版社,2001.127~128

问卷。

第四,问卷中的问题少而精。在确保问卷设计可以满足研究需要的前提下,问卷中的问题应该越少越好,越精练越好。问卷中的问题太多,结构太复杂,并不能保证收集到更多有效的信息,往往还会导致调查质量低下。

## 第四节 问卷调查的实施及其优缺点

问卷调查是使用设计好的问卷,针对特定的研究对象进行调查,以获取研究所需信息的过程。相比其他研究方法而言,问卷调查具有独特的优点,但也存在不足。在研究中采用问卷调查方法,研究者应该始终保持清醒的头脑,有反思地分析和使用调查资料。

### 一、问卷调查的实施

所谓问卷调查的实施,就是调查者运用设计好的问卷去具体进行社会调查的过程。问卷调查的实施过程中,可以按照调查内容和精度的要求,以及根据时间、经费和人力及设备的情况而采用多种方法,其中最常用的方法有面对面的访谈调查、电话调查、留置问卷、集中填写问卷、报刊调查、网络调查等。这些调查方式又可以分为问卷访谈调查和被调查者自行填写问卷两大类。

1. 问卷访谈调查

问卷访谈调查是指调查员按照问卷的内容和要求,通过与被调查者交谈而进行的调查。这种方法一般是由调查员提问,被调查者回答,然后调查员记录被调查者的回答。问卷访谈调查是最常用的问卷调查方法之一。采用访谈法进行问卷调查最大的好处是能够通过调查员与被调查者之间的直接交谈而获得比较具体和翔实的资料。在问卷访谈调查中,调查员应该按照问卷的内容来提问,并且一般情况下也应该按照问卷中问题的顺序以及统一的语言来提问,但是如果遇到一些比较特殊的被调查者时,调查员可以在不改变问题原意的情况下,根据被调查者的具体情况来灵活地提问。尽管在问卷设计时要求所用的语言能够尽可能地适应被调查的情况,但在现实的社会调查中的被调查者常常是参差不齐的,因此对问题的理解往往也会产生歧义。在这种情况下,由调查员对问题加以一些解释和说明,往往会收到更好的效果。例如,当遇到一些老人、小孩和文化程度较低者而无法理解问卷中的提问时,调查员可以对问题加以解释,或者采用另外一种更加适合具体对象的提问方式,以便能帮助他们更好地理解问卷所问的问题。

采用访谈式的调查又分为直接的问卷访谈调查和电话问卷调查。

(1) 直接的问卷访谈调查。直接的问卷访谈调查是指调查员通过与被调查者直接面对面地交谈而进行的问卷调查。采用面对面的访谈法来进行问卷调查,除了一般的访谈法所具有的优点以外,另外一个好处是通过面对面的交谈常常可以增加被访者的信任,并且使被调查者更好地理解所问的问题,从而提高其回答问题的质量。同时,在面对面的互动中,调查员可以通过各种方式来控制访谈的气氛,并帮助被调查者克服时间长所带来的疲倦或兴趣降低。因此对于篇幅比较大、问题比较难的问卷,一般多采用直接的访谈调查。此外,这种方法能够提高问卷调查的回收率,因为在问卷调查中,总会有一些被抽到的被调查者由于各种顾虑或其他原因而不愿意配合,或者由于当时忙而将问卷搁置很长时间,而采用访谈调查的方式,当遇到不愿意合作的被调查者时,调查员可以通过当面的说明和解释而使对方理解调查的意义,并打消对方的一些顾虑,说服对方给予合作。并且这种面对面的访谈调查也可以促使被调查者及时回答完问题而结束调查。

但是,访谈式的问卷调查也有一些弊病:① 这种调查方式的成本比较高,因为它需要动员很多的调查员来进行调查。② 这种调查的实施有时比较困难,因为它常常需要调查员进入居民家里进行调查,有时还需要与被调查者约定时间。③ 这种调查是通过面对面的问答,因此匿名性较差。有时对一些涉及个人隐私或比较敏感的问题往往会使被调查者难以启齿,或者不完全按其本意回答。

(2) 电话问卷调查。电话问卷调查是指通过电话而进行的问卷访谈调查。在电话比较普及的城市地区,许多问卷调查常常采用这种方法。电话调查的最主要的优点在于其方便、快捷和成本低。电话调查的缺点是：一方面，有时抽样会出现偏差，家里没有电话的人被排除在抽样框之外；另一方面，电话调查不能面对面地交谈，调查员难以通过被访问者的一些非语言信息来判断其回答问题的认真及真实程度。

问卷访问调查同时也是访谈法中的一种类型，属于结构性访谈法。关于这种方法的具体要求可见本书第八章的介绍。

2. 被调查者自行填写问卷

被调查者自行填写问卷是指将问卷交给被调查者，由被调查者通过自己的阅读去理解问卷中的各种问题，并且自己在问卷上写出回答。被调查者自行填写问卷也是一种常用的问卷调查方法，其最大的好处是比较节省人力和时间。但其主要的缺点是调查者缺乏对调查过程的直接控制，因此对于篇幅较大和问题比较复杂的问卷有时候可能会导致被调查者不愿意回答或不认真回答，或者受到其他人或环境因素的干扰而使其回答扭曲被调查者的本意。同时，这种调查方式中缺乏调查员对问题的解释与说明，因此它一般不适用与对儿童、老人和文化程度较低者的调查。

从总体上看，让被调查者自行填写问卷也是一种常用的问卷调查方法。这种方法又分为以下不同的实施方式：

（1）留置问卷。留置问卷是指调查员将问卷留给被调查者，由后者自己填写好以后再交还给调查员。这种方法的好处是可以方便被调查者灵活地安排填写问卷的时间。同时，调查员也可以节约面对面访谈的时间。但由于没有调查员在场，被调查者在填写问卷时如果遇到问题和困难无法得到调查员的帮助，因此回答问题的质量有时会受到影响。同时，由于没有调查员的现场督促，被调查者对调查的重视程度往往会降低，因此采用这种调查方式有时候问卷回收率会受到影响。

（2）邮寄问卷。邮寄问卷的调查方式是指调查者将问卷邮寄给被调查者，由被调查者自己填写完毕后再回寄给调查者。邮寄问卷的突出优点是方便快捷，调查者可以在较短的时间里发出大批的问卷。由于没有调查员亲自与被调查者的接触，因此，被调查者对回答问卷的重视程度一般会降低。并且此类调查一般更适合于篇幅较小、问题比较简单的问卷。并且邮寄问卷调查的回收率一般要低于访谈调查。

(3) 集中填写。集中填写是指将被抽到的被调查者集中在一起,让他们在同一时间里自行填写问卷。集中填写问卷常常用于工作、学习场所的调查。例如对学校里一个班级学生的调查就常常采用集中调查的方式。集中填写问卷的方式可以在较短的时间里完成对多人的调查,因此是一种效率很高的方式。并且集中填写的方式一般有调查员在现场,因此也可以对一些不明白或不清楚的问题给予一定的解释和说明。但这种方式需要有一定的条件,一般只适合于在集体场所中进行,并且常常适用于通过整群抽样而抽中的被调查者整群。同时,集中调查过程中需要调查员有效地控制填写问卷的环境,防止因个人之间的相互影响而降低回答问卷的质量。

(4) 报刊调查。报刊调查是将问卷登载在一定的报刊上,让读者填写好以后以邮寄或其他方式回收。报刊调查的突出特点也是比较简单快捷,适用于在短期内开展大范围的调查。这种调查一般更适合于比较简单的问卷。由于对象范围只是登载问卷的报刊的读者,且读者中一般也只有对调查问题感兴趣的人才会回答,因此,这种方式难以按照随机抽样的方式去抽取调查样本,因此在推论总体时会存在问题。尽管调查的组织者可以通过某种奖励措施去提高读者填答问卷的积极性,但总的说来由于它的样本不是来自随机抽样,因此,在对抽样和推论要求较严格的社会研究项目中一般不采用这种方法。

(5) 计算机网络调查。计算机网络调查是利用计算机互联网媒体去散发问卷,请被调查者填答问卷后再通过互联网发回给调查者。在计算机和互联网技术及使用越来越普及的情况下,利用计算机网络实施问卷调查也越来越普遍。利用互联网调查又分两种方式,一种是通过电子邮件将问卷发送给被调查者,另一种是将问卷登载在公共网页上,供人们直接在网页上填答,或从网页上下载后填答。这两种方式的特点分别类似于传统的邮寄问卷和报刊调查,但由于采用了先进的互联网技术,其方便快捷的特点进一步突出。

**3. 调查资料的审核**

无论采用哪种调查方式,对于所收集的资料都应该加以审核。在审核时要注意三点:

(1) 完整性,是不是该填写的项目都填写了。如果有漏填的项目,最好请被调查者及时补上。

(2) 有没有逻辑错误。例如,年龄填23岁,工龄填18年。

(3) 通过检查问卷中的控制性问题来判断回答的可靠性。例如,问卷中可以有这样的问题:"您看过这部电视剧吗?"但所列的电视剧名是并没有拍摄制作的,如果被调查者答"看过",那说明他回答问题很不认真,甚至在有意说谎,因此这个被调查者其余的回答也可能是不可靠的,这样的问卷应该作废。

在问卷设计中,应根据实际情况多设计几个控制性问题以供审核资料时使用。

## 二、问卷调查的优缺点

1. 问卷调查的优点

第一,问卷调查可以面向众多的调查对象收集信息。如果调查对象的选取方式是科学的,问卷调查的结果对于总体而言,可以具有很好的代表性。如果采用访谈法、观察法或实验法,通常难以面向众多的被调查者收集信息。

第二,如果面向同样规模的调查对象收集信息,采用问卷调查方法,要比采用访谈法、观察法或实验法等节省资源,包括节省人力、物力、财力和时间,这也是很多研究者偏爱使用问卷调查法的重要原因。如果采用邮寄问卷或在报刊、网络上刊载问卷的方式进行调查,则更加简便易行,省时省力。

第三,问卷调查通常具有较好的隐蔽性,可以减轻研究对象的思想顾虑,有助于获得一些相对真实的研究信息。如果采用电话联系、邮寄问卷或派员访问的方式进行调查,研究者通常可以掌握研究对象的一些基本信息,但是在处理调查结果时,研究者一般都遵循匿名化原则,所以调查对象一般不必担心个人隐私被泄露。而采用在报刊、网络上刊载问卷的方式进行调查,除非研究者做出明确要求,一般是与研究对象保持完全匿名关系的,所以也不会引起研究对象的顾虑。

第四,问卷调查获得的信息通常要比其他一些方法获得的信息更为标准化、规范化。因为问卷通常是研究者精心设计的结构化的调查工具,旨在给每个研究对象同样的信息刺激。问卷中的每个问题都有着明确的含义,并且要求研究对象针对这种含义做出相应的回答。问题之间的逻辑和结构也是统一设计的。通常调查时间也具有较强的统一性。形象地说,问卷是一把尺子,它在大致相同的时间,使用同一标准测量所有对象。这样所获得的信息是很规范化的,可以在很大程度上排除人为的随意性。

第五,通过问卷调查获得的信息通常比使用其他方法获得的信息更便于进行定量处理和分析。因为研究者在设计问卷时就考虑了研究变量的操作化以及各变量之间可能的关系,而且一般问卷主要采用封闭题,便于信息数字化。事实上,目前对于问卷调查结果的分析主要都是采用定量方法。

2. 问卷调查的缺点

问卷调查除了上述优点外,也存在不足。如问卷调查的回收率有时难以保证;问卷是事先设计好的标准化测量工具,也许与多样化的现实有所出入;问卷篇幅一般比较简短,难以获得更多、更丰富的信息;问卷调查不利于研究者与研究对象之间的自由交流。

除此之外,问卷调查事实上还存在一些与问卷调查的若干基本预设密切相关的固有缺陷。

第一,问卷调查通常预设,研究者可以找到具有效度与信度的测量指标,来对社会现象进行测量。但是,经验表明,很多指标并不具有绝对的测量效度与信度。在实际的社会研究中,很多指标的设计并不理想,而且很难找到理想的设计。因此常常出现因不适当的问题设计导致不适当回答的情况。

第二,问卷调查通常是以研究对象能够一致地理解问卷内容(特别是研究者的意图)为前提的。但是,在实际的社会研究中,或者由于问卷设计的原因,或者由于访问时使用语言的原因,或者由于调查对象的能力限制,特别是其受教育程度的限制,研究对象并不一定能够理解问卷,或者说难以保证每个研究对象对于问卷的理解是一致的。这样,研究对象做出的回答可能具有不同的含义,从而与问卷调查的上述前提相矛盾,给研究者的分析和结论造成困境。

第三,问卷调查事实上假定调查对象愿意回答研究者的问题,而这一假定恰恰是个存在缺陷的假定。在实际的社会研究中,即使调查对象能够理解问卷的内容,但也常常有人觉得研究者的项目与自己无关,或者侵害了个人隐私,或者没有实际的社会效用,从而不愿意回答研究者的问题。

第四,问卷调查事实上还假定调查对象对于问卷的回答不受调查情境的影响,或者认为可以对此采用一些技术手段进行控制。但是,在实际的社会研究中,很少情况下是由研究对象独立填答问卷。通常情况下都有他人在场,包括调查员在场,有时甚至会有若干人员一起商量填答问卷。这样实际上构成了一个特殊的调查情境,并且这种情境对于研究对象回答问卷有着难以完全控制的影响。

第五,问卷调查实际上假定研究对象的回答是真实的。这也是存在很多缺陷的假定。事实上,研究者无法证明研究对象具有非说真话不可的主观需求,最多只能宣称研究对象并没有故意欺骗的必要。而在实际的社会研究中,一些研究对象由于主观、客观的各种原因不说真话的情况,是常常存在的。一些研究者甚至指出,中国人对于回答陌生人的问题非常谨慎,他们通常保有"心理二重区域":一个是可以对外公开的区域,另一个是不对外公开的、保守秘密的区域。相对西方人而言,中国人的第二个区域较大,而且"两个心理区域常常有重大差异,有时甚至处于完全互相对立的状态,比如有意识地说假话"①。这样,在中国进行问卷调查,不仅在问卷设计时需要谨慎,有时必须设计一些测谎题,而且在分析数据和得出结论时也要十分小心。

第六,问卷调查实际上假定通过对于调查数据的分析,能够发现社会现象之间的关系,揭示经验世界的规律性,这是很多研究者采用问卷调查方法的重要原因。但是,社会现象之间的关系非常复杂,即使假定通过问卷收集到的信息是完全真实的,这些信息也是非常有限的,而且

---

① 李强."心理二重区域"与中国大陆的问卷调查.见:边燕杰,涂肇庆,苏耀昌编.华人社会的调查研究:方法与发现.香港:牛津大学出版社,2001

通常是一些外显的、静态的信息,因而对于理解复杂的社会过程的意义也是有限的。很多时候,仅仅依据问卷调查所获得的信息,只能得出关于社会现象的部分的、表层的、静态的认识,这是应用问卷调查方法时必须注意的。

总之,问卷调查方法与其他研究方法一样,有其自身的优点,也有其固有的局限。对于社会研究者而言,重要的是对这种方法的优缺点有着全面的了解,明确其适用范围,并尽可能地使用多种方法进行社会研究,以求尽可能精确地发现经验世界的规律。

# 第八章 访谈法

在日常生活中,我们每个人都通过与其他人之间的语言交流来获得各种信息。人类语言交流的方法和技巧经过科学的加工和规范后被用到社会研究中,就形成了社会研究中的访谈法。访谈法是在当代社会研究方法体系中的一种重要的、使用最广泛的一种收集资料的方法。社会研究者们普遍地使用这种方法,以获得大量的研究资料。研究者在使用访谈法时,一方面应按照日常生活中的语言规则充分发挥自己的语言交流能力和技巧;另一方面,作为一种科学研究的方法,访谈法还具有一套严格的规则和程序。熟练地掌握访谈法的规则、程序和技巧,对于社会研究者来说是相当重要的。

## 第一节 访谈法的特点与类型

### 一、访谈法的基本特点

1. 访谈法的含义

访谈法又叫访问法,即调查者通过与被调查者的交谈而获取信息的一种调查方法。这种方法最基本的特点是调查者和被调查者在同一时间里进行的交谈,既包括面对面的直接交谈,也包括借助于电话等通信手段而进行的远距离交谈,以及通过翻译而进行的使用不同语言的交谈。但是访谈法不包括通过信件进行的交流,因为这种方式无法达到调查者与被调查者在同一时间里的直接沟通。

2. 访谈法与观察法和问卷法的关系

访谈法也是在社会调查研究中广泛应用的一种方法。这种方法比观察法更深入地了解被调查对象的内在信息,能获得更为丰富的资料。

在访谈时,调查者常常也要观察被调查者的非语言信息,包括被调查者的表情、语气、衣着、家庭居住环境、工作场所环境等方面的情况,但其最基本的获取信息途径是通过直接语言交流。此外,尽管访谈法被广泛地运用于问卷调查中,但它不等同于问卷调查,这是因为:一方面,问卷调查除了采用直接访谈之外,有时还采用通过邮寄问卷、网上调查、报刊调查等方式让被调查者自己阅读问题并填答问卷;另一方面,访谈法有时候要利用问卷而进行,这类访谈一般被称为问卷调查访谈,但很多时候调查者并不按照事先拟订好的问卷来与被调查者进行一问一答式的交谈,而是围绕相关的主题与被调查者进行比较自由、广泛和深入的交谈。

## 二、访谈法的优缺点

和其他调查方法相比,访谈法的突出特点是使调查者和被调查者之间形成较多的人际互动,更容易获得真实、深入的资料。因此,访谈法应用广泛,适用于各类调查对象,能够灵活地进行调查工作,并能在调查中弥补其他方法的不足。

1. 访谈法的优点

(1) 信息量大。通过访谈法既可以了解被调查者的各种客观情况,如年龄、文化程度、职业、家庭情况等,也可以挖掘被调查者内在的主观情况,如对某种社会现象的态度、意愿、情感以及所掌握的相关知识。此外,访谈法可以让被调查者回忆过去发生的事情,预测未来可能发生的事情,并且还可以反复地进行交流。因此,通过访谈法能够了解比较复杂的社会现象,深入探讨社会现象的因果联系和内在本质。

(2) 灵活性高。访谈研究的一个主要优点是它的灵活性。访谈可探索较具体的回答,而且当对一个问题的回答表明被调查者有误解时,可以重新提问并做出解释。在开放式的深入访谈中,调查者可以根据被调查者的具体情况而决定交谈的内容,也可以根据前面交谈的情况而选择后续的交谈内容,从而使调查内容更加深入和真实,尤其是能够针对各种被调查者的特殊情况而发掘其特殊的信息。在结构式的问卷调查中,访谈员也可以根据被调查者和访谈情境的不同而选择合适的

## 第一节 访谈法的特点与类型

提问方式,因而使调查的信度和效度更高。

(3) 适用范围广。访谈法能够适用于社会各个群体的被调查者,特别是对于一些特殊的调查群体,例如,不能读和写的人,以及能够在访谈中回答问题而有些不愿花精力写出其回答的人也可能乐于谈话。许多人对他们的讲话能力比对他们的书写能力往往更有信心。

(4) 控制性强。访谈员可将访谈环境标准化,即确保访谈在私下进行,没有嘈杂声,等等。访谈法可以保证被调查者的回答是真实可靠的,从而避免像在邮寄问卷调查中可能出现的他人替答现象。同时,访谈法可以确保回答的完整性。通过访谈员的控制,可以保证所有问题均得到回答。

(5) 访谈法可以与其他方法相结合,以获取更加丰富的信息。在采用访谈法时,可以将询问与观察相结合,对被调查对象的生活环境、仪表特征等进行观察了解,以获得更多的信息。同时,访谈员可通过在现场观察被调查者的非言语行为而评估后者回答的有效度。此外,访谈法可以用到采用问卷而进行的调查研究,也可以用到各种实地研究过程中。

### 2. 访谈法的缺点

(1) 开放式的访谈标准不一,其结果难以进行定量研究。访谈法的灵活性虽然是个优点,但也是一个缺点。由于访谈员会向不同的被调查者问不同的问题,所获得的信息也就不同。并且对同一个问题不同的被调查者回答时也会使用不同的措辞,回答的结果可能五花八门,难以汇总归类整理。此外,开放式的交谈语言比较自由,对信息的记录和整理也比较困难,有时还会造成访谈误差。

(2) 成本较高。访谈研究费用极高。例如,在问卷调查中如果采用访谈调查的话,一般要动用大量的调查员,对他们的劳务、培训、差旅费用等方面的支出加在一起往往会很多。较复杂的研究还需要管理人员、现场监督员甚或公共关系人员,有时还需要有一个小的管理机构。而且用于访谈调查的问卷设计和复制,以及访谈工具如录音、照相器具也可能很费钱。此外,很多时候为了保证调查的质量还需要进行访谈质量抽查。有时除了一次访谈外,还要进行二访、三访。

（3）访谈通常时间长。开放式的访谈往往比观察法和问卷法要花费更多的时间。在许多开放式的深入访谈中，为了获得广泛而深入的信息，往往需要较长时间的交谈。有时候因为语言的不通而需要翻译，使访谈需要更长的时间。在许多访谈中，一个访谈员每天常常只能完成一两个访谈。在采用问卷访谈调查时，虽然实际访谈时间可能短一些。但很多时候可能会为预约或找到被访者而耽误很多时间。在实际调查中有时候访谈员会为寻找一个被调查对象而到一个地方往返多次。找到被访者以后，常常还要花一定的时间说服被访者合作，有时甚至还会碰到被访者完全拒绝接受访谈或者确实无法接受访谈的情况，从而使前面所花的时间都白费。

（4）隐蔽性差。由于在采用访谈法时调查者要直接面对被访者，因此匿名性较差，尤其是调查员入户调查时更是如此。由于匿名性较差，有些被访者由于不愿意自己的个人信息被别人知道而拒绝访谈，或提供不完全或不真实的信息，从而使调查资料的可靠性降低。尤其是当调查的内容涉及一些个人隐私或敏感问题的时候，采用访谈法的难度更大。在开放性的深入访谈中，调查者常常需要通过各种方式打消被访者的顾虑，以使访谈能够顺利进行。在问卷调查中，采用访谈法在保证匿名性上也不如邮寄问卷。有时候为了抽样和分析资料的需要或者后续的回访而要记录被调查者的姓名、住址和电话号码，从而更可能使被调查者感到个人的信息可能会被泄露，从而不愿意合作。在治安不太好的时期或地区，有些居民甚至会拒绝陌生访谈员入户。另外，访谈员自身的安全也是在访谈过程中需要特别注意的一个问题。在进行入户访谈或者对于危险人群的访谈，对于访谈员的安全保障事先一定要考虑周全。

（5）受访谈对象周围环境的影响大。一般来说，访谈法可以控制访谈的环境。但在很多访谈情景下，访谈过程会受到各种周围情景的干扰，如家里婴儿的哭闹、来客或来电话的打断等情况都可能分散被调查者的注意力。在户外调查中也有许多环境因素是不可控制的。例如街头进行访谈有时会受到周围人群的围观，或是周围环境噪音的影响等。此外，访谈员的性别、年龄、社会地位、服饰、外貌以至口音等方面情况有时也会影响到被访者的回答。

### 三、访谈法的类型

访谈因研究的目的、性质或对象的不同而有各种不同的方式。访谈法的种类,可以根据不同的标准进行不同的划分。根据对访谈过程的控制程度,可以分为结构式访谈法与无结构式访谈法;根据访谈中调查者与被调查者的交流方式,可以分为直接访谈法和间接访谈法;根据一次被访谈的人数,可以分为个别访谈法和集体访谈法;根据访谈对象的特点,可以分为一般访谈法和特殊访谈法。

1. 结构式访谈法和无结构式访谈法

按照访谈内容的结构性程度的不同,可以将访谈法分为结构式访谈法和无结构式访谈法。结构式访谈法,也叫标准化访谈法,就是按照统一设计的有一定结构的问卷所进行的访谈。这种访谈的特点是:对于每个被访者来说,访谈中提出的问题、提问的方式和顺序以及被访谈者回答的格式和记录方式等都是相同的,有时甚至连访谈的时间、地点、周围环境等外部条件,也要求保持基本的一致。结构式访谈法的最大好处是,访谈结果在形式上比较统一,便于进行量化的统计分析。但是,结构式访谈获取的资料比较固定,难以获取问卷之外的信息。并且它对于一些敏感性、尖锐性或有关个人隐私的问题的信度往往不高。

无结构式访谈法,也叫开放式访谈或非标准化访谈法,是指不对访谈的方式和内容预设严格的限制,而只按照一个大致的访谈提纲而围绕某一主题所进行的访谈。这种方法对访谈中所要询问的问题也有一个基本的要求,但可根据访谈时的实际情况作必要的调整,并且对提问的方式和顺序、被访者的回答及其记录、访谈时的外部环境等都不作统一的规定和要求,而由访谈者根据具体情况灵活处理。无结构式访谈法的最大特点是弹性大,有利于充分发挥访谈者和被访谈者的主动性和创造性,有利于适应被访者千差万别的客观情况,有利于了解到原设计方案中没有考虑到的新情况和新问题,有利于拓宽和加深对问题的研究。但这种方法比较费时,对访谈结果难以进行定量分析,对访谈员的要求也更高,访谈员的态度、素质、经验等对访谈结果有决定性的影响。

2. 直接访谈法和间接访谈法

按照访谈的交流方式分,可以分为直接访谈法和间接访谈法。直接访谈法就是调查者通过与被调查者使用同一种语言进行的面对面交谈而获取信息的调查方法。间接访谈法是调查者借助通讯工具对被调查者进行的非面对面的交谈,或者通过翻译进行不同语言的交谈而获取信息的调查方法。其中,电话访谈是应用最广泛的一种间接访谈方法。电话调查法不仅省时、省力,而且不牵涉调查者和被调查者的安全问题。目前,随着计算机技术和互联网的发展,计算机辅助电话访谈和通过互联网进行访谈也越来越被广泛地应用。此外,在对不同民族和不同国家的被访者进行访谈调查时,调查者有时候也需要利用翻译而进行访谈,尤其是在进行开放式的深入访谈时常常如此。直接访谈法所获取的信息往往更真实、完整,但同时成本往往也较高。相比之下,间接访谈可以使访谈更加方便、快捷,并降低成本,但常常要损失一些信息,并且对访谈质量的控制较差。例如,利用电话调查无法得到被访者的表情、手势等信息,因而难以得到对被访者回答的真实性程度的辅助性判断。利用翻译进行的访谈也会由于翻译过程而损失一些信息,有时还会由于翻译水平不高而出现信息失真。

3. 个别访谈法和小组访谈法

按照访谈对象的多少,可以将访谈法分为个别访谈法和小组访谈法。个别访谈法是由调查者和一个被访者所构成的访谈,它常常用于深入了解特定个体的情况,尤其是用于了解带有个人性、隐私性和隐蔽性的问题。小组访谈法,有时又称为"座谈法"、"集体访谈法",是由调查者同时对多名被调查者进行的访谈。小组访谈的最大特点是可以在多名被访者之间形成对所访谈问题的讨论,通过他们之间的横向交流而开拓思路,引起对所讨论问题更广阔的、更深入的思考,从而使调查者获得更多的信息。在社会研究中,调查者常常邀请同类群体人就某一问题进行小组访谈,这种方法被称为"焦点小组法"(focus group method)。这种方法适合于了解某个群体在某一方面的情况和对某一问题的态度和想法,便于所研究的问题进行类型学的分析。

4. 一般访谈法和特殊访谈法

按照访谈对象的特点,可以分为一般访谈法和特殊访谈法。一般访谈法,是指对一般调查对象,如对普通的工人、农民、知识分子和干部等所进行的访谈。这种访谈调查,只需按照一般的访谈程序和方法进行就可以了。特殊访谈法是指对特殊调查对象和在特殊情景下进行的调查。特殊调查对象包括具有特殊地位、特殊身份和特殊调查难度的人,例如,具有特殊职务或特殊知名度的人,重要事件的当事人、囚犯,以及儿童和聋哑人等。特殊情景包括突发事件现场、监狱以及正在执行勤务的现场等情景。在特殊访谈中,一方面,要根据被访者的背景、身份、心理特点、对问题的理解和回答能力等方面的情况来选择访谈时机,设计访谈内容和提问方式;另一方面,也要根据特殊情景来抓住有效的访谈时机,并注意根据情景的变化来及时调整访谈方式。例如,在突发事件中对当事人的访谈应简单、明了、快速、敏捷,善于抓住问题的症结;对儿童的访谈,应充分考虑儿童的心理特征、短暂的注意力、有限的理解能力和语言能力等特点;对聋哑人的访谈,必须掌握聋哑人的特殊语言方式,等等。

## 第二节 访谈的程序

访谈过程,大体上可以分为访谈的准备、进入访谈、访谈的控制、结束访谈、访谈记录与资料审核几个阶段。要取得访谈的成功,必须在访谈的各个阶段,熟练地掌握和运用各种访谈技巧。

**一、访谈的准备**

访谈的准备工作十分重要,通常访谈开始前要做好以下准备工作。

1. 熟悉调查内容

对于无结构式访谈来说,访谈前的准备工作首先是根据研究目的和理论假设,准备访谈提纲,并将其具体化为一系列访谈问题,同时还要充分准备与调查内容有关的各种知识。一般说来,调查者所掌握的有关背景知识越丰富,在访谈中越能提高被访者回答问题的积极性,越能够达到与被访者的深入交谈,最后所获得的资料也越丰富。同时,背景知识丰富的调查者还可以对被访者提供信息的真实性程度做出判断,并且往往更能从与被访者的交谈中捕捉到一些有价值的新信息,触发新的思想。

对于结构式访谈来说,访谈前的准备工作首先是弄懂统一设计的问卷及访谈手册,了解访谈目的、要求、步骤,可能出现的问题及解决的办法等。其次,访谈者也需要了解一些有关的背景知识,只是在这一方面的要求不如无结构式访谈的严格。

2. 了解被访者的社区特征

为了访谈的成功,在准备工作中还要对被访人的社区特征有所了解。被访者的社区特征,包括社区的人文环境和社会文化传统两个方面。每个社区都有自己的特点,若事先不多加了解,掌握这些给人和调查带来的影响的方面,不仅访谈极难进行,而且往往引起不必要的误解,也将无法解释个人所表现的行为特征。例如,如果调查者不了解被调查地区的文化和生活习惯,则也可能在调查活动中触犯一些禁忌,引起调查对象的反感而拒绝访谈。再如,若不了解该地区发生过某种可能影响调查的特殊事件,如自然灾害、社会事件等,就无法对回答率低或答案中的某些现象做出解释。

3. 确定并了解访谈对象

访谈准备的另一个重要内容是确定适当的访谈对象,并对他们进行初步了解。因为被访者是访谈中社会互动双方的重要一方。他们是资料的提供者,无论是以访谈为主要研究方法或是作为辅助工具,被访者的选择是否得当,对他们是否了解,都会对整个调查的成败影响极大。问卷访谈调查多采用随机抽样选取调查对象,以保证结果能推论统计分析,因此这种访谈一般会按照统一的抽样方案来抽取被访者。但在采用开放式的个案访谈时,需要由研究者根据研究的目的、研究对象群体的特点及其所在社区的特点等因素来确定被调查者。为了在访谈调查中实现与被访者之间的良好互动,调查者需要对被访者的性别、年龄、职业、文化程度、经历、专长、思想状况、身体状况、精神状况等有所了解。在访谈对象选定后,或在进入调查现场之后,调查员要尽可能快地了解被访者的基本情况,以便顺利进入访谈,与被访者建立良好的交谈气氛,以及提高访谈的信度和效度。

4. 拟定实施访谈的工作计划

拟定实施访谈的工作计划是对访谈活动的程序和时间做出安排,通常包括以下内容:① 需阅读的文献资料;② 制定了解社区情况的时间和方案;③ 选择被访者及与他们联系的方式;④ 选择访谈的时间和地点;⑤ 考虑访谈中可能遇到的特殊事件、特殊人物和其他问题,并制定应对预案。总之,提前对上述问题做出计划有利于访谈过程的顺利进行,有利于提高访谈调查的质量。

5. 准备工具

成功的访谈还需要一些必备的工具。临赴现场访谈前的最后一步工作是准备工具。工具主要有三类:① 访谈使用的普通工具,如记录用的笔、纸等;② 访谈使用的特殊工具,如社区地图、录音录像设备、计算器等;③ 其他工具,如公文、介绍信、证件等。

## 二、进入访谈

1. 取得地方机构或主管部门的支持与帮助

进入访谈的第一步,是要取得地方机构或主管部门的支持与帮助。在实地访谈之前,有必要与调查对象所属的政府机关、基层社区组织或企事业单位等机构取得联系,以得到允许或求得配合后再着手进行访谈。尤其是要采用入户调查或在工作场所调查的方式更需要事先与有关部门联系,以求得配合。如果调查的规模较大,涉及面较宽,最好在调查前通过组织系统或大众传媒向群众阐明调查的目的和意义,以使调查获得很好的配合。有些调查如果能取得当地组织的支持,并派人参加联合调查,可以增大调查力量,并可得到许多便利条件。

2. 与访谈对象见面与自我介绍

进入访谈的第二步是与访谈对象见面。这一阶段的主要任务是与调查对象建立融洽的关系,让被调查者了解调查的目的、意义、内容和基本方式,并消除其顾虑,使他们愿意参与此项研究。访谈者在接近被访者时,首先要进行自我介绍,然后说明来访目的以及为什么要进行此项研究,请求他的支持与合作。此外,还要告诉被访者,他是如何被选出来的,并说明他的回答将给予保密,不会泄露他的个人资料而损害其利益。

在这一阶段最容易出现一些问题:(1)由于陌生感而使被调查者拘束无言。(2)调查对象以各种原因拒绝受访,访谈者因此产生怯场或不耐烦情绪。(3)由于调查者与被调查者地位不平等,产生不自然感。因此,为了创造有利于访谈的气氛,除对访谈对象表示礼貌外,为打破僵局,正式谈话前可以先谈谈调查对象具备或熟悉的方面,从而消除拘束感,比如他的住房、家庭和爱好等。也有些调查员开头总要问问调查对象是哪里人,由此展开谈话。有了利于调查的气氛后,就可以详细说明要调查的内容,提出第一批问题,因为这时被访者需要有一个心理上的酝酿过程,因此不要从一开始就提出一些大而复杂的问题。经验证明,如果开始问题回答得顺利,能使被访者信心增强,使随后的访谈能更加顺利地进行。

### 三、访谈控制

在访谈过程中,调查员始终应该对双方的交谈实施有效的控制。所谓访谈控制,是指调查员通过提问和其他方式对交谈的内容和方式实施控制。调查员对访谈过程实施控制的手段主要是通过提问与采用一定的表情和动作。在结构式访谈中,调查员主要依据问卷的内容和结构来控制交谈的内容;而在开放式的访谈中,则要求调查员采用更加灵活的方式来实施访谈控制。

1. 提问控制

(1)恰当的提问方式。在访谈过程中调查员应注意恰当的提问方式,包括:第一,始终保持中立态度,避免倾向性,不要诱导。第二,把握方向及主题焦点,尽量减少无关的题外话。第三,注意时间顺序。第四,使用语言越简单越好,以达意为原则。第五,根据访谈对象的特点,灵活掌握问题的提法与口气。例如,访谈对象是孩子时,就应用浅显的语言、亲切的口气。如是老年人,则要放慢说话速度。

(2)恰当的题目转换方式。在访谈中常常要转换题目。转变题目时应不露痕迹,为此通常使用一些功能性问题。所谓功能性问题,是指在访谈过程中为了使访谈能更加顺利进行而对被访谈者提出的一些访谈内容之外的问题。例如,在从工作问题转向家庭关系问题时,如果前面一直谈的是工作方面的问题,然后马上提出他的家庭关系问题,这种突然转换题目常常会使调查对象因为毫无心理准备而产生困惑。这时可以问:"您的工作真忙,回到家里可以轻松一下吧?那么我们现在谈谈您家庭的情况好吗?"这种过渡性的功能性问题可以使谈话保持连贯与自然。

(3) 控制跑题。访谈中被访者有时会跑题,这时就需要调查者进行引导性提问,使他回到原来的主题上。在控制跑题时,切忌粗鲁地打断对方谈话,或者说"你跑题了"、"你没有按要求回答"之类的话,这会使调查对象感到难堪,从而产生抵触情绪。在这种情况下可以采取归纳法,即将调查对象谈的那些漫无边际的情况加以归纳说:"你刚才谈的是××问题,很好,现在请你再谈××问题。"以此把对方话题引过来。也可采用提要法,即从调查对象所谈的不着边际的材料中,选取出一两句跟正题有关的话进行提问,如:"你刚才谈的××问题,是怎么一回事?"第三种方式是以动作转换话题,当对方将话题扯远了,可给他递杯水,中断谈话,当谈话重新开始后,可提出新的问题请他回答,不知不觉改变话题。

(4) 对问题的追问。当调查者发现被访者对问题的回答不正确、不完整、前后矛盾或含糊不清时就要进行追问,以引导调查对象做更准确、更充分的回答。追问可以采取正面的方式,即对同一问题再进一步提问,请对方补充回答;也可以采用侧面的方式,即换一个角度或一个提法而追问相同的问题。追问特别是正面追问是一种比较尖锐的提问方式,有时容易引起被访者的尴尬甚至反感,因此最好不要用"这个问题你没说清楚"、"你说得前后矛盾"等负面的语言,而应当尽量采取中立的追问。中立的追问的方式包括:第一,复述问题,即调查者再次复述自己的提问,以确认被访者是否正确理解了自己的问题;第二,复述回答,即调查者复述一下被访者的回答,以让被访者确认调查者是否正确地理解了他的回答;第三,表示理解和关心。访谈者可表示自己已听到回答,从而激发被调查者继续谈下去;第四,停顿。若认为回答不完全,调查者可停顿不语,表示等待他继续谈完;第五,一个中立的问题或评估,例如:"你讲的这个是什么意思"或"你是否能给我再多讲一些"等。有时候为了不打断被访者思维的连贯性,可以先让交谈继续下去,然后在访谈的后期再就前面不清楚的内容进行追问。

(5)合适的发问与插话。访谈过程组织的好坏,取决于问题的好坏、提问的方式、提问时机的把握。访谈是双方的动态互动过程,不可能完全按照某种预定模式进行,调查员必须根据具体情况灵活处理,包括根据双方交谈的情况而提出一些没有预先设计的问题,并且要善于捕捉提问与插话的时机。例如,当调查员通过交谈发现了一些新的情况而需要对此进行更深入的了解时,就需要就此问题发问。当调查对象在谈完一段话停顿下来时,调查员可以抓住时机及时提出其新的问题。有时为鼓励调查对象,特别是那些不善于讲话的人,调查者要插几句鼓励或表示对刚才的谈话满意的话。当调查对象对其过去经验不能清楚地回忆时,可提一些补充问题帮助他回想。有时候调查员也可以通过插话去调节交谈的气氛,以消除被调查者的疲劳和紧张。

2. 表情与动作控制

访谈技巧也包括动作与表情的技巧。调查员恰如其分地采用一些动作和表情的技巧,可以使访谈更加有效地进行。

(1)动作技巧。访谈员可以通过自己的动作表达一定的意图和感情,从而达到对访谈过程的控制。例如前面所讲的,当调查对象跑题时,可以利用送水来中断他的谈话,然后就可抓住时机开始新话题。同时,调查者还应当是一个好的听众,应表现出对对方的回答感兴趣。如通过连连点头而表示"很对","同意";通过匆匆记录,说明对方讲的内容很重要,这些动作都意在鼓励对方谈下去。在访谈中调查员切忌边听边打哈欠,或目光游离、三心二意,甚至搞一些小动作,使对方产生反感,失去谈下去的兴趣。

(2)表情技巧。表情也是传达思想的一种重要方式,在访谈中,访谈员自始至终都要使自己的表情有礼貌、谦虚、诚恳、耐心。首先,在运用表情时要注意防止毫无表情。作为被访谈者,总是希望自己的话能受到对方的注意,如果他看到的始终是一张毫无表情的脸,他谈话的兴趣就会降低。表情过于严肃会使被访人产生一种紧张感,从而影响对问题的回答。其次,调查员要善于用表情来与被访者交流。当调查对象谈到挫折、不幸时,要有同情和惋惜的表情;谈到不平的事时,要有义愤的表示。而当调查对象谈到一些难于启口的隐私时,不要表示轻蔑和鄙视,要做出理解的表示。调查对象谈到成就时,要表示高兴等。最后,在调查过程中调查者要注意自己的目光。一方面,调查员的目光应主要集中在被调查者身上,而不能四处游离,否则会被认为是对被访者的回答不感兴趣。另一方面,调查者也不应该始终目不转睛地盯着对方,否则会使对方感到拘谨、紧张;相反,如果完全不看对方,只盯着自己的笔记本,也会使对方误以为他的谈话令人感到厌倦。

### 四、结束访谈

结束访谈是访谈的最后一个环节,也是一个比较重要的环节。访谈结束应掌握两个原则:第一,适可而止。即访谈时间不宜过长,一般不要超过2小时。第二,要把握住结束谈话的时机。例如,有时调查内容已经结束,但调查对象仍然很有兴趣地不断讲述其他的话题,这时调查员可以利用对方转换话题的时候乘机插话,就可能圆满结束访谈。有时双方都感到非常疲乏和厌倦,谈话难以进行下去了,这时应尽快结束谈话,为使材料完备,最好问调查对象:"我们忽略了什么没有"、"我们有什么地方没有谈到"或"你还愿意告诉我些什么"之类的问题以结束调查。最后都要对被访谈者表示感谢。

总之,访谈者在访谈过程中始终应该:

(1) 耐心细致,即使在亲密的态度之中也要采取理智的态度和对访谈过程清醒的把握。

(2) 不带某种权威的架子,即要以平等的态度访谈。

(3) 不要采取忠告或训诫式的态度。

(4) 不和对方进行争论。

(5) 发现下列情况就应进行交谈而停止提问:① 需要帮助对方说话;② 需要解除交谈对象的恐惧不安;③ 为了正确地把握对方的思考

和感情而鼓励对方;④ 错失谈话的机会或忘了所谈的问题,需要重新访谈等。

### 五、访谈记录与资料审核

认真做好访谈记录是访谈过程中的一个重要环节。记录的方式分为当场记录与事后记录两类。访谈的目的就是要获得资料,在访谈调查中,资料是由访谈者记录而来的。做好记录需要一些特殊的技巧,结构式访谈的记录比较简单,只需按规定的记录方式,把被访者的答案记录在事先设计好的表格、问卷上就可以了。但无结构式访谈的记录则要复杂得多。

1. 当场记录

当场记录是边访谈边记录,它需征得调查对象的允许。当场记录的优点是资料完整,不带偏见,但因为了记录完整,而埋头记录,则有可能失去由对方的表情、动作所表达出来的信息,而且可能由于为了详细记录而忘了要点,同时,由于紧张也容易产生错误。

如果调查对象许可录音,则既可获得最完整、详细的资料,又可使访谈摆脱于记录而专注于谈话。如果可能亦可两个访谈员访谈一人,一位谈一位记录。

2. 事后记录

事后记录是在访谈之后靠回忆进行记录,它可以不破坏调查者与被调查者的互动,同时也减少由于记录而对被调查者回答问题的影响。但人脑的记忆总是有限的,仅靠大脑记忆常常会失去许多信息。并且访谈者会由于自己的偏好而特别注意自己认为最重要的话,而忽略那些他认为不大重要的话。为此,调查者一方面要训练自己的记忆力;另一方面可采用一些技巧,如事先列好访谈时的问题顺序,依序访谈,访谈后再依序回忆。又如可拿一张纸,在桌上乱画,遇有重点,记下几个字在整理时可作为联想的线索等。

记录除调查对象的回答与陈述外,还应包括对他的居住条件、邻居情况的描述。此外,还应将访谈中观察到的现象与行动,听到的一些有意义的谚语俗语,以及重要的表情与姿势记录在案,并记上自己对被调查者语言能力,参与调查的态度、情感的评价等,也就是说,既包括听到的,又包括看到的,还有想到的。

3. 资料的审核

在一些访谈调查中,被调查者在向调查者反映情况时往往存在各种顾虑。在个别交谈中,他们可能不敢说话,甚至还可能说假话。这主要是因为他们担心调查资料或者调查人员会把他们所反映的真实情况传播出去,影响到自己的切身利益。在调查会上,有些人因为种种顾虑不愿当众讲心里话,发表与众不同的见解。有时由于一两位"权威人士"发了言,其他人就顺水推舟、随声附和,使调查被一两个人所左右。这些都会影响到调查资料的准确性。因此,在无结构访谈时要注意被调查者的态度。被调查者对调查人员越信任,调查资料的可靠性就会越高。还要注意,即使被调查者完全信任调查人员,所提供的资料也不一定完全真实。任何对客观事实的认识都会受到被调查者本人的主观理解的影响。有时被调查者不能充分理解问题的内容或用意,答非所问;有时被调查者受到情感和人际关系的影响而有所偏向;有时被调查者受到自己对事物认识能力的影响,导致提供的资料带有片面性或对事实进行过分渲染。这要求调查人员在谈话过程中慎思明辨,对被调查者的回答不能只录而不审;在访谈后还应该仔细考虑,搞清楚事实的真相。具体的方法是与其他被调查对象交谈,进行侧面核实,或者与其他调查材料进行比较核实。

## 第三节 访谈员的选择与训练

访谈调查员(常简称为"访谈员"或"访问员")是访谈调查过程的中心人物,研究结果在很大程度上取决于访谈调查员的个人品质、特征和能力。一个好的访谈员,不但所得资料丰富、可信,而且还可以从访谈中获得新思想、发现新问题,通过访谈获得对问题的更深的认识与理解;反之,就只能了解到一些表面的甚至不真实的社会现象。因此,利用访谈收集资料的任何研究都有一项任务:挑选和训练符合该项研究要求的访谈员。

## 一、访谈员的选择

一般地讲,应尽可能选择那些经过训练、有调查经验、对所调查的问题比较熟悉的人做访谈员,例如,经过大专院校社会调查方法课程专门训练的人员。实践证明,这样的访谈员能大大提高调查的质量。无结构式访谈对访谈员的质量要求更高,通常要求访谈调查员具备与所调查的题目有关的专业知识。在很多情况下是由研究项目的研究者本人直接从事此类访谈。一般说来,访谈调查员应当具备两个条件,一个是任何研究的访谈员都应具备的条件,另一个是由研究主题的性质、社区类型及调查对象的特点所规定的条件。前者称一般条件,后者称特殊条件。

1. 访谈调查员应具备的一般条件

在访谈调查中,访谈员一般应具备以下几方面的条件。

(1) 诚实与精确。这是访谈员必须具备的最基本的品质。诚实认真一方面表现在准确地遵守工作细则,另一方面表现在忠于访谈的事实,对于访谈资料的记录必须十分精确,不能敷衍了事。

(2) 兴趣与能力。如对访谈工作没有兴趣,就不可能把工作做好,特别是经过几次访谈后,调查工作会变得枯燥起来,若不是真对工作有兴趣,造成误差的机会就会增加,除对访谈工作的兴趣外,访谈员还必须具有一定的能力,主要是观察力、辨别力、表达能力及交往能力。

(3) 勤奋负责。实地访谈调查是一件极其辛苦的工作,需要克服各种困难去完成任务。例如,受访谈对象的冷淡、拒绝等。若无责任心,不能吃苦耐劳,往往很难完成访谈任务。这个条件是对访谈员相当重要的要求。

(4) 谦虚耐心。访谈员抱着虚心求教,亲近对方的态度,被访者才能知无不言、言无不尽。要善于耐心听完被访者的话,并能耐心讲解问题,即使碰到无理对待亦要耐心,否则很容易造成关系紧张,甚至发生争吵,导致访谈失败。

2. 访谈调查员应具备的特殊条件

除了一般的条件之外,对于不同的访谈调查,对访谈员也有一些特

### 第三节 访谈员的选择与训练

殊的要求。

(1) 性别。尽管男性和女性都适合做访谈员,但研究表明,在有些比较特殊的访谈调查中,特意安排男性或女性调查员,有时候会有更好的调查效果。例如,在一些需要深入了解女性个人或家庭生活的访谈调查中,女性访谈员有时会有更好的效果。

(2) 年龄。从事访谈员工作的一般以年轻人为多。尤其是在一些以青年人为对象的访谈项目中,年轻一些的访谈员效果会较好。但对于职位较高或影响力较大的领导人进行较深入的访谈调查时,年龄较大、阅历较丰富的访谈员有时会有更好的访谈效果。

(3) 教育。研究表明,受教育水平高的访谈员在访谈调查中的效果也更好。受教育水平高的人在访谈过程中往往能够更好地运用各种访谈技巧,并且对被访谈者的反应也更加灵敏。因此在研究复杂问题的时候一般需要受教育程度较高、工作和生活经验较多的访谈员。

(4) 语言与社会背景。我国地域广大,民族众多,各地区风俗习惯、语言等差异极大,并且城乡间的社会状况及生活方式也有很大的差异。因此在选择访谈员时要充分考虑这点,尽量选择当地的、同民族的人和其他熟悉当地语言及社会状况的人作为访谈员。总之,访谈者与被访谈者社会及生活背景越相近(如职业、居住地区、民族),访谈效果越好,特别是对于那些敏感性的问题,如民族、宗教等问题。为减少回答的误差,最好的办法就是使用一个与被访者特征大致相同的访谈员。

## 二、访谈员的训练

### 1. 访谈员的培训

在访谈调查开始之前,一般需要对访谈员进行培训,以提高他们的访谈技巧和能力。对于大规模的结构式访谈调查,训练访谈员的意义还在于要通过对访谈员的培训来保证访谈过程的标准化。因为大规模的结构式访谈需要的访谈员数量一般较多,他们在对问卷的理解,对访谈中出现问题的处理以及对答案的记录方法上均难免存在差别,需要通过训练来达到统一,以消除或降低误差对调查结果的严重影响。下面主要介绍结构式访谈调查中访谈员的训练方法和一般步骤。

(1) 研究指导者进行简要介绍,介绍包括该项研究的目的、意义、整个调查的范围,调查对象的数量及每人的工作量,调查的步骤和每阶段所需时间,共需工作多久,等等。

(2) 阅读问卷、调查员手册或访谈指南及其他与该项研究有关的材料。先由访谈员认真阅读,然后由访谈调查的指导者逐条对上述文件进行讲解和提示,使访谈员明确每个项目内容,回答类别及如何记录回答,明确访谈中每一步工作及其对他们的要求。对于访谈员提出的问题,指导者要一一给予回答,并与访谈员一起对问卷的条款进行讨论。

(3) 举行模拟访谈,可在访谈员之间一对一互相访谈,也可找个试验点,使每个访谈员实际操作一遍。指导者应从旁观察与协助,并严格检查访谈结果。模拟访谈的目的是:一方面,使访谈员熟悉访谈内容、演练访谈技巧,发现和解决在实际访谈中可能出现的问题;另一方面,让指导者通过每个访谈员的模拟访谈的结果去发现他们在访谈中存在的问题,并加以纠正。

(4) 集体讨论,结合模拟访谈,全体访谈员与访谈指导者一起再次逐一复习和讨论所有问题,将每一疑问加以解决,并指出今后工作中应注意的问题。

(5) 建立监督管理办法,包括将访谈范围和访谈对象进行分配,建立相互联络和互相帮助的方式,制定出每天工作进展、资料可靠度以及纪律要求、访谈备要及工作日记的记法与要求。备要记载有关访谈的要求和技巧等,如找哪些被访人?如何对待不同的问题与人物?日记则记录当天的活动,包括生活、思考、新问题、访谈心得、挫折及特殊事件等。

2. 访谈员调查守则

在访谈调查中,访谈员的态度至关重要。在访谈过程中,访谈员要注意把握好自己的角色,遵守调查守则。对于大多数的访谈来说,有一些具有普适性、一般性的指导原则。

(1) 外观与举止得体。一般来说,访谈员的穿着首先应该整洁、得体。要根据调查对象和场景的特点来选择着装风格,一般不宜穿着过于华贵和过于随便的服装。在举止上,访谈员应表现出神情愉悦,要对被访者保持轻松与友好的态度,但也不宜太随便或是过分热情。

(2) 熟悉调查的问卷。在问卷调查中访谈员必须非常熟悉问卷,包括熟悉问卷中的所有问题的内容、提问方式,关于问卷的说明以及对被访者回答问题的要求等。为此,访谈员在进行正式访谈工作之前,必须首先逐条详细阅读问卷,最好能预先熟记问卷及其说明中的所有内容,以便在调查时不用照着问卷念问题,同时也能准确地提问,并且当遇到特殊情况时,不用在现场再去翻阅问卷说明中的相关规定。

(3) 严格遵循问卷的要求提问。访谈员要严格按照访谈问卷的问题进行访谈,切忌自作主张擅改问题。因为问题措辞上的些微改变,就有可能改变问题的含义,有时还会误导被调查者。

(4) 如实记录被访者的回答。在开放式的访谈中,访谈员要逐字逐句、确切无误地记录被调查者的回答,切忌用自己的措辞来记录被调查者的回答,也不要自己去总结、解释或修改被调查者口头表达时的粗糙语法。在录音的访谈中,在整理录音时也首先要逐字逐句地将录音中的内容整理出来,以供研究者分析。如果被调查者因口齿不清使得口头上的回答太含糊,访谈员可以根据被调查者的动作或语调去判断其回答的内容。但仍然应该先准确记录被调查者的口语答案,同时在其一旁加一些注释,说明访谈员的解释及其理由。访谈员在如实记录被访者口头回答的同时,还可以使用注释来解释被调查者口头语言之外的一些信息,例如,被调查者回答时明显的迟疑、愤怒和困窘等。

(5) 认真保管和及时上交调查资料,并且严格为被调查者保密。在做完一个访谈以后,调查者应该认真地保管好已填写的问卷及访谈记录等调查资料,并且应该按规定及时上交调查资料,以避免因保管不当而导致的毁损或丢失。

(6) 依法行事和遵守伦理规范。调查员在调查过程中必须严格依法行事,并遵守相应的道德规范,不得以违法或不道德的方式去从事调查工作。例如,在没有得到政府有关部门授权的情况下,调查员不得私自去询问涉及国家机密的问题;不得以欺骗或其他不道德的方式去获得有关被调查者的个人隐私;同时,调查员必须依法严格为被调查者保密,不得向任何其他无关的个人和组织泄露被调查者的情况。在未得到研究项目负责人同意的情况下,在自己公开发表的研究成果中也不得擅自使用被调查者的资料。

## 第四节 小组访谈法

小组访谈法,也叫集体座谈法,它是访谈法的延伸和扩展。而"头脑风暴法"和"德尔菲法",从一定意义上说,都是小组访谈法在现代条件下的进一步丰富和发展。

### 一、小组访谈法的概念和种类

1. 小组访谈法的概念

小组访谈法,就是调查者邀请若干被调查者,通过小组座谈的方式了解社会情况或研究社会问题的方法。小组访谈法,实质上是访谈法的一种扩展形式。小组访谈法同个案访谈法一样,都是进行直接的口头调查。小组访谈法的特点在于,它所访谈的不是单个的被调查者,而是同时访谈若干被调查者。因此,小组访谈过程不仅是调查者与被调查者之间互相影响、互相作用的过程,而且是若干个被调查者之间互相影响、互相作用的过程。要取得集体访谈的成功,调查者不仅要有熟练的访谈技巧,而且要有驾驭调查会议的能力。这说明,小组访谈法是比访谈法更高一个层次的调查方法,也是一种更难掌握的调查方法。

小组访谈一般都有特定的内容,都会围绕着某个专门的题目而展开。因此,这类调查方法被称为"专题小组访谈"或"焦点小组访谈"(focus group)。调查者常常组织具有相同或相似背景及经历的人组成一个专题小组,以便使讨论的内容和话题更加集中,从而获得更多的信息。并且,具有相同经历的人在一起讨论可以相互支持、相互启发,可以促使被调查者更深入地发掘平时藏在内心里的情况。例如,在研究外来民工问题时,可以将邀请的若干外来民工组成一个专题小组,让他们共同讨论"外来民工在城市里生活所遇到的困难"。采用这种方式,参加讨论的人通过相互支持和启发,往往可以说出平时没想到或不便说的情况和想法，因此可以使调查者获得更加深入和广泛的研究信息。

2. 小组访谈法的种类

小组访谈法，按照不同的标准可以作不同的分类。

（1）按照调查的主要目的来区分，大体上可分为两类：一类是以了解情况为主的小组访谈；另一类是以研究问题为主的小组访谈。这两类小组访谈，在访谈的规模、调查对象的选择等方面，都有许多不同的特点。

（2）按照会议的形式也可将小组访谈法分为两类：一类是互相讨论式的小组访谈，即与会者互相研讨和争论，既可互相补充，又可互相反驳。另一类是各抒己见式的小组访谈，即与会者充分发表自己的意见，但一般不批评别人的意见，所谓的"头脑风暴法"就属于这种类型。

## 二、小组访谈的实施

小组访谈法，是比个体访谈法更为复杂的一种调查方法。因此，要取得小组访谈的成功，必须认真做好访谈前的准备工作，必须对访谈过程进行正确的指导和有效的控制，还必须及时做好访谈后的各项工作。

1. 小组访谈前的准备

用小组访谈法进行调查，参加人员较多，访谈时间有限，因此，一定要认真做好访谈前的各项准备工作。准备工作主要有以下一些方面：

（1）明确访谈的主题。小组访谈的主题要简明和集中。如果访谈的主题含混不清，被调查者就会很难发表意见，或者发表的意见偏离调查主题。同时，一次调查的内容不宜过多，否则被调查者很难集中讨论有关的问题。如果确实需要一次讨论若干问题，最好将各个问题分段讨论。此外，小组访谈的主题应该是与会者共同关心和了解的问题。凡是只有个别人关心和了解的问题以及通过个别交谈就能解决的问题都不宜作为小组访谈的主题。

（2）准备调查纲目。小组访谈前，调查者应认真考虑会议的具体内容，拟出详细的调查纲目，并按照调查纲目的要求来具体指导访谈。如果调查者自己对调查的内容心中无数，全靠到小组访谈会上临时考虑、临时提问，就很难取得好的调查效果。拟定具体的调查纲目，是做好小组访谈的必有条件。

（3）确定访谈规模。小组访谈参加者的人数规模应当适宜。因为每次访谈的时间有限,人多了就难以使每个与会者有充分发言的机会。人数太少又难以收到集思广益的效果。从实践上看,小组访谈多以5~7人为一组。在具体设计小组访谈的规模时还要取决于调查内容的客观需要和调查者驾驭访谈的能力。一般地说,以了解情况为主的小组访谈,访谈规模可适当大一些;以研讨问题为主的小组访谈,访谈规模应适当小一些。调查者驾驭访谈的能力较强,参加小组访谈的人数就可多一些;反之,就应该少一些。

（4）物色访谈对象。正确物色到访谈对象,是做好小组访谈的基础。一般地说,访谈对象应该是具有某种代表性的人、了解情况的人、敢于发表意见的人、互相信任的人。更具体看,以了解情况为主的小组访谈,要特别物色那些与调查内容直接相关的当事人、主管人和知情人参加访谈会;以研究问题为主的小组访谈,则应着重物色那些对调查课题有实践经验的人、有理论修养的人、有独特见解的人、能发表自己观点的人参加会议。在确定到会人员之后,应尽可能先征得被邀请者同意,然后再正式发出邀请,并应争取在会前将访谈的具体内容、要求和到会人员的名单告诉全体到会人员,以便他们做好参加会议的思想准备和材料准备。

（5）选好访谈的场所和时间。访谈的地点应该比较适当、方便,应该有一个比较安静的环境。访谈的时间应该比较充裕,但也不宜过长。正确选择访谈的场所和时间,是做好小组访谈的一个不可缺少的条件。

2. 访谈过程的指导和控制

小组访谈的主持人对小组访谈过程的正确指导和有效控制,是做好小组访谈的关键因素。实践证明,对小组访谈过程的指导和控制,要特别注意以下几个问题。

（1）打破短暂的沉默。小组访谈一开始,往往会出现一个短暂的沉默期。其原因或者是被调查者对访谈不摸底,或者是相互之间不熟悉,因而不愿冒失地"打头炮"。为了打破短暂的沉默,访谈一开始,主持人就应扼要说明小组访谈的目的、意义、内容和要求,并对与会人员的基本情况做些简要的介绍。如果会前能物色好带头的发言人,那么在自己讲完后就可请他率先发言,这样就能缩短乃至消除访谈开始后的短暂沉默。

(2)创造良好的访谈气氛。为了创造良好的访谈气氛,主持人在访谈初期和访谈过程中可以做一些简短的插话或解释,以消除被调查者中可能存在的种种疑虑,鼓励他们大胆地发表自己的意见;有时可引导被调查者互相补充、互相启发、互相对话、互相争论,努力为小组访谈创造一种互相信任的气氛,友好合作的气氛,生动活泼的气氛。

(3)开展民主、平等的讨论。有时候小组访谈会形成少数人垄断发言,多数人"开陪会"的局面,有时候又可能出现多数人发言倾向"一边倒",而使少数人的意见无法充分发表,这都不利于开展深入地讨论。要进行深入的讨论式调查,主持人不仅要善于发现问题、提出问题,善于组织不同观点之间的讨论,而且必须坚持民主、平等的原则。在讨论过程中,主持人要鼓励每一个与会者畅所欲言,要平等地对待每一个发言者,不可过分恭维某些发言人,给他们种种发言的特权,而忽视其他人。要特别注意保护少数人,充分尊重少数人的发言权利和意见,尽可能减少他们的孤立感和压抑感。

(4)把握访谈的主题。许多小组访谈一旦开展了热烈的讨论,就漫无边际,甚至离题太远。这时,小组访谈的主持人应紧紧把握访谈的主题,或者是因势利导,把与会者的兴奋中心引向访谈的主题,或者是另辟蹊径,围绕调查主题提出新的问题,形成新的议论中心。总之,要及时引导和控制访谈的方向,使它始终围着调查主题展开讨论。

(5)做一个谦逊、客观的主持人。在小组讨论中主持人应保持谦逊、客观的态度。主持人要注意说话简短,切忌作长篇大论的演讲;要认真听取发言人反映的各种情况和意见,不宜随意表示肯定或否定的态度;要客观地对待与会者之间的争论,一般不应按照自己的观点去偏袒某一方。只有这样,才能使被调查者有充分发言的机会,才能避免对发言人的倾向产生人为的影响,才能鼓励被调查者充分发表个人意见,并在各种不同的观点之间展开平等的讨论。

(6)做好被调查者之间的协调工作。在小组访谈中,被调查者之间可能会由于地位差异、思维方式的不同或者一些人的固执己见等原因而产生一些矛盾或分歧,并可能由于互不信任、互相戒备而无法进行真诚坦率的讨论等等。在出现这些情况时,小组访谈的主持人应妥善做好引导和协调工作,以保证小组访谈的顺利进行。如果发现被调查者之间因意见冲突太大或不信任等原因而无法正常讨论时,则应采取恰当的方式及时结束访谈。

(7)应当场做好访谈记录。小组访谈可以录音或派专人做记录,但主持人自己最好也做笔记。这是因为,主持人在听取发言时,做记录或不做记录,快记或慢记,详记或略记,边听边记或边问边记,给被调查者的信息是不一样的。做记录有时可以作为指导和控制访谈的一种有效工具,它有时能起到语言信息所不能起到的重要作用。

3. 做好访谈后的工作

每次小组访谈的时间都是有限的。为了在有限的时间内,最大限度地了解情况和听取意见,许多问题来不及处理。因此,每次小组访谈后都应及时做好各项遗留工作。

(1)及时整理访谈记录。检查记录是否完整、准确,调查的情况是否真实、可靠,反映的意见是否全面、具有代表性,还有哪些遗漏或错误之处需要补充或更正。

(2)回顾和研究访谈的情况。反思访谈的进程是否正常,分析一下每个与会者的态度和表现,并对调查的结果做出适当的评价,发现其中的疑点和尚需深入探讨的问题。

(3)进一步查证事实。小组访谈会上提供的口头信息有时不具体、不精确,有时还会出现一些前后矛盾。因此,会后对一些关键事实和重要数据,都应进一步查证落实,力求使调查材料更真实、更具体和更完整。

(4)作必要的补充调查。凡是小组访谈会上遗漏了的问题,搞错了的事实和数据,发现了的新情况、新问题、新线索,都应进行补充调查。特别是小组访谈会上那些有顾虑的人,没有讲话或没有讲完话的人,以及那些接受了邀请但没有出席访谈的人,应该邀请而没有邀请的人,都应成为补充调查的重点。

### 三、小组访谈法的优缺点

小组访谈法是扩大了的访谈调查,因此它具有一般访谈法的优点和缺点,同时还有一些自己的优点和缺点。

1. 小组访谈法的优点

(1) 了解情况快,效率高。小组访谈法与访谈法相比,它的突出优点是了解情况快,效率高。这是因为在小组访谈中,每次访谈的不是一个被调查者,而是若干个被调查者,这样就能节省人力、节省时间,就能较快地掌握一些社会基本情况。

(2) 可以通过被调查者之间的相互交流而获得更多的信息。小组访谈法中被调查者之间有横向的交流,因此可以通过相互启发而达到对问题更深入的思考,并回忆出更多的情况。同时,小组访谈参加的人员多,提供的信息广,而且还可以互相补充、互相核对、互相修正。因此通过小组访谈,可以了解到比较广泛、真实的社会情况。

(3) 小组访谈法有利于把调查与研究结合起来,把认识问题与探索解决问题的办法结合起来。在小组访谈过程中,调查者不仅可以向被调查者了解客观情况,而且可以集思广益,通过与会人员之间的讨论而更加深入地探寻导致某种社会问题的根源以及解决社会问题的途径和方法。

2. 小组访谈法的缺点

(1) 易受被访者心理因素和环境因素的影响。与个别访谈法相比,小组访谈的最大缺点是难以排除被调查者受一些心理和环境因素的影响。一些被调查者可能不善于在公开场合深入地谈论自己的观点;一些职位较高、权威较大、能说会道的人则往往垄断会场,他们的意见有时会左右整个访谈的倾向以至影响调查的结论。有些人有时可能在崇拜权威或从众心理的驱使下说些违心的话。这样,调查结论就往往难以全面反映真实的客观情况。

(2) 保密性差。小组访谈法的另一个缺点是保密性差,因而导致一些具有敏感性、保密性和隐私性等特点的问题不宜于在小组访谈上交谈。

(3)比较费时。小组访谈法占用被调查者较多的时间,而每个被调查者发言的时间常常又很有限,并因此而很难进行深入、细致的交谈。

鉴于以上缺点,小组访谈只有与其他调查方法配合使用,才能取得更好的调查效果。

# 第九章 观 察 法

人们在日常生活中每天都在观察着周围发生的各种事情,并通过观察而获得各种信息,进而理解自身的生活和外部的世界。在科学研究中,观察法是一种古老的研究方法,古代的科学家们就运用观察法了解我们周围的自然界,乃至了解地球以外的天体运行。在当代社会研究中,观察法这种古老的科学研究方法仍然发挥着重要的作用,社会研究者们广泛地用它去收集各种研究资料。与人们日常生活中的观察行为所不同的是,在社会研究中的观察法是在一定的理论指导下进行的,并且具有严格的规则和程序。同时,与自然科学的观察所不同的是,在社会研究中研究者观察的对象是人的行为,因此具有其独特的复杂性。

## 第一节 观察法概述

### 一、观察法的概念和特征

1. 观察法的概念

观察是科学研究的最基本的方法之一,无论自然科学还是社会科学都是如此。英国社会学家 C. A. 摩瑟说"观察可称为科学研究的第一等方法"①。根据《辞海》的解释,观察是"有计划、有目的地用感官来考察事物或现象的方法,是对某个对象、某个现象或事物有计划的知觉过程"②。社会科学研究中的观察法就是研究者根据研究课题的需

---

① C. A. Moser (1965) Survey Methods in Social Investigation. London:Heinemann. p.55. 转引自:杨国枢等.社会及行为科学研究法.台北:台湾东华书局,1989.131

② 夏征农.辞海.上海:上海辞书出版社,1999.606

要,利用眼睛、耳朵等感觉器官和其他辅助观察设备,有目的地对研究对象进行考察,以取得研究所需要的第一手资料的一种方法。

2. 观察法的特征

观察具有二重性,它既是日常生活中人们感知周围世界、认识客观事物的最基本的途径,也是科学研究中研究者探究研究对象,从研究对象那里获取研究所需原始资料的重要手段,为了区别,将前者称为日常观察,将后者称为科学观察。社会研究中的观察法就是一种科学的观察。日常观察是我们日常生活中随时随地都在进行的:比如早晨出门时,我们通过观察了解天气情况;乘坐公共汽车时,我们通过观察来判断上车乘客秩序如何,看车上有没有空座,有没有熟人一同乘车;再如,假日到公园去游览,我们也一定会对公园中的花草树木、亭台楼榭、行人游客加以注意和观察等。这些观察有的是出于有意或比较有系统的,有的则是完全无意识的或无系统的观察。而科学的观察则是只有在科学研究中才出现的有意识的、系统的收集研究所需原始资料的活动。与日常观察相比,科学观察一般具有如下特征:① 在观察之前先具有一定的研究目的或假设,然后根据研究需要有目的地通过观察获取资料;② 需要有系统的观察设计;③ 有系统完整的记录;④ 观察过程应避免主观和偏见;⑤ 观察的过程和获得的资料可以重复查证。①

许多社会科学家经常对观察法有一种不正确的看法,认为观察研究的结果不适于量化,这其实是一种历史的偏见。观察法最常被人类学家用来研究原始部落或小型村落,它们相对来说比较单纯,不必用太多的量化材料来描述,一个典型的个案经常可以代表一般趋势,所以人类学家较少采用数字表达方式,以致使人们产生一种印象,认为观察研究是不能量化的。其实有很多观察研究都是严格的量化研究(参见本章第二节中实验室观察和结构式观察等有关内容)。此外,有些人还认为观察法只适用于做探索性研究,或做其他研究方法的补充,因而显得不那么重要。这也是一种不正确的看法。虽然观察研究经常被用于

---

① 杨国枢.社会及行为科学研究法.台北:台湾东华书局,1989.132

探索性的初始研究,或作为其他研究方法的补充以获得更充足的资料,但并不能因此就认为它是一种不重要的方法。人类学的研究表明社会科学家仅用观察法完全可能做出有重大意义的研究成果。

### 二、观察法的优缺点

1. 观察法的优点

与其他获取资料的研究方法相比,作为科学研究最基本的方法之一的观察法具有三大优点:

第一,观察法可以实时地观察到社会现象或行为的发生。实地现场观察不仅可以把握事物的全貌,而且可以注意到现象或者行为发生的情景和氛围,所取得的资料更加生动形象,能反映事物的本来面目。无意识的观察可能受现场环境的影响,目击者只注意他所感兴趣的事物的局部和片断,而靠目击者的回忆来获取资料将更加不完整,要获取完整的资料只能靠当场的有目的的系统观察。

第二,能够得到不能直接进行访问调查或不便于进行访问调查的对象的资料。比如,婴儿、精神异常者的行为就不能通过访问调查所得到。有关这些特殊对象的研究,大部分的研究资料都需要依靠科学的观察才能得到。另外,有些对象虽能接受访问,但对某些问题却不想回答,或对调查者怀有敌意,或被研究者没有时间而不便谈话,对于他们的调查都可以采用观察法来使研究者获得很多有益的资料。

第三,通过一些特殊的设备(如单面透视镜)或特殊的方式(如观察者也是被观察者中的一员),观察者可以在不干扰被观察者的情况下,获取最真实的资料,这是其他方法都不能做到的。但是在这样做的时候,研究者必须面对研究中的道德问题,即这种做法在道德上是否被允许,在什么条件下才可以这样做。

2. 观察法的缺点

观察法也有其自身无法克服的缺点。这些缺点常常是和他的优点相对应的。

第一,观察法可获取最生动真实的资料,但真正碰到要观察的事件有时候是可遇而不可求的。研究者往往不能期望在他们研究集群行为时正好就出现大规模的群众游行事件。研究者常常在事件发生之后才得到事件发生的消息,要研究这个事件只能靠访问当事人或目击者才能办到。

第二,人类社会中有许多现象是不适宜或不可能直接观察的,特别是涉及人的隐私行为,如夫妻间的吵架或亲密行为。

第三,研究事物或现象在长时间内发展变化的历程或趋势,观察法具有很大的局限性。观察者无法通过跟踪一个人的生活来研究他的成长史,也无法亲身经历一种文化去研究其在历史中的变迁。

第四,当意识到有观察者在场时很可能会改变被观察者的行为,使其表现与没有观察者在场时有所不同,因此研究者由观察所得到的资料可能会在一定程度上被扭曲。

另外,由于人的行为是高度复杂的,相同的行为背后可能隐含着不同的价值、意义或心理活动,这些价值、意义或心理活动往往难以仅凭外部的观察去认识。因此,作为研究者应尽量突破观察法的局限,在最大限度上发挥观察法的优势。

## 第二节 观察法的基本类型

### 一、实验室观察和实地观察

根据观察场所和对观察的情景与条件的控制程度的不同,观察法可分为实验室观察和实地观察。

1. 试验室观察

实验室观察是在实验室中进行的,在对观察的情景与条件进行严格控制的前提下,对研究对象进行观察并记录观察结果的一种研究方法。进行观察的实验室通常是具有单向透镜、摄像机、录音机等设备的试验专用场所,但有时"实验室"也可以是某些自然场所,如教室、会议室、活动室等,或者甚至是某些开放的场所,如广场、公园、马路边上等。要在自然的场所进行试验室观察,事先必须对该场所进行一定程度的控制,如预先设置某些观察工具,对干扰变量进行控制,对实验变量进行操纵,并设计好观察的程序和内容,使其尽可能符合试验的条件。

　　试验室观察的一个很好的例子,是著名的社会心理学家班杜拉等人进行的有关模仿学习的研究。试验者把一些小孩子领到实验室里学做各种图样,接着又让一个成年人到实验室里来。实验分两组,其中一组孩子看到成年人静静地在做自己的事情,大约10分钟;另一组孩子看到的是成年人用铁锤狠狠的敲击一个橡皮人,并把橡皮人抓起来摔打,嘴里还不停地喊"打"、"打",时间也大约10分钟。然后,小孩子们被带到另一个房间,让他们玩非常有趣的玩具,正当他们玩得兴高采烈的时候,实验者进来把玩具拿走(给小孩制造挫折),并从单面镜后观察并记录小孩子在20分钟内的行为,小孩子周围有橡皮人、铁锤以及其他东西。结果发现,亲眼目睹成年人攻击橡皮人的小孩比看到一个温和安详的成年人的孩子表现出更多的侵犯行为,他们对橡皮人拳打脚踢,并伴随着怒骂声。这个实验室观察研究证明了观察学习对人们行为的影响。[1]

　　从以上事例可以看出,实验室观察兼具观察法和实验法的优点:由于观察在实验室中进行,并对观察的情景与条件进行严格的控制和操纵,实验室观察具有科学研究所要求的精确、客观和可重复验证性,可以用来研究和发现事物之间的因果关系;由于用观察的方法收集资料,所以可以用来收集研究对象的自然发生的行为的最真实、完整、全面的资料。当然,实验室观察也同时具有观察法和实验法的缺点和局限:很多社会现象和人类行为,如集群行为或隐私行为,不可能通过操纵在实验室中发生,而很多可以在实验室中观察的社会现象和人类行为,由于实验情景要对干扰变量进行严格的控制,并对实验对象进行人为的操纵,难免会在一定程度上失去人类生活的现实性,造成在实验室观察中得到的原则不能够直接推论到实验室以外去解释现实生活的社会现象。

　　2. 实地观察

---

[1]　全国13所院校《社会心理学》编写组编. 社会心理学. 第2版. 天津:南开大学出版社,1995.251

实地观察是在自然环境中进行的,对在自然状态下的研究对象进行观察并收集资料的方法。除了地点和场景的不同之外,实地观察和实验室观察的差异更主要地表现在,实地观察不对观察的场所和对象进行控制和操纵,而是深入到现实生活中对实际发生的社会现象进行观察。

实地观察是人类学家偏爱并经常使用的一种研究方法,以前主要用于研究原始社区和少数民族群体。近年来,人类学家和社会学家也将这种方法运用到对现代社会的某些社区或特定群体的研究。美国著名的社会学家戈夫曼曾作为一名观察者在一家精神病院里呆了好几个月,通过实地观察,对精神病院机构如何有计划地使病人丧失个性,甚至加重他们的病情做出了详尽的说明。

与实验室观察相比,实地观察研究的优点是,具有更大的弹性,可以随时根据需要修正研究设计,因此,更能够接近生活的真实性,更能够对社会现象进行深入的考察,特别适合于对行为和态度的细微差异和长时间的社会过程进行研究。

实地观察的缺点在于,在自然状态下观察者难以控制和影响被观察者的行为和事件的发展,因此常常无法观察到与研究有关的行为和事件。例如,要通过对群众集会的观察来研究领袖任务与群体行为的关系。但研究者不能像在实验室里那样安排或模拟领袖人物的出现,因此,如果真正的领袖人物没有在现场出现,或者没有足够表现的话,那此次观察研究就可能失败。另外,实地观察通常是比较个人化的,容易受研究者个人倾向的影响,研究结果的可重复验证性也较差。

## 二、参与观察与非参与观察

根据观察者在观察过程中所扮演的角色——或者说观察者与被观察者的关系,观察法可分为参与观察和非参与观察。

1. 参与观察

参与观察指观察者参与到被观察者的活动或团体之内,作为被观察者中的一员来进行观察,又称局内观察。在参与观察中,如果其他被观察者知道他们当中有参与观察者的角色,并知道他们的行为正在被观察和记录,就是公开的参与观察;如果被观察者不知道他们当中有参与观察者,并且不知道他们的行为正在被观察和记录,就是隐蔽的参与观察。显然,隐蔽的参与观察更容易获得关于被观察者的真实资料。但是,一方面,真正隐蔽不容易做到,另一方面,隐蔽观察还会涉及研究的伦理问题,所以隐蔽的参与观察并非总是最好的选择。参与观察一般是非结构式观察(参见非结构式观察的相关内容),是实地研究(与实验室研究相对应)的一种主要方法。参与观察通常不是在对研究主题已经有了很多认识,并且已经设计好了测量工具以后才开始,而是经常在参与观察的过程中逐渐形成对观察对象的认识。在这个过程中,研究者要透过研究对象的"眼光"来看他们自身的世界,以此来获得对研究对象及其文化的认识。

参与观察是人类学家研究原始部落文化时最常用的一种方法。例如,用参与观察所进行的最著名的研究就是英国人类学家马林诺夫斯基在太平洋新几内亚附近的特洛布里恩群岛上对当地土著民的研究,1914—1920年,他前后两次对岛上的原始人部落进行了长达6年的实地考察,在此基础上,写出了人类学名著《西太平洋上的航海者》、《野蛮人社会中的犯罪和习俗》、《科学、巫术与宗教》等。[①] 他生活在土著人中间,与当地人一同吃住,说土著居民的语言,参与他们的宗教仪式和各种日常活动,在此过程中,以敏锐而客观的眼光观察当地人的风俗习惯和行为模式,获得了大量的关于土著人生活的第一手资料。通过分析这些资料,他提出了社会人类学发展过程中具有重大意义的理论见解,其中包括关于性与婚姻家庭生活、原始法规与习俗、巫术与宗教等主题的精辟的分析。

与其他研究方法相比,参与观察的优点是,受研究者先入之见的影响较小,能够获得关于研究对象的最丰富的、最真实的资料。因为观察者深入实地、完全参与到被观察者的实际生活中,所以能够直接地、真切地观察到被观察者的言行举止,体察到他们的思想感情和行为动机,

---

① 雷洁琼.中国大百科全书·社会学.北京:中国大百科全书出版社,1991.187

更能够设身处地地理解被观察者的行为及其背后的意义。参与观察的缺点在于,它在很大程度上依赖于观察者的敏感性、领悟能力和技巧,在参与观察的过程中,观察者的主观作用和影响很大,很难有比较客观的评价标准,再加上参与观察一般不具有固定的程序和标准化的观察项目,研究很难重复,由此获得的资料往往缺乏必要的信度。另外,在参与观察中,由于观察者的参与,特别是知道自己正在被观察时,被观察者往往会表现出与通常情况下不一样的行为,从而影响资料的真实性。

2. 非参与观察

非参与观察是指观察者置身于被观察活动或团体之外,以局外人的身份对研究对象的活动和表现进行的观察,又称为局外观察。最理想的非参与观察是观察者隐蔽起来观察,使被观察者一点也意识不到正在被观察。非参与观察常被用来研究儿童的行为,或用于研究公共场合及公众闲暇活动中人们的行为。实验室观察是典型的非参与观察,在实地研究中也有一些是以非参与观察的形式进行的。非参与观察可以是结构式的也可以是非结构式的(参见结构式观察与非结构式观察的相关内容)。

以非参与观察进行研究的一个例子是在20世纪70年代,美国的反淫秽书刊委员会抽样选取一些城市的"成人"书店作为观察点,在书店的外面设置隐蔽的观察点,对进入书店的每一个顾客的特征,包括性别、年龄、社会阶层、婚姻状况等进行观察记录,掌握了经常光顾出售淫秽书刊的书店的人的特征,为制定相关对策提供了依据。

非参与观察克服了参与观察中观察者的参与对被观察者的干扰作用,保证了研究结果的客观性、真实性。其缺点是对研究对象的活动缺乏有效的参与,只能获取表面的资料,不能获取关于研究对象的丰富的深层次的信息。

### 三、结构式观察与非结构式观察

根据观察过程的控制程度和观察内容的标准化程度,观察法可分为结构式观察和非结构式观察。

## 第二节 观察法的基本类型

1. 结构式观察

结构式观察是指严格地界定研究问题和观察的项目,依照一定的顺序进行观察,并采取标准化的工具进行记录的观察。结构式观察常将注意力集中到若干具体的、明确的、可以量化的特征上,其观察记录表格类似于问卷调查的问卷,因此与问卷法一样可以对获取的资料进行量化处理和分析。结构式观察一般是以非参与的方式进行的非参与观察。

采用结构式观察所进行的比较著名的研究是美国哈佛大学的社会学家贝尔斯对小团体内部互动过程的观察分析。为了观察团体内成员互动的情况,进行团体互动历程分析(interaction process analysis,简称IPA),贝尔斯设计了12项"团体互动类别":[1]

(1) 显示团结,提高他人地位、提供协助、报酬。
(2) 显示紧张解除,戏谑,欣然,表示满足。
(3) 赞同,显示消极的接纳,谅解,同意,顺从。
(4) 提供建议,指示,包括给他人以自主。
(5) 提供意见,评价,分析,表达感情、愿望。
(6) 提供方向,资料,重述,理清,证明。
(7) 探寻方向,资料,重复,确认。
(8) 探寻意见,评价,分析,感情的表达。
(9) 探寻建议、方向、可能行动的方式。
(10) 反对,显示消极拒绝,拘泥形式,拒绝援助。
(11) 显示紧张,要求援助,从现场退缩。
(12) 显示对立,抑压他人的地位,保卫或维护自己。

按照反应类型和情绪倾向,这12个互动类别又分别属于四个大的互动范围和三种情绪倾向:A类包括(1)、(2)、(3)三种互动类别,是肯定反应,属于正面社会情绪范围;B类包括(4)、(5)、(6)三种互动类别,是尝试回答;C类包括(7)、(8)、(9)三种互动类别,是提出问题;B

---

[1] R. F. Bales (1950) *Interaction Process of Analysis*. Cambridge: Addison-Wesley. p360. 转引自:杨国枢等.社会及行为科学研究法.台北:台湾东华书局,1989.150

类、C类都属于中性的工作交流范围;D类包括(10)、(11)、(12)三种互动类别,是否定反应,属于负面的社会情绪。按照互动所要解决的问题,这12种互动类别又可分为六种类型:(6)和(7)属 a 类沟通问题;(5)和(8)属 b 类评价问题;(4)和(9)属 c 类控制问题;(3)和(10)属 d 类决策问题;(2)和(11)属 e 类紧张消除问题;(1)和(12)属 f 类重整问题。这些类别范畴为观察小团体互动行为提供了很系统化的工具。

因为在观察之前就已经确定了哪些活动或行为是要观察的,同时也知道可能发生的事件和反应的类型,由此确定了观察的范畴和工具,可对观察的结果做标准化的记录,所以可以对结构式观察的结果做严格的数理推理,并用来验证研究假设。但要在观察之前就确定观察的范畴和标准化的记录工具是一件十分困难的事情,需要事先做大量的探索性研究。另外,过于标准化的观察范畴和记录工具将会降低观察的灵活性,超出观察规定和记录标准的信息将不会被收集,减少了所获得资料的丰富性和对社会现实反应的真实性,这反映了结构式观察的局限性。

2. 非结构式观察

非结构式观察是指对研究的问题和观察的项目没有严格的界定,对观察的结果也不采用标准化的记录方式的观察,是依据现象发生、发展和变化的过程所进行的自然观察。非结构式观察多采用参与观察的方式进行,有时也可能是非参与的。非结构式观察是实地研究(与实验室研究相对应)的主要方式之一,有时用于对问题的初步探索性研究或作为其他研究方法的辅助方法。

没有严格界定的观察项目和标准化记录方式的约束,既是非结构式观察的优点,也是它的缺点;它的优点在于它的弹性。观察者在观察过程中可以表现出足够的灵活性,所收集的资料不会受到事先规定的观察项目和记录标准的干扰和限制,能更深入、全面、客观地收集真实反映事物的本来面目的信息。它的缺点和局限则在于观察过程、观察内容、观察记录会因观察者不同而不同,所收集的资料带有较多的观察者个人色彩,观察结果缺乏必要的信度,难以重复验证。另外,非结构式观察所获得的资料没有统一的形式,通常只能进行定性的分析。

## 四、直接观察与间接观察

根据观察的对象是正在发生的社会现象和人的行为还是社会现象和人的行为发生后所留下的痕迹,观察法可以分为直接观察和间接观察。

1. 直接观察

直接观察是通过对正在发生、发展和变化的社会现象或人的行为进行观察和记录来收集资料的方法。直接观察的对象也就是所要研究的对象本身,研究者在行为或现象发生的现场亲眼目睹被观察者的行为举止,目睹正在发生的各种事件和过程。以上所介绍的各种观察方法:实验室观察和实地观察、结构式观察和非结构式观察、参与观察和非参与观察一般都是直接观察。

直接观察的不同方式具有不同的优点和缺点,对此可参考前面的论述,但相对于间接观察来说,直接观察的共同的优点是观察所得资料的真实性、生动性、客观性和丰富性。直接观察能够了解行为和现象发生的背景和脉络,因此能够更加准确地推断某个行为的意义或某个现象的本质;它的共同的缺点在于观察者的在场或者被观察者意识到自己的行为正在被观察,有可能影响被观察者的行为表现和社会现象的正常进行,从而影响观察所获得的资料以及从观察资料得出的结论的真实性和客观性。

2. 间接观察

间接观察是通过对社会现象或人的行为发生以后所留下的各种痕迹的观察和记录,收集用来反映和推断此前发生的社会现象和人的行为的资料的方法。根据观察内容性质的不同,间接观察又可分为物质痕迹观察和行为标志观察。

物质痕迹指的是人们的行为作用于某种物质所产生的变化。由于行为发生时,行为者并不会意识到将会产生这些变化,或者他们即使知道行为所导致的变化,也不会想到这些变化在将来某一天会被人研究,因此这些变化是人的行为的客观、真实地反映,通过研究这些物质痕迹可以间接推断人的行为的某些特征。根据物质痕迹的不同性质,美国社会学家韦布将物质痕迹观察分为磨损测量和累计物测量。磨损测量是通过观察来研究物体的磨损或腐蚀的程度,以此来推断人的行为发生的频度或人的行为的倾向性。比如,通过观察图书的磨损程度可以推断哪些图书或一本书的哪一部分内容更受读者的欢迎,这反映了人们的某种阅读倾向。积累物测量是通过某些物质的积累的多少和内容分析,以此来推测人们的行为特征。比如,考古学家通过发掘古人的遗留物可以研究人类的历史发展和生活变迁,心理学家通过研究课桌上的文字和图画推断大学生的思想和情感倾向。

行为标志观察指的是通过对能够作为行为标志的现象的观察来推断人的行为方式或价值观的方法。例如,研究者在不同的城市、不同的时间将一些写有地址的信件或物品故意丢失在街道上,然后统计这些信件被寄回或物品被送回的比率,以此来反映不同城市的居民的价值观的差异。[①]

间接观察的优点在于:由于观察是间接的,被观察者的行为不会受到观察的影响,可以收集到反映人的真实行为的资料。它的缺点则在于:由于没有直接观察到行为的发生,所收集的资料的效度不能保证,无法评价所观察的标志和痕迹是否真正反映了所要研究的行为和现象,即使能够反映,也很难判断这种行为和标志或痕迹之间的关系是否具有普遍性。因此,间接观察一般作为其他方法的辅助手段来使用。

## 第三节 观察的实施过程

科学观察不同于日常观察,它是在科学研究的一般逻辑的指导下有目的、有计划、有步骤地进行的。与其他收集资料的方法相似,观察的实施过程一般可分为三个阶段:观察的准备阶段,观察的实施阶段,观察资料的审核、整理与分析阶段。

---

[①] 袁方.社会研究方法教程.北京:北京大学出版社,1997.351~352

## 一、观察的准备

为保证观察能获得客观、真实和有效的研究资料,观察之前必须进行周密的准备工作。观察的准备主要包括:明确观察的目的,制定观察方案,理论准备和物质准备。

1. 明确观察目的

科学的观察是有目的的观察,要想收集到有价值、有意义的观察资料,首先要明确观察的目的:为什么使用观察法,通过观察要解答哪些问题,这些问题是如何形成的,是从哪些角度出发提出来的,解答这些问题会导致什么新发现;通过观察要描述或解释什么社会现象,是对现象的一般状况进行描述,还是深入了解某一单位或地区的情况,或是探讨变量之间的因果关系。如果是探讨变量间的因果关系,还要明确理论的架构或研究假设是什么。只有明确了观察的目的,才能确定选用何种观察方式,才能确定观察什么对象和观察什么内容,才能确定使用何种观察工具,才能制定详尽的、有针对性的、操作化的观察方案。

2. 制定观察方案

观察方案是对整个观察进程的预先安排。科学的观察不仅是有目的的,而且是有计划、有步骤地进行的。要使观察有计划、有目的地进行,必须在明确观察目的的基础上制定周密详尽的观察方案。一个完整的观察方案应包括以下内容。

(1) 观察的目的和意义(参见上文)。

(2) 观察方式。一项观察研究采用什么观察方式——参与观察还是非参与观察、结构式观察还是非结构式观察、实验室观察还是实地观察、直接观察还是间接观察——是受观察的目的和所需要收集的资料的性质所决定的。观察的目的和所需要收集的资料的性质确定了,观察的方式也就确定了。如果需要探讨变量之间的因果关系,一般需要采用实验室的结构式非参与观察方式;如果需要对某一事物在一段较长的时间内的发展变化进行深入全面地了解,一般需要采用实地的无结构式的参与观察方式;如果研究的现象和行为不宜于或不可能进行直接观察,则需要采用间接观察的方式等。

(3) 观察的对象和内容。观察的对象和内容受观察的目的和观察方式的影响。如果是无结构式观察,对观察的对象和内容一般不明确界定,但观察的内容一般包括以下五个方面:① 情景。情景是事件或人的活动的舞台与背景,它对于事件或人的行为有很大的影响,因此观察事件或人的活动首先对其情景作详细的观察。② 人物。每一个事件的发生总少不了基本人物,因此对人物的观察常常是观察的主要工作,包括他们的身份、数目、关系和互动情况等。③ 目的。每一事件或活动都有目的或功能,观察者应注意活动参加者的目的,以及在基本目的之外,是否还有其他的隐藏的动机和想法。④ 社会行为。观察被观察对象的各种行为,包括事件如何引起、行为趋向如何、行动的目标、行动的内容细节、行动的性质和影响等。⑤ 频率与持续期。包括事件发生时间、出现频率、延续时间、单独出现还是重复出现等。① 如果是结构式观察,观察的对象和观察的内容与项目一般需要严格的界定(可参见前文有关结构式观察的例子)。

(4) 观察的工具和记录的方式。观察的工具指的是除了观察者自身的感官之外的其他观察手段与设备,比如摄像机、录音机、望远镜等。记录方式指的是观察者记录观察资料的方式,可以是观察者用纸和笔进行的记录,也可以借助摄像或录音设备等来记录;可以边观察边记录(现场记录),也可以凭记忆在事后记录。观察的工具和记录的方式需要根据观察的目的和观察的方式来确定。需要指出的是,如果使用录音或录像设备获取资料,事先需要征得被观察者的同意。

(5) 观察的时间和地点。观察的时间及其持续的长短需要根据所观察的现象本身的特点、观察的方式等经过通盘的考虑来确定,以获取最客观、真实的观察资料。根据实验的要求,实验室观察的起始时间和操纵的间隔一般需要严格的限定,观察持续的时间相对较短;实地观察的持续时间一般较长,控制也较不严格,有较大的随意性。观察的地点同样因为所观察的社会现象的性质和观察的方式而有所不同。实验室

---

① 杨国枢等.社会及行为科学研究法.台北:台湾东华书局,1989.136

观察为便于操纵和控制通常在实验室中进行,但为了增加资料的真实性,有时也在自然环境中进行;实地观察通常需要深入到社会现象发生的现场进行观察。

(6)观察过程中可能遇到的问题和解决办法。为保证观察的顺利进行和所收集资料的真实客观性,在观察方案中需要对观察过程中可能遇到的问题事先做全面地考虑并准备好相应的解决办法。比如,如何消除被观察者的疑虑,如何与他们建立相互信任的良好关系,在参与的过程中如何保持客观的立场等。

3. 理论准备和物质准备

理论准备包括查阅文献,提出理论假设;将观察范畴操作化,确定观察指标和分类系统。物质准备包括制作观察卡片或记录提纲,选用技术设备,培训观察人员,等等。[①] 另外,如果是实验室观察,还需要招募与筛选被试和试验助手,设计和布置试验场地,准备试验用具和用品等。理论准备和物质准备是观察能够获得研究所需要的资料的前提和保证。

## 二、观察的实施

观察的实施是观察者利用观察工具对观察对象进行观察并记录以获取研究所需要的资料的过程。观察的实施是观察研究过程中最具重要意义的工作,它的任务是按照观察方案所规定的内容和步骤,系统、客观、准确地获取经验材料。观察的实施是否顺利关系到能否收集到研究所需要的客观、准确的资料,从而决定了观察研究的成败。观察的实施一般包括以下几个方面的内容:

1. 进入观察现场

根据观察方式与观察内容的不同,观察的现场可以是实验室,也可以是现实的生活场景。进入观察现场就是将被观察者或被试(在实验室观察中)引入实验室或实地试验场景,或观察者进入到被观察的现

---

① 袁方.社会研究方法教程.北京:北京大学出版社,1997.353

象发生的场景或被观察者的实际生活场景(在实地观察中)的过程。为保证观察资料的客观真实性,进入现场的过程中需要达到的一个目标是消除被观察者对被观察的疑虑、恐惧或不安心理,争取他们的信任。

在实验室观察中,在被试进入现场的时候,要让其了解并认同试验的价值和意义,增强其参与并完成实验的动机。只有被试认同试验的价值和意义,在实验中积极配合,才能确保收集到有效的资料。有时为了使试验过程不受被试有意识行为的干扰,保证资料的真实性或效度,在进入观察现场的时候,需要对被试隐瞒试验的真实目的,但需要在事后做好疏导、解释工作,不能因为隐瞒试验真相对被试造成难以消除的伤害。

在实地观察中,尤其是人类学的田野观察(实地参与观察)中,现场就是人们日常生活的真正发生的地方,进入现场是非常关键的一步,能否被所进入的村落、社区及生活于其中的人所真正地接纳决定着观察研究的成败。要能真正地进入现场,在不对被观察者的日常行为产生干扰的情况下从事观察,需要观察者做出艰苦的努力,采用各种方法真正融入,真正参与到所进入的村落、社区及生活于其中的人们的生活之中,等待着各项事件的发展。为此,观察者有时必须学习被研究社区或民族的语言,与被观察者共同生活并逐步熟悉和适应当地的风俗习惯,用各种方法消除人们对观察者和被观察的疑虑,参与各种活动并增进与被观察者的友谊,提供必要的服务以增强互动关系等。[1]

2. 对变量进行操纵与控制或参加到观察对象的生活当中

要收集到研究所需要的资料,必须对变量进行操纵或控制(在实验室观察中),或用各种方式进入到被观察者的生活当中(在实地观察中)。

对变量进行操纵与控制是实验室观察的重要步骤。实验室研究一般要探讨变量间的因果关系,因此需要对无关变量进行控制,对研究自

---

[1] W. F. Whyte(1940) *Street Corner Society*. Chicago:University of Chicago Press. 转引自:杨国枢等. 社会及行为科学研究法. 台北:台湾东华书局,1989. 143~145

变量进行操纵,以此来研究自变量对因变量的影响,发现自变量与因变量之间的因果关系。对无关变量的控制程度、对自变量的操纵水平决定着观察的成功程度。有关对变量进行操纵与控制的例子参见本章第二节有关实验室观察的内容。

在进入观察现场之后,用各种方式真正进入到被观察者的生活当中,是实地观察取得成功的关键。著名的人类学家马林诺夫斯基在其名著《西太平洋的航海者》中对此作了最精彩的论述:"当我在特洛布里恩群岛的奥卡拉马拉安定下来不久,我就开始用各种方法参加到村落的生活中,等待着重要的事件或仪式,有兴趣于各种闲谈以及村中各种事项的发展;……当我每天清晨在村中散步时,我可以很靠近而详细地看到他们的家庭生活,包括清洁排泄、烹煮食物以及进餐;我也可以看到他们安排一天的工作,人们开始他们的差事,或是一群男人或一群女人忙于进行制造什么的。争吵、开玩笑……有时是琐碎的,有时是戏剧化的,但都形成我以及土著的日常生活的重要的气氛。要知道土著们每天都看到我,所以他们不再对我有兴趣,也不对我惊慌,也不会因为我的出现而在意。我已不再成为打扰他们部落生活的因素,就像一般外来人对土著社区常会引起的一样。事实上,他们很清楚,那些即使是自爱的土著人也不会想去的地方,我都会去插一脚;他们已把我当成他们生活的一部分,一个必需的'讨厌鬼',但却因有烟草分赠而略略减轻其不快。"①

3. 进行观察或测量并记录观察资料

实施观察的最重要的工作当然是对观察的对象或社会现象进行观察、测量并对观察或测量的信息进行记录,没有这一步,准备工作做得再充分也不能最终获得研究所需要的资料。

对社会现象进行观察、测量和记录说起来简单,好像每个人生来就会的那样,但是科学的观察和测量是一件十分复杂的事情,要使观察及其记录达到相当的准确性,这是科学研究资料最基本的要求,除了需要

---

① 转引自:杨国枢等.社会及行为科学研究法.台北:台湾东华书局,1989.140~141

观察者在观察的过程中始终保持敏锐的注意力、快速的记录和高度的记忆,还有维持必要的客观性外,有时还需要用其他方法来辅助观察并检验观察的准确程度,如为查证或补充文字记录的不足,用录音机和录像机进行录音和录像,或同时有两个观察者共同观察并记录,或由一个助手协助主要观察者做记录,然后把两份记录相互对照,取长补短地使记录更为完整而准确。人类学家常用的一种方法是把记录下来的材料,在适当的情形下再向被观察者求证,如有错误或不完整之处,再加补充。但后一种办法并不是在很多情况下都可以办到的。

记录观察资料可以采取当场记录和事后记录两种方式。观察记录最好是在观察的同时进行,这样一方面可以获得最为详尽、生动和真实的资料,另一方面也可以避免记忆发生的错误。但是,很多情况并不适合当场做记录,如一连串事件急剧发生或许多细节同时发生,要一边观察一边记录就不容易做到,而且会妨碍观察的进行;当场记录的另一个问题是记录会引起被观察者的猜疑,甚至引起不良的后果。如果采用事后记录的方式,为保证资料的真实性和完整性,一般有经验的观察者经常用若干特殊的符号把复杂的事件或活动标记下来,以帮助记忆,并在事件过后再立即把观察到的东西详细地写下来。人类学家在进行田野工作时经常做两种记录:一种是日记,每天晚上把一天内所观察到的事件,以先后次序记录下来;另一种是对单独事件的记录,可以是当场的描写,也可以是事后的追记,甚至是当场记录,事后再加以补充。这两种记录方式可以取长补短,配合使用。

长期的观察研究所得的资料通常非常庞杂,需加以分类和索引,否则就会给查阅和分析造成困难。分类索引的办法可依需要而定,可以采用以事件、人物或行动为分类指标,也可以采用符号系统为指引。

### 三、观察资料的审核、整理与分析

1. 对资料的审核

在采用观察法时,由于调查人员的介入,被调查单位或个人也会做出种种假象来掩饰事实的本来面目,产生社会调查中的"测不准效应"。同时,社会现象的感知和解释都要通过调查者自己的价值标准

和以往经验再折射出来,这也可能成为现实资料不准确的原因。对观察法获得的资料的检查要注意以下几个方面:

(1)检查观察资料是不是严格遵循调查提纲获得的。一个好的观察资料既要记下提纲中规定的调查内容,也要记下那些看到的暂时还无法归类的事实。

(2)如果能用多种方法收集相关的资料,则应把通过观察法获取的资料和通过其他方法获取的资料进行比较、核实。比如,调查人员在某个单位看到其卫生面貌很好,而座谈会上却有人反映情况并非如此,那么调查人员就应该去核实。

(3)当观察是以小组为单位进行时,调查人员要随时将获取的信息同小组其他调查人员所取得的信息进行比较。因为每个人对所观察的客体在理解上会有差异,如果共同对观察的结果进行比较,就能得出比较正确的意见和评价。所以,集体观察并经过讨论的资料客观性、准确性比较高。

(4)对于较重要的问题,要注意调查时间的长短。因为在较长的调查时间内,调查者可以排除某些人为的虚假成分,同时还可以观察到短期调查者所观察不到的事物。当然,调查时间多长为宜,还要因地、因事、因人而定。一般来说,长时间的观察比短时间的观察可靠性更高。

2. 对资料的整理和分析

观察资料的整理和分析是对观察所获得的资料进行分类、加工、统计和分析,并在此基础上获得研究结论和撰写研究报告的过程。

通过整理和分析,原始的观察资料得以简化、条理化、系统化,可以反映所观察的社会事物的特征和社会现象之间的关系,可以反映事物发展的趋势和一般规律,从而对研究假设做出验证。结构式观察类似于问卷调查,所获得的资料一般是标准化的资料,可以进行量化汇总和统计;非结构式观察所获得的资料一般是非标准化的质性资料,不宜进行量化的汇总和统计,只能进行质的分析。有关量的和质的资料的具体分析方法参见本书第十二章关于调查资料的整理与分析的相关内容。

撰写研究报告是整个观察研究的最后一个步骤,是将观察研究的过程、方法和结果用文字和图表的形式表现出来的过程。其目的是与他人就观察研究的成果进行交流、分享和探讨。有关内容参见本书第十三章关于研究报告的撰写的相关部分。

## 第四节 观察的信度与效度

与其他任何一种收集资料的方法一样,观察法也存在信度与效度问题。在效度方面,一般认为观察法直接目睹行为与事件的发生与演变过程,它比其他的方法具有更大的效度;在信度方面,除了结构式观察外,观察法通常被认为比其他方法的信度低。但是,事情并不像通常所认为的那样简单明了,观察的信度与效度受观察过程中各种复杂因素的影响,对此,我们必须根据具体的情况作具体的分析。

### 一、观察的信度

1. 观察的信度的含义与类型

信度即可靠性,观察的信度也就是观察所获得资料的可信赖、可验证的程度。观察的信度包括三种类型:① 不同观察者的相关程度;② 稳定系数,即同一观察者在不同时间观察的符合程度;③ 信度系数,即不同观察者在不同时间观察的符合程度。[①] 测定观察的信度一般都着重于不同观察者的符合程度,也就是利用不同的观察者对同一件事同时进行观察,但也有些研究者强调同一观察者在不同时间重复观察的一致程度。观察的信度的高低决定了观察研究科学性的高低,因此,观察研究的信度问题不仅仅为结构式观察所看重,也是其他所有的观察法所注意的。

2. 影响观察信度的因素

---

[①] D. M. Medley and H. E. Mitzel (1963) Measuring classroom behavior by systematic observation. In N. L. Gage (ed), Handbook of Research in Teaching. Chicago: Rand McNally. 转引自:杨国枢等.社会及行为科学研究法.台北:台湾东华书局,1989.157

有很多因素影响观察的信度。① 观察内容界定的明确性。如果观察内容界定的不明确,许多观察者在观察一个复杂的社会现象时,每一位观察者可能有选择性地观察该现象不同的方面,使观察的信度降低。② 观察类别定义的严格性。如果观察类别的定义不严格,不同观察者在观察的过程中常常根据自己的理解来界定对象或现象的类别,使观察的信度降低。③ 环境的变化,社会现象或行为常常会受环境的影响,当在不同的时间对同一社会现象进行观察时,由于环境或条件的变化,观察所获得资料常常不相一致。④ 人的变化。人总是处在不断地成长变化之中,同一个人在不同的时期被观察时,可能有不同的行为表现,造成观察信度的降低。[①]

3. 提高观察信度的措施

通过对影响观察信度的因素的分析可以看出,要提高观察的信度,增加观察研究的科学性。首先,必须明确界定观察的内容,尽量减少由于观察内容不明确所造成的观察内容的随意性;其次,必须对观察的类别进行严格的定义,减少因类别定义不严格所造成的分类的随意性;最后,必须考虑环境的变化和人在时间中的变化,尽量减少环境和时间对观察资料准确性的影响。除此之外,选择有经验的和受过专业训练的观察者进行观察,对同一社会现象和社会行为在不同的时间进行重复观察,用多名观察者同时观察某一社会现象或社会行为互为补充,都可以增进对该社会现象或社会行为的了解的全面性和准确性,提高观察的信度。

## 二、观察的效度

1. 观察的效度的含义

观察的效度指的是观察所获得的资料能够准确、真实、客观地反映被观察的社会现象和社会行为的程度。观察法因为可以实时地观察到社会现象或行为的发生,能够取得更加生动形象的资料,反映事物的本

---

[①] 杨国枢等.社会及行为科学研究法.台北:台湾东华书局,1989.157~158

来面目而被认为比其他收集资料的方法具有更高的效度,但是正如前文已经探讨过的,观察的过程可能受到各种因素的影响而失去客观真实性。只有较高的信度但缺乏必要的效度的观察研究不能称之为成功的研究。一项观察研究即使其信度较高,但如果效度不高的话也会失败的。

2. 影响观察效度的因素

影响观察效度的因素主要有以下几种:

(1)观察方式、观察人员、观察地点和观察时间对于研究课题的适当性。例如,研究原始部落的文化和风俗习惯,必须深入到原始部落之中进行长期的参与观察,它要求观察者必须具有敏锐的观察能力,熟悉当地人的语言,并能够融入到当地人的生活之中。短期的、走马观花式的观察必然不能达到收集客观、真实的资料的目的。

(2)观察内容的选择与操作化的方式。选择的观察内容能否反映研究的范畴,操作化的观察项目能否契合研究的变量,决定着观察所获得的资料准确性,从而决定着观察的效度。

(3)"观察者偏见"。观察和处理资料的过程中,观察者要做到完全客观几乎是不可能的,他们的价值观和期望往往会对观察结果产生影响。《列子·说符》中"失斧疑邻"的典故就是观察者偏见的最好的反映。

(4)"被观察者效应"。当被观察者意识到有人对他们观察时,总会有意无意地改变他们的行为与表现,使其行为与表现显得"正常",更符合社会规范。社会心理学的研究证明,仅仅他人在场就会对人的行为和表现产生促进或抑制作用;[1]而社会心理学中著名的"罗森塔尔效应"可以被看成被观察者效应的最好的反映。[2]

(5)观察者的观察的敏锐性和记忆的准确性。受惯性思维定势和注意力分散的影响,观察者可能对某些有价值的信息视而不见,或对没

---

[1] J. L. 弗里德曼等.社会心理学.高地等译.哈尔滨:黑龙江人民出版社,1986.551~558

[2] J. L. 弗里德曼等.社会心理学.高地等译.哈尔滨:黑龙江人民出版社,1986.45~46

有出现的现象表现出错误的知觉和记忆,特别是在紧张、疲劳的时候,这些都会影响资料的准确性和客观性。①

3. 提高观察效度的措施

从以上的分析可以看出,要使观察达到较高的效度并不是一件容易的事情,为此可采取以下措施:

(1) 在观察的准备阶段注意根据研究课题的要求和收集资料的性质选择适当的观察方式、观察人员、观察地点和观察时间,必要时要广泛征求相关领域的专家的意见,并对观察人员进行全面的培训。

(2) 针对研究需要,选择确定观察的内容,观察的内容要尽量明确和具体,确实能够反映研究的范畴;如果是结构式观察,还要将概念操作化为能够反映该概念的本质的、具体的观察项目。

(3) 虽然在观察和处理资料过程中不能做到完全客观,不存偏见,但承认存在观察者偏见的可能性就为减少或消除偏见提供了可能性,观察者对在观察和处理资料过程中可能存在的偏见要有清醒的认识,时刻提醒自己要保持客观的态度,及时发现并纠正各种观察者偏见。

(4) 在不违反科学研究伦理规范的条件下,尽量采用匿名的方式,在不被知觉的情况下对被观察者进行观察;如果需要在知情同意的条件下进行观察,需要采取措施使观察者的存在和被知觉尽可能地不影响社会现象和社会行为的真实表现,减少"被观察者效应"的出现(可参见本章第三节关于进入观察现场的有关内容)。

(5) 对观察者进行必要的训练,提高其观察的敏锐性和记忆的准确性,减少惯性思维定势和注意力分散的影响;采用辅助手段帮助观察(比如录音和录像)来提高观察的准确性和客观性。

---

① J. L. 弗里德曼等.社会心理学.高地等译.哈尔滨:黑龙江人民出版社,1986.106~109

# 第十章 实验法

在社会科学的研究中,实验研究是探索各种社会现象的发生、发展和变化原因的重要方法。实验研究起源于自然科学,并在自然科学中占有重要地位。从20世纪开始,社会科学领域中开始借鉴实验的研究方法。如今,实验研究越来越多地受到心理学、教育学、犯罪学、社会学、政治学和传播学等领域研究的重视。本章将主要介绍实验法的基本概念和特点、实验法的基本原理和程序、实验法的基本类型、实验法的优缺点。

## 第一节 实验法的概念和特点

### 一、实验法的相关概念

实验法是研究者根据一定的研究目的选择一组研究对象,人为地改变与控制某些因素,通过观察其后果对社会事实或现象获得认识的一种方法。实验研究不仅可以根据原因预测结果,而且可以通过控制原因去发现预期的结果。使用实验研究,一方面,可以验证假设,达到构建社会学理论的目的;另一方面,也可以尝试新的社会政策或社会改革,以获得必要的实践基础。

在一项研究中,研究人员试图验证如下假设是否成立:一个有犯罪倾向的少年如果能经常得到一个成人友好热心的忠告,他就可能避免犯罪。为此研究人员抽选了一批孩子,并对孩子们按照年龄、家庭经济状况、居住地区等进行筛选配对,以便分成两个组进行实验研究,每个组人数相同,同时在年龄、家庭经济状况和居住地区等特征上相同,并且实验调查前两个组测量到的"犯罪倾向"也是相同的。两个组各有235个少年,其中一组是控制组,一组是实验组。然后在4~8年的时间内,让实验组的孩子接受成年人一对一的忠告,而对控制组的孩子没有这样做。研究人员在实验结束后的若干年中对孩子进行追踪调查,发现忠告在少年犯罪中没有重大作用。① 实验说明,对青少年影响大的因素,不是成年人的忠告,更可能的因素是贫穷、失望、不良传媒等。

从这个例子可以看出,实验方法有一套完整的概念体系。主要的相关概念有:实验者、自变量、实验刺激、因变量、实验对象、实验组、控制组、前测、后测等。

1. 实验者

实验者即实验研究者以及参与实验过程的实验工作人员。

2. 实验变量

实验变量通常分为自变量和因变量,自变量一般是试验中加以控制或者主动施加的可观测变量,因变量一般是实验中需要检测的随自变量变化而变化的变量。实验研究正是通过控制自变量和检测因变量建立因果关系。在实验的自变量中,需要加以控制保持其不变的自变量称控制变量,主动造成其变化的自变量称实验刺激。因变量随自变量变化而变化,通常被称为倚变量。在前面的例子中,"犯罪倾向"是因变量,"忠告"是实验刺激,"年龄"、"家庭经济状况"、"居住地区"等是控制变量。

3. 实验对象

实验对象是指实验中涉及的人们,他们是实验调查的群体或个人。其中,接受自变量作用的实验对象构成实验组,不接受自变量作用的实验对象构成控制组。前面例子中的470名少年构成实验对象,其中接受"忠告"的235人称为实验组,不安排"忠告"的235人称为控制组。

4. 实验检测

实验检测是指在实验过程中对实验对象的观察与测定。通常做法

---

① 弗·斯皮卡蒂.美国社会问题.北京:中国社会科学出版社,1986.484~485

是检测实验对象在实验观察项目上的差别和变化,这种变化是实验刺激不同而导致的。实验检测一般进行多次,在实验刺激未作用前对实验对象观察称为前测,实验刺激发生作用后的观察称为后测。前面例子中实验检测指的是对这470人"犯罪倾向"的测量,实验开始阶段的测量称前测,实验结束阶段的测量称后测。研究人员正是通过两次测量结果没有显著差别得出"忠告"对抑制"犯罪倾向"没有重大作用这样的结论的。

## 二、实验法的特点

实验法与访谈、观察等方法最主要的区别是,它通过控制情境和变量来研究社会行为及社会现象的变化,以建立变量间的因果关系。

1. 人为设定观察情境

这与自然观察法有显著的区别。自然观察法要求观察者在尽量不影响、不干预研究对象的自然状态下考察研究对象,而实验法则要求对研究对象实施某种干预,使其处于不同于先前的状态,在受到干预了的非自然情境下对研究对象进行观察。实验者可以利用各种手段,人为地使研究对象的一些条件发生变化,使另一些条件不发生变化;使一些现象得以发生,同时控制一些现象不发生,从而使研究者能够观察到一些在自然状态下观察不到的社会过程和现象。

由于实验环境是研究者人为设定的,所以尽管很多社会现象在技术上都可以通过实验进行,但受到伦理和社会后果的制约,一些社会现象却不能进行实验研究,如贪污、毒品、贩卖人口、色情、暴力等。

2. 直接建立研究结论

实验法通过控制外部变量,直接建立自变量与因变量之间是否存在因果联系的假设,并以实验的方式检验这种假设是否成立。这与问卷和访谈法建立结论的逻辑完全不同,问卷和访谈方法建立的统计结论是在对研究变量进行操作化处理后,通过分析各个变量之间的相关关系而间接得到的,其调查数据也是由行为当事人间接陈述的。就建立因果命题而言,实验法的效率比其他方法要高许多。严谨的实验设计往往可以检验出设想的因果关系是否真实存在。

由于社会现象间的因果联系是许多因素交织在一起的,要完全地排除潜在变量的影响,准确建立起变量之间的因果联系,是相当困难的。许多过去被认定的因果联系,往往受到新发现变量的解释力挑战,因此,实验研究是一个不断探索新解释变量的过程,研究者必须通过不断完善实验设计使研究结论准确。

3. 实验结果受实验人员和实验对象的主观影响

实验人员往往对实验结果有所期待,这可能产生这样的结果:(1)实验人员自觉或不自觉地只注意那些与假设一致的现象,而忽略那些与假设不一致的现象,从而造成研究结论不全面或不真实;(2)实验人员可能自觉不自觉地诱导或暗示实验对象,使实验结果产生偏向。

关于实验人员对实验结论的影响,美国学者罗森塔尔与雅各布森于1966年曾经做了一次"学术成就预测"实验。研究者告诉实验工作人员,在18间教室的每一间中将有20%的孩子是这一测验的高分获得者。实际上,孩子们是随机挑选的,每个房间高分获得者不会一样多,同时,也不会有这么高比例的孩子得高分。但教师们受到了引导,而且相信了,孩子们也相信了。结果造成恰好有这个比例的孩子在实验中显示了比较大的成就,迎合了教师们的期望。据此,罗森塔尔指出,实验人员被告知期望发现什么与不被告知发现什么相比,前者所取得的实验结果更符合研究假设。①

# 第二节 实验法的原理和程序

## 一、实验法的基本原理

下面是一个实验法的例子:

一位研究者希望研究是否可以通过某种新的奖励政策来提高员工

---

① 肯尼斯·D.贝利.现代社会研究方法.299~300

的工作效率,即他希望证实这种"新奖励政策"与"工作效率"之间存在因果关系。为此,他选择两个在各方面差不多的车间进行实验研究。在开始实验之前,他先对这两个车间工人的工作效率进行了测量,然后在其中一个车间推行新奖励政策,而在其中另一个车间中仍然按照原来的奖励制度进行。过一段时期后,再对两个车间的工作效率进行第二次测量,并将前后两次的测量结果进行比较。如果两个车间的效率相差无几,则说明新的奖励政策并没有起作用;如果只有实验组的工作效率提高了,而控制组的效率没有变化,或者虽然两个车间的效率都提高了,但实验组的工人的效率提高得更多,则我们可以认为是新的奖励政策起了作用并产生了影响。

这样的事例告诉我们,只要设计得当,我们是可以通过实验得到分析结论的。

1. 实验法的一般逻辑原理

实验研究的目的是建立变量间的因果关系。通常研究者预先提出一种因果关系假设,然后通过实验操作来进行检验。研究者会根据某种理论或者经验事实进行主观判断,先假设现象 A 是造成现象 B 的原因,然后通过实验来证明这一假设而观察 B 的变化。实验法的一般逻辑原理是:先测量在没有受到 A 的影响之前 B 的情况(前测),然后施加实验刺激 A 并保持其他条件完全相同,再对受 A 影响后的 B 进行测量(后测)。最后,通过比较前后两次测量的结果是否存在差异来判定 A 和 B 之间是否存在因果关系。如果前后两次的情况发生变化,则能够初步认为 A 是导致 B 变化的原因,即 A→B。这就是实验研究的最基本的分析原理(见图 10-1)。

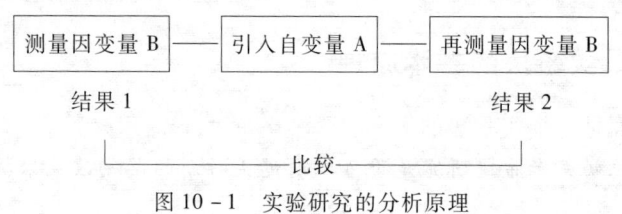

图 10-1 实验研究的分析原理

在一项实验中,研究者安排受试者先填写一份有关种族偏见的量表,然后让他们看一部反对种族偏见的电影,过一段时间再填写上述量表,比较前后的差异,以建立宣传改变人们观念的结论。

假设第一次测量值为 $b_1$,第二次测量值为 $b_2$,则 A 的效应为 $a = b_2 - b_1$。

如果确认 $a \neq 0 (b_1 \neq b_2)$,则 A→B,即"宣传改变了人的观念"。

2. 有控制组实验原理

上述例子说明了实验法的基本原理。但在社会研究中所遇到的问题往往更加复杂。由于社会现象往往是由多种因素影响的,因此要研究其中两个特定因素之间的因果关系,就必须要先将其他因素的影响作用控制起来,以避免他们干扰对两个特定因素之间关系的研究。例如,在图10-1的式子中,但 B 在再次测量中的变化有可能根本不是 A 造成的,很多未经控制的因素都可以使两次测量表现出差异。因此,必须将其他可能的干扰因素控制起来,以确定 B 的变化确实是由 A 所导致的。

在实验法中是通过引入一个控制组来解决这一问题的。实验者在实验中增加一个控制组,将实验组和控制组放到相同的环境条件下,惟一不同的是给实验组加以了实验刺激(A),而控制组没有实验刺激。然后,比较实验组和控制组的前测和后测的结果。如果两组的前测和后测结果的变化情况不同,就说明实验刺激的因素产生了作用;反之,如果两组的前测结果与后测结果之间的变化情况是一样的,则说明这种变化不是由实验刺激引起的,而是由其他因素引起的。

实验研究者增加了一组受试者,他们不看那部反对种族偏见的电影,同样接受两次种族偏见测试。假设两组实验对象的测试结果如下:

实验组:第一次测量值为 $b_{01}$,第二次测量值为 $b_{02}$。
控制组:第一次测量值为 $b_{11}$,第二次测量值为 $b_{12}$。
则 A 的效应为 $a = a_1 - a_2 = (b_{02} - b_{01}) - (b_{12} - b_{11})$。
如果确认 $a \neq 0 (a_1 \neq a_2)$,则 A→B,即"宣传改变了人的观念"。

3. 实施实验法研究的条件

一项具体的实验研究必须具备以下一些基本条件:

(1) 变量之间的因果关系假设必须是明确和具体的。假设是实验研究的逻辑起点,研究者必须事先建立起两个变量之间明确的因果关系假设,并且明确知道需要控制的变量是哪些,需要测量的变量是什么。最重要的是明确作为自变量的具体的实验刺激是什么。

(2) 能够排除其他因素的影响。实验环境应该有较高的"封闭性",以便可以将实验结果中表现出来的把实验效应基本归结为实验刺激的结果。在许多研究中,这是很难做到的。例如,要研究少儿节目对儿童行为的影响,研究者必须从儿童受到的家庭、学校、同龄群体的影响和社会其他传媒的影响中,有效地分离出"儿童节目"这个因素,排除其他因素的干扰。从实践层面来看,做到这点的技术难度是较高的。

(3) 实验刺激有足够的强度并容易操控。自变量的实施和不实施以及实施的强度等级,如"弱"、"中"、"强"等都必须是清晰的。因为实验法正是通过自变量的变化来确立实验效果的。

(4) 实验程序必须是可重复的。实验方法借鉴自然科学方法来研究社会现象,可重复意味着实验结论可以在相同或相似的条件下被反复观察测量到,因而具有可检验性。这是实验研究结论具有高确定性的重要基础。

(5) 实验条件应该得到较高程度的控制。必须在各个实验组和控制组中做到"其他条件相同"。实验研究的准确程度来自于对实验对象的控制,需要对实验环境有高度的把握。控制是实验研究的最本质特征,在实验中,适当、准确的控制是研究结论科学的依据。

## 二、选择受试者的原理

根据实验的要求,必须有两组或更多组各方面条件相同或相近的对象,组成实验组和控制组,在实际的研究中,研究者往往通过随机、配对、排除、纳入等方法创造出不同组的相同对象。

1. 随机法

随机法是按照随机分派的方法将受试者分配到实验组和控制组。这是在理论上最有效的控制影响变量的方法。按照随机抽样的原则,如果每个组的人数足够多,则各个组的成员构成、条件都是均等的,受试者的年龄、文化程度、性别比例等也都会基本相同,同时外部因素对他们的影响也是同等的。即使有某些差异,也可能是由于抽样误差造成的,而不会是由于系统偏差。

2. 配对法

配对法指的是依据一系列设定的标准或特征,找出两个完全相同或几乎完全相同的实验对象进行配对,将其中一个对象分到实验组,而将另一个对象分到控制组。在心理学的实验中,这种方法比较常见。这样一对一地分派到两个组里,在理论上是完全可能的,但在实践中却很难做到,因为世界上很难找到各方面完全一样的两个人。比如,两个人可能在性别、文化程度、年龄上是一样的,但由于家庭背景、个性气质、生活习惯等方面有很大差异,两人表现出来的具体差异可能很大。若要克服这个困难,可以采用不太严格的配对方法,即频数分布配对方法,使各组在各种特征上的比例大致相同,或者在某一主要影响变量的分布和方差上大致相同,但这比较难以消除其他未控制因素的影响。鉴于此,配对法很少单独使用,常常与随机法相配合使用。

3. 排除法

这种方法的目的是把影响因素在实验前就进行排除。例如,为了防止性别、家庭背景对特殊社会现象的态度产生影响,实验就只选取出生于中等收入的知识分子家庭的女生进行实验。当然这种研究的结果是不能推论到男生和其他家庭背景的学生的。所以,排除法在实验中使用较少。

4. 纳入法

纳入法是把其他主要的影响变量也当做自变量引入实验中,同时对几个自变量进行操作、测量和检验。这需要借助于比较复杂的实验设计,运用统计分析方法来考察各个自变量的影响和它们相互间的交互作用。

### 三、实验研究的基本程序

实验研究的程序与其他方法大致相同,可分为准备、实施和资料处理三个阶段,每阶段还包括若干步骤。

1. 实验准备阶段

实验准备阶段实际上已经明确了实验的所有计划和设计,这个阶段的工作是实验过程中最核心的部分。具体包括五个过程:

(1) 确定研究课题。通过查阅文献和初步探索,确定研究课题的价值及其可行性。

(2) 根据课题确立基本假设,并制定检验假设的实验设计。这需要选择和分析各有关变量,将变量分类并尝试建立因果模型。

(3) 根据研究变量引入具体的实验刺激。

(4) 完善对因变量的测量方法,使之具有较高的信度和效度。

(5) 进行实验刺激和因变量的预实验。

2. 实施阶段

实验的实施阶段是操作性质的,这个阶段的主要任务是按照计划进行各项实验活动。具体包括六个环节:

(1) 选择合适的实验对象。

(2) 在随机原则下组合实验对象,并对他们进行实验必需的指导。

(3) 对因变量进行前测。

(4) 进行实验刺激。

(5) 进行实验后测。

(6) 向实验对象说明实验的真实目的和原因,询问他们的实际感受。

3. 资料处理阶段

这是建立结论的阶段。主要任务是对收集的资料进行分析,在不同组之间进行比较,通过统计方法对研究假设进行检验,提出理论解释和推论。

虽然上述实验程序并不一定在每一项实验中都必须完全具备,各步骤的前后顺序也不是固定不变的,但它基本上勾勒了大多数实验研究的基本过程。

## 四、实验的基本设计

这里介绍经常应用的、最基本的几种实验设计方法的设计原理。

1. 单变量的实验设计

单变量实验设计是假设自变量只有一个,通过多次重复的实验使其他变量的效果相互平衡和抵消掉,从而确认变量与实验结果之间的因果联系。通常采用完全随机化设计,将被试随机分组,使各组在接受实验刺激之前保持各方面相等,并随机安排实验刺激。

(1) 后测设计。随机将研究对象分为两组,使两组情况完全相同,一组为控制组,一组为实验组,只做一次实验检测。这是一个简单高效的设计方案,因为要进行多次重复实验,可以用全部实验检测的平均值作为每次后测的比较基准,省略前测。如果实验对象是随机抽取的,实验结论在取样范围内可以具有推论价值。其基本原理如表 10 – 1 所示。

**表 10 – 1　后测设计的基本原理**

| 组别 | 实验刺激 | 后测 |
| --- | --- | --- |
| 实验组 | 有 | 有($Y_1$) |
| 控制组 | 无 | 有($Y_2$) |

实验效应 $D = \bar{Y}_1 - \bar{Y}_2$,以独立样本 $t$ 检验法检验 $\bar{Y}_1 - \bar{Y}_2$ 的差异是否显著。

(2) 前测后测设计。这种设计在两个组未进行实验前都进行测定,主要目的是排除因实验组和控制组实际上不完全同质造成的实验误差。这种设计尤其适用于实验对象样本容量较小或者样本差异性较大的情况。如果实验对象不是足够得多,或者实验次数较少,这个设计可以保证实验效果。基本原理如表 10 – 2 所示。

**表 10 – 2　前测后测设计的基本原理**

|  | 前测 | 实验刺激 | 后测 |
| --- | --- | --- | --- |
| 实验组 | 有($Y_1$) | 有 | 有($Y_3$) |
| 控制组 | 有($Y_2$) | 无 | 有($Y_4$) |

实验效应 $D = D_{Y_3 - Y_1} - D_{Y_4 - Y_2} = (\bar{Y}_3 - \bar{Y}_1) - (\bar{Y}_4 - \bar{Y}_2)$

采用独立样本单变量共变分析检验控制组、实验组的平均差异是否显著。

这种设计方案的优点是,对被试的变量,无论是研究对象个体的差异、身心的变化、历史的因素等都能得到较好的控制;它的缺点是因为有了前测,可能多了前测的反作用效果,因此,作推论时不能推及未进行前测的总体。

(3) 四组设计。四组设计又称所罗门设计,是指将被试随机取样,并随机分为四组,两组为实验组,两组为控制组,两组中一组有前测,一组无前测,这实际上是将以上两种设计方案合并在一起。它的优点是可以将前测的反作用效果分离出来,使实验效应更加清晰。所用的统计方法是独立样本 $2 \times 2$ 方差分析。基本格式如图 10-2 所示。

|  | 实验处理 | |
|---|---|---|
|  | 有 | 无 |
| 有前测 | $Y_3$ | $Y_4$ |
| 无前测 | $Y_1$ | $Y_2$ |

图 10-2　四组设计的基本格式

其中 $Y_1$、$Y_2$、$Y_3$、$Y_4$ 都是后测的结果。

这是一种理想的实验方案,集中了前两种设计的优点,在无关变量的控制上比较完善。但它使用的实验对象较多,实验经费较多,一般不轻易使用这种设计方案。

2. 多变量的实验设计

单变量设计方案的结论,往往难以推论到复杂的现实情境中去。例如,导致人们工作效率提高的原因,可能既有工作物理环境的原因,还有工作人员的群体凝聚力,管理的特定措施等,导致工作效率提高有许多因素的共同交互影响。而采用多变量的实验设计可以更接近真实的社会情境。

(1) 完全随机多因实验设计。完全随机多因实验设计,随自变量数量和每个变量变化水平的不同,有多种类型。多变量设计比较复杂,现举例说明其原理。

假设两种奖励措施在两个凝聚力不同(较高和较低)的车间里实验,检验其对劳动效率的影响。因此选择凝聚力不同的两组,共四个车间,除凝聚力外,这四个车间其他方面都相等,用奖励政策 1 分别在高凝聚力车间和低凝聚力车间实行,用奖励政策 2 分别在另两个高凝聚力车间和低凝聚力车间实行。哪个车间用哪个措施是随机决定的。

|  |  | 政策 1 | 政策 2 |
|---|---|---|---|
| B 因素 | 高凝聚力组 | $A_1$ $B_1$ | $A_2$ $B_1$ |
|  | 低凝聚力组 | $A_1$ $B_2$ | $A_2$ $B_2$ |

图 10-3 不同车间的完全随机多因实验设计

实验的最后阶段,是分别测量各车间的奖励效果,即工作效率。多变量分析与单变量分析的最大差别是增加了两个变量的交互作用,在这个例子中这个交互作用表现为不同的奖励政策在不同凝聚力的车间效果会不同,这是因为工作效率是不同奖励政策与车间凝聚力交互作用的结果。实验结果的分析主要采用独立样本二元方差分析法。

(2)拉丁方设计。拉丁方实验设计是多变量实验设计中一种较为常用的设计方案,它的特点是实验顺序、研究对象的差异都被当做自变量使用。一般来说只有当实验变量的个数(因素)与实验刺激水平相同,而且自变量之间相互独立时,才可以采用拉丁方设计方案。其设计的基本格式如表 10-3 所示。

表 10-3 拉丁方设计的基本格式

| 研究对象 | 实验顺序 | | |
|---|---|---|---|
|  | $B_1$ | $B_2$ | $B_3$ |
| $C_1$ | $A_1$ | $A_2$ | $A_3$ |
| $C_2$ | $A_2$ | $A_3$ | $A_1$ |
| $C_3$ | $A_3$ | $A_1$ | $A_2$ |

表中 $A_1$、$A_2$、$A_3$ 为实验处理的三个水平，$C_1$、$C_2$、$C_3$ 为研究对象的三种不同类型，存在个体差异。

拉丁方设计的特点是：①每个因素在每个研究对象的实验次数是相同的；②每个顺序在每个因素的实验次数相同；③每个顺序在每个研究对象的实验次数相同。拉丁方设计能够抵消实验过程中因为实验顺序、研究者差异造成的干扰效应。

以上所介绍的几种实验设计，只是很基本的几种，随着数理统计的发展，多变量的设计方案越来越多，它能够使人造情境更接近实际，但执行过程烦琐，需要的研究对象也多，结果的统计也更为复杂。

### 五、实验结果的评估

实验效度表明实验所能揭示事物本质规律的有效程度。实验设计者的实验设计、实验方法、资料分析手段的选择，往往影响实验的内在效度和外在效度。

1. 内在效度评估

内在效度通过测量实验数据统计值偏离真实值的程度得到。系统误差越大，偏离真实值程度越多，内在效度越低。也就是说，实验的内在效度低，表明实验检测不准确。根据坎贝尔（Campbell）和斯坦利（Stanley）的看法，一个实验中影响内在效度的因素有如下几种：

（1）特殊事件。社会实验是在特定的时间段中进行的，实验期间的特殊事件会对研究结果产生影响，从而影响结论的真实性。如农村耕地使用权制度的实验，可能会因为电视台播出的一则相关新闻使结果变化。

（2）被研究者的变化。随着时间推移，被试人员自身的变化影响结论的真实性，如年龄变化、健康状况的变化、疲劳程度的变化、兴趣的变化等。

（3）受测经验的增加。受测经验的增加会增加受试者的应答技巧，从而产生迎合、抗拒等受试心理。

（4）测量工具信度差。如果测量工具信度不高，测量不准确，实验误差将会很大。

(5) 统计方法的影响。随机抽样时的极端值可能被统计模型归因为实验刺激的结果。

(6) 被试者流失。有些实验会使受试者中途退场，可能导致某类集中的态度缺失，从而改变实验的总体结论。假如被安排观看影片的受试者中有人愤然离去，留下来的受试者都是态度平和的人，实验结果必然受影响。

(7) 前测影响。前测可能对受试者产生诱导。

(8) 实验组与控制组出现沟通。实验组与控制组的成员可能针对实验刺激产生交流，研究结论就可能因此受到影响。

2. 外在效度的评估

外在效度是指实验结论在推论和应用上的准确程度。影响实验的外在效度因素如下：

(1) 实验控制的影响。实验在严密控制条件下进行，用这样的结果解释日常生活中的问题，可能不切实际。

(2) 样本的代表性影响。样本代表性会直接影响推论的准确性。

(3) 测量工具的影响。无论使用仪器还是量表，测量工具必须有效；否则，不能保证研究的效度。

(4) 指标设计有局限性。

## 第三节 实验的基本类型

### 一、实验的分类

实验通常分实验室实验和现场实验两个基本类型。实验室实验是在人工"纯化"的环境下进行的实验，实验者对实验环境可进行严格有效的控制。现场实验是在自然现实的环境下进行的实验，实验者只能部分地控制实验环境的变化。一般来说，社会领域里的实验，多采用现场实验的方法。这是因为相对自然的实验环境使结论有更大的推论价值。

当然,按照不同的标准,我们还可以做出许多不同的分类。比如按照调查的目的不同,实验法可分为研究性实验和应用性实验。研究性实验是以揭示社会现象的本质及其发展规律为主要目的的实验,这是某种社会理论进行证实或证伪的实验。应用性实验则是以解决实际工作中的问题为主要目的的实验,比如某项社会政策的实验,就属这类。按调查的组织方式不同,实验调查可分为单一实验组实验、实验对照组实验和多实验组实验。按照被调查内容的不同,还可分为社会心理实验、教育实验、经济实验、法律实验、军事实验、政策实验等。

## 二、实验室实验及典型案例

实验室实验是在某种严格指定与控制的人工环境中进行的实验。在这种研究中,与调查课题无关的其他变量,都被隔离开。实验室实验的关键是研究者能创造出一种接近自然的实验情境,使实验人员与实验对象的行为都尽可能"自然而然"。

1. 齐默巴多的监狱行为模式研究

菲利普·齐默巴多主持的群体角色的研究,实现了较为典型的人造环境。

齐默巴多的课题研究监狱警察滥用权力的问题。究竟是那些粗鲁、冷酷无情的人被拉来当了狱警了,还是监狱社会环境助长了暴力行为?为找到答案,齐默巴多在斯坦福大学的地下室仿建了一座监狱,并在年轻人中征集实验者。70多人申请了这项每天报酬15美元的工作。齐默巴多用心理测验和体能测验挑选了24个看起来心理稳定和正常的学生参加实验。他们来自美国和加拿大的中产阶级家庭。这些学生被随机指定为"犯人"或"狱警"这两个角色中的一个。那些被"选"作犯人的学生真的由当地警察逮捕并带到这个地下室监狱,关在一个3人一间的囚室里,并被告知要关两个星期之久。但实验没有持续两周,到第六天这个假监狱就被关闭了。因为研究者对他们的实验所引起的行为感到很担心:被选为"狱警"的学生真的扮演起了典型狱警的角色,像对待牲口一样对待"囚犯",以非人手段取乐。同时,"囚犯们"也很快地适应了囚犯角色,想到的是如何逃生和避免惩罚。

虽然有批评者指出,这项研究对真实的囚犯可能不完全适用,因为在真实场景里,同室囚犯一般能产生一种非正式的结构,这有助于减少他们面临的压力。而且,在真实的监狱中,狱警知道要和囚犯相处数月或数年,而不是两周,所以,他们许多人会尽力避免极端敌对的情况出现,与囚犯建立合理的、积极的关系。尽管存在这些要注意的问题,这个实验结果还是获得了足以解释监狱暴力的原因。它表明,监狱暴力不是狱警和囚犯的人格造成的,更多的是监狱本身社会结构的作用,社会结构的要求可以轻易地征服个人偏好,塑造出一种适应于社会结构的群体角色。

2. 米尔斯莱姆的权威服从研究

由于实验室实验要求创设人工情境,所以很多实验刺激都是人为虚构的。这种人为的真实感,经常要通过欺骗受试者来实现。如1974年美国斯坦利·米尔斯莱姆关于权威与服从的研究就属此类。

米尔斯莱姆打出广告征集"助手",宣称要验证他的某一种"教学方法"。每名"助手"都被带入一间房子中,那里有一名"学生"被绑在椅子上进行口试,当"学生"回答问题出现错误时,米尔斯莱姆要求"助手""电击"学生,如果回答继续出错,"电击"的电压就要成倍提高,直到标明的电压足以致人非命。

当然,整个事件是事先安排好了的。真正的实验对象是"助手","学生"是演员,故意答错题,因此,会遭受越来越强烈的"电击"。当"助手"电击时,他要假装痛苦地嚎叫。实验目的是为了知道当给别人施加痛苦时,人们还会在多大程度上服从米尔斯莱姆的命令。实验结果令人恐怖,即使"学生"痛苦地尖叫甚至假装昏迷,但仍然有约65%的受试者不打折扣地执行了米尔斯莱姆的命令。

虽然这个实验提供了一个经典的关于权威与服从的解释理论,但米尔斯莱姆的实验引起了有关社会科学中伦理道德的严肃讨论。

### 三、现场实验及其典型案例

现场实验是在现实生活中进行的只控制部分条件的实验。现场实验是社会研究中最常用的实验调查方式。社会调查中的实验方法主要在实地进行,采用实验室实验比较少。现场实验的特点是隐蔽性好、真实性较高,实验对象一般不易发现实验目的,很难觉察到实验者的存在。实验变量引入比较自然,因而现场实验具有较高的实用性。

1. 霍桑实验

"霍桑实验"是较典型的严格控制型现场实验。

1924年11月至1927年4月,美国的一些研究人员在西方电器公司进行实验研究,他们选择的自变量是工作环境,因变量是劳动生产率。按照假设,工人工作环境的好坏应该会直接影响劳动生产率的高低。研究人员将一部分工人作为控制组,固定照明亮度,将另一部分工人作为实验组,通过不断改变照明亮度观察生产量的变化。实验结果表明,当实验组的照明亮度从昏暗状态逐渐增加时,产出量确实在逐渐提高;于是实验人员进行实验的第二步,把照明从高亮度逐级下降到昏暗状态。这时检测到的结果就与假设不相符了:随着照明降低实验组的产量仍然是继续提高的! 这说明照明度与生产率之间并没有因果关系,与当时的"劳动条件决定劳动产出"理论相悖。那么,是不是"照明条件"不能作为"劳动条件"的测量指标呢? 埃尔顿·梅奥教授等人在1927年至1932年期间继续进行实验,这次他们选择工作时间为自变量,生产率为因变量。先确定了正常条件下控制组的产量,然后在厂方管理人员的同意与支持下逐渐缩短工作日。具体方法是缩短实际工作时间,增加工间休息时间。结果发现,随着工人工作时间的减少,工作条件的改善,生产力提高了。然后实验人员再进行相反的实验,逐渐增加工作时间。增加工作时间,对工人来说意味着工作条件的恶化。结果却仍然令人意外,生产产量依旧继续增加。后来研究者找出了出现这种"悖论"的原因:在这个实验中检测到的因变量(劳动产出)变化,不是自变量(劳动条件)变化的结果,而是实验中未经控制的其他自变量引起的。研究人员后来发现,这个引起生产产量变化的自变量是企业中"人的关系"。参加实验的工人们(即实验组),在实验过程中受到比以前更好的对待与尊重,有了一些自由发表意见的机会,他们的非正式人事关系有所改善。导致无论工作条件怎么变化,都能维持较高的效率。通过这个"失败的"实验,研究人员提出一个新的假设:人都有社会联系的本能,需要与人合作、需要良好的人际关系,如果能够满足工人们的这一本能,生产效率就会提高。①

"霍桑实验"的结论后来成为"社会人"假设的基础,被广泛地引入社会学等学科的应用研究,被应用于企业管理等实践活动中。这个实验在社会学的理论和方法上,都有着深远的影响。

2. "啤酒偷窃案"实验

"啤酒偷窃案"实验属于较少控制的现场实验。

斯温格尔(1973)在实验中建立的假设是:在没有他人在场时,人们对盗窃行为会表现出更多的正义感。实验首先安排由实验人员扮演的盗贼和店员进入酒店,当酒店只有一个假店员和一名真顾客时,"盗贼"问"店员":"你们店最贵的进口啤酒是什么品牌的?"店员会回答说是某某牌子的,然后说:"我去看看有多少。"同时离开房间。店员离开后,盗贼就拿起一箱啤酒说,"他们决不会发觉丢了这箱啤酒的",然后把酒装到汽车上便走了。

在全部48个案例中,只有20%的对象(顾客)在"店员"回来时主动报告"失窃"事件。如果顾客没有主动报告,"店员"就询问:刚才在店里的那个人做了什么?以敦促回答。于是未报告顾客中的51%也会报告失窃。研究还发现,"盗贼"人数和"顾客"(受试者)的性别对是否报告没有多大影响,增加盗窃的数量(两箱或三箱啤酒)也不会增加报告率。但店中"顾客"人数却有相当的影响。单个顾客条件下有65%的人报告失窃,多个顾客条件下只有65%的案例有人报告,就人数比例而言,后者要低很多。也就是说,多名顾客同时在场对报告失窃有抑制!研究者认为这是因为在其他顾客在场的情况下,受试者更倾向于采取"事不关己"的态度。

这一实验设计是最简单的,它既没有控制组也没有前测,只有一个实验刺激(盗窃)和对反应变量的观测。但由于情景真实自然,并采用机械抽样,因此,实验的信度和效度都较高,实验所得的结论也可以得

---

① 梅奥.工业文明的社会问题.北京:商务印书馆,1964

到广泛的应用。

## 第四节 实验法的优缺点

实验法具有问卷调查、观察等方法所不具备的优点,但这一研究方法本身也存在许多难以克服的先天缺陷,需要在具体的社会研究中加以技术处理。因此我们需要总结实验法的长处与短处,以便根据研究项目的特征对研究方法进行选择。

### 一、实验法的优点

1. 可检验因果关系

与其他调查研究方法不同,实验法最主要的优点是能够明确区分出自变量与因变量,从而明确变量间的因果关系。在使用问卷或访问方法建立调查结论时,研究者通常只能检测到变量间在数量上的共变关系,而变量间在某个测量指标上的统计相关性是否表明两个变量真实地存在相互影响,是非常难以判断的。即使判断出它们存在内在联系,研究者也还是难以确定哪个变量是主动的原因,哪个变量是被动的后果。

而实验法通过前测可以测量受试者的某些特征,如果经过实验刺激,又发现他们具有了不同的特征,只要确保受试者未受其他刺激,研究者就可以把这个特征的改变归因于实验刺激的影响。这就直接找到了因果关系。这决定了实验法是社会科学研究中建立因果关系的最好方法。

2. 较为经济

与其他社会研究相比,实验法花费较低。主要因为实验研究目的非常明确,因此,调查规模较小,研究对象较少,时间较短,使得实验研究的经费与其他研究相比较小。

3. 易于重复

研究的可重复性是获得结论可靠性的来源。许多的经典研究之所以具有强大的影响力,很大部分的原因来自于它可以经常被重复,即使在实验环境发生稍微变化的情况下,研究结论还能得到反复的验证。因此,实验调查的结论具有较强的说服力。

4. 控制能力较强

在各种社会研究方法中,实验研究的控制能力最强。对研究对象、研究条件、研究环境等具有控制的能力,这对资料的分析和假设的检验来说具有重要的意义。我们可以通过对实验变量、实验者影响、实验检测以及实验对象的控制,减少和排除外部因素对实验结果的影响,减少各种误差的产生,提高结论的可信程度。

## 二、实验法的缺点

1. 人为干涉

这是实验法最大的弱点。能在实验室发生的社会过程,未必会在自然的社会环境里发生。对实验的控制程度高,同时意味着实验情境离现实的距离远。实验法能够确立自变量与因变量的因果关系,关键在于它通过各种设计方式,把其他一些因素的影响控制在最小限度以内,以突出实验刺激对因变量的影响。然而现实社会中那些"其他因素"对每个人的作用通常不可能相同,因此,实验室中的社会过程往往不能代表现实世界中的社会过程,这造成许多来自实验室的研究结论并不具有普遍意义。社会现象的复杂性,决定了许多社会现象是不能通过实验来进行的。

2. 样本选取的缺陷

我们在把一项实验研究所得的结论推广到更大的总体时,通常是冒着风险的,因为实验结论所依据的实验对象和现实世界的人们常常不太一样。由于实验对象过多会使实验的控制性下降,所以,实验方法的样本量又通常很小,随机抽样的大样本条件经常不能满足,样本代表性存在必然的缺陷。正因为如此,社会学中实验方法的研究结论较多用于解释社会心理或小群体的研究,较少涉及社会结构。

3. 实验人员的影响

"人们对他人行为的期望,可以导致他人向预期方向改变",这个论述在罗森塔尔等人的实验中得到了证实。在实验中,由于实验人员有意无意地给实验对象以某种暗示,部分实验对象就会不自觉地迎合实验人员的期望,从而影响实验对象本来的行为方向。对实验设计来说,尽管从理论上可以通过变量的控制,加以技术的过滤,但很多时候这种影响仍然是难免的。

4. 道德和法律的限制

社会研究的对象不同于自然物体,所以,在现实中对某些变量的操控会带来对伦理的质疑,法律也对一些特定的行为研究有限制作用。科学的研究需要避免因实验人员的"好奇"而影响实验对象的身心健康,特别是因为实验导致的显性和潜在的不良后果。

# 第十一章 文献研究

到目前为止,我们已讨论了实验法、问卷法、量表法、访谈法、观察法等社会研究方法。这些方法的一个共同特点,就是都必须通过与研究对象的直接或间接地接触获取所需要的资料,都对研究对象产生了一定影响。本章将要介绍的文献法则明显不同,它是一种通过收集和分析现存的、有关研究对象的文献材料来获得研究资料的研究方法,一般不需要直接与研究对象接触,不会在研究过程中影响或改变研究对象,因此,是一种非介入式的社会研究方法。本章首先介绍文献研究的一般含义与特点,然后主要讨论其中三种文献研究方法:二手资料分析法、现存统计资料分析法和内容分析法。

## 第一节 文献研究概述

### 一、文献研究的概念

1. 文献研究的基本概念

文献研究是一种通过收集与研究现象有关的各种文献材料,并通过对这些文献材料的分析和研究,来获得对所研究现象的认识的社会研究方法。因此,那种仅仅将文献研究看做是一种资料收集方法的观点是错误的。准确地讲,文献研究是一种研究方式。它既包括资料收集的方法,也包括资料分析的方法。

2. 文献的种类及来源

所谓文献,是指以文字、图像、符号等形式记录和储存人类各种知识和情报信息的资料。

文献的种类繁多,根据文献的载体形式和记录技术的不同,大体可以分为:书面文献(指用文字或数字记录的资料,是一种最广泛的文献形式)、音像文献(指运用录音、录像和摄像直接记录声音与图像的文献形式,包括电影、电视、录像、录音、唱片、照片等)、缩微文献(指以感光材料为载体,利用光学记录技术,使书面型文献缩小许多倍的文献)、机读文献(指用电子计算机阅读的文献)。

根据文献具体来源的不同,我们可以把文献资料分为原始文献(指由亲身经历某一事件或行为的人所写的资料)和第二手文献(利用别人的原始文献所编写或产生出的新的文献资料)两大类。也可以把它分为个人文献、官方文献及大众传播媒介三大类。个人文献主要包括个人的日记、信件、笔记、自传等。官方文献主要包括政府、企业或组织的会议记录、备忘录、财务记录、各种正式报告及其他各种各样的材料案卷;大众传播媒介主要包括各种正式出版物(如报纸、杂志、期刊、各种书籍、歌曲、绘画、影视剧等)和其他通过广播途径传播的影视作品(如电台和电视台播放的各类节目等)。

## 二、文献研究的优点与缺点

与其他研究方法相比,文献研究法既有独特的优点,也有明显的不足。研究者在决定是否采用文献研究法时,对此应有清醒的认识。

1. 文献研究的优点

文献研究方法主要有以下一些优点。

第一,可研究那些不可能接近的研究对象。比如,对于那些早已去世的历史人物,采用观察、访问等其他的社会研究方法都已不可能,而文献研究则可以帮助我们达到这一目的。此外,当我们要研究国外的或由于其他各种原因而难以直接访问的研究对象时,往往也只能或适宜采用文献法。

第二,具有非介入性和无反应性的优点。做文献研究时,研究者不需要直接接触被研究的人,因此不会由于研究人员与被调查者之间的互动不当而导致信息失真。并且,许多文献在其最初形成时也通常是在自然的、无干扰的情况下记录的。由于没有研究人员的介入,文献内容不会受到研究人员主观因素的影响。

第三,适于作纵贯研究和趋势研究。文献研究比其他资料收集方法(例如实验法和问卷调查)更适合于作长时期的研究。例如,研究者发现近十年来,人们的消费方式发生了很大变化。那么人们的消费方式是如何发生变化的?主要影响因素有哪些?研究者若要研究这个问题,最好的方法就是利用各种有关人们消费行为和消费观念的文献资料进行分析和研究。尽管也可以采用其他方法,例如,通过问卷和访问调查让人们回忆其消费行为和消费观念的变化,但由于这些方法要受到人们记忆能力和主观过滤的影响,很可能达不到理想的结果。而采用文献法能更好地保持资料的客观性和真实性。

第四,费用较低。文献研究一般不需要大量的研究人员,也不要求特别的设备,只要能够收集到足够的文献资料,就可以进行研究了。文献研究所需要的费用主要表现为资料费用,尽管会因所需要的资料的类型、数量、价值和获取文献的难易程度等方面的不同而发生变化,但一般要比一项大规模调查所需要的费用要低得多。

2. 文献研究的缺点

文献研究方法主要有以下一些缺点。

第一,文献内容无法控制。许多文献原本不是为了后来的研究目的而编制或撰写的,这一点常常使编写的文献的内容难以保证。这主要表现在:当初编写文献的人处于自身的各种目的和意图,往往可能强调某些方面而忽略另外一些方面,因此当后来的研究者利用这些文献时,往往会发现文献内容不能完全满足研究的需要。并且,由于前人对文献可能做出了取舍,因此后来的研究人员难以把握文献内容的正确性和精确度。

第二,缺乏统一格式,资料间难以对比。有些文献有较为统一的格式。例如,大的日报通常有大致相同的栏目和版面设计,可以就同一份报纸的不同时间作对比,也可就同一时间内的不同报纸作对比。但许多文献,特别是个人文献,并没有较为固定的格式,在一段时间内出现的内容,在另一段时间内可能就没有了。因此在利用文献法做纵贯研究或比较研究有时会发现资料不完整。

第三，编码困难，难以数量化。研究者有时候需要对资料进行数量化分析，因此，需要对资料进行编码和量化处理。但由于当初的文献在编写目的、对象等方面的不同，在内容、长度和形式等方面也会不同，所以，往往很难对它进行编码，尤其是文字资料的量化处理更为困难。编码的困难是文献人员所面临的最困难的任务之一。这种困境类似于问卷调查中对开放性问题的编码，或观察研究中对非结构性观察笔记的编码。

第四，研究所需要的部分文献不易获得。许多文献是非公开的，或者不是任何人都可获得的。例如，许多私人文献，或者需要保密的官方文献，一般不会公布于众，研究者往往很难得到。因此，研究者有时无法收集到足够的文献资料。

## 第二节 既有资料的分析方法

在文献研究中，首先大量采用对既有资料的分析。对既有资料分析的方法包括二手资料分析、现存统计资料的分析和历史文献分析等方法。

### 一、二手资料分析

1. 二手资料分析的含义

二手资料是相对于原始资料而言的。所谓原始资料或原始数据，是尚未经过统计汇总和统计处理的数据，而二手资料则是指由其他人为别的目的而收集和整理好的文献资料。因此，二手资料分析就是研究者对别人收集整理的文献资料进行的再分析。二手资料所用的资料一般包括其他研究者或研究机构通过调查得来的数据资料，或者是政府部门收集的统计数据等等。

计算机技术在社会研究中的普及，使研究者能够很容易地共享彼此的资料。20世纪60年代以来，越来越多的研究者开始使用他人使用过的二手资料进行研究。如今，利用二手资料进行分析的情况更为普遍。有些地方甚至建立了数据档案网络，将载有原始数据的磁带、光盘、卡片等存入档案库,供加入该数据档案网的研究者广泛交流和使用。其他研究者一般可以购买的方式获得这些资料。在国外,目前,已有很多这样的数据档案网络,数据资料既有本国的,也有跨国的,内容则涉及方方面面。

2. 二手资料分析要注意的问题

在基本原理和研究程序上,二手资料分析与采用第一手资料的研究并没有根本的区别。二手资料分析同样要遵循科学研究的基本原理和一般程序。只是由于资料来源上的差异而导致在具体的操作要求上有所不同而已。一般来说,进行二手资料分析应着重注意以下几个环节上的问题。

(1)研究主题的选择。在由研究人员设计资料收集方法的研究中,研究人员主要根据理论的需要和研究的兴趣确定研究主题,很少出现要求主题适应资料的情况。但在二手资料分析中的情况则不同。由于在文献研究中的研究资料是已定的,因此,在确定研究主题时,研究人员常常受到文献资料不充分的限制。在这一过程中,研究人员既需要根据研究主题选择合适的资料,有时也不得不根据资料的特点修改研究主题。因此,在制定研究计划时,要留有一定的余地,这样,一旦发现资料不能完全满足原先的设计,就可以对研究计划作适当的调整,以保证资料与研究主题的一致性。

(2)研究资料的搜寻。研究人员在确立了研究主题后,首先应对资料的可能来源有所了解。在西方,许多从事调查研究的机构、各种研究中心、资料档案管理机构等都可能提供研究所需的二手资料,资料来源较广。在我国,二手资料的来源相对较窄一些,政府统计部门所收集和保存的原始资料是二手资料的主要来源。还有很多原始资料被掌握在研究者个人或所在机构的手中,由于缺乏交流的渠道,因此常常难以作为二手资料而为其他的研究者利用。

二手资料的搜寻可以采用以下两种方法:一是查阅有关的实证研究文献。通过公开发表的实证研究报告,可以了解到有哪些大规模的调查以及这些大型调查的数据资料情况等信息。二是通过因特网进行搜寻。在因特网上不但有许多实证研究的信息,而且还可以发现许多可以购买的数据资料。

（3）资料的审核。在文献研究中还应该对所收集到的二手资料进行严格的审核,以确定文献的可靠性,否则再适合的材料也不能利用。二手资料的审核主要包括以下一些工作:

① 搞清楚文献的作者、出版者的背景。因为有时候他们的学术倾向和政治态度会影响他们在文献中表述的观点和所采用的数据资料,有时还会出现一些带有倾向性的"错误",即作者在编制文献时有意或无意地夸大或隐瞒一些事实。此外,最好能采用引用率较高的文献。

② 注意文献编写的时间,尤其是对记述历史事件的文献,必须把文献编写的时间和文献中所描述事件的时间加以对照。如果文献是编写者在事件发生过程中,或根据事件的发展的进程,在印象清晰情况下编写的,事件的具体情节会清楚些。反之,文献是在事件发生很长时间后编写的,事件的很多细节可能会被遗忘。一般来讲,文献编制日期离事件发生的时间越近,文献的内容就越具体可靠;但也有相反的情况,文献编写的时间晚一些可以摆脱当时的社会政治影响,反倒可以客观地反映事物的真实的情况。所以审查应当根据实际情况而定。

③ 在二手资料的审核中还应该特别注意不真实的数据或伪造的文献。因为在过去长期的历史上积累的各种文献中,难免会混杂一些人为夸大或缩小的数据,甚至有伪造的文献,所以,研究人员应该特别小心,必要时可向数据具体领域情况的工作人员请教。

（4）资料的加工。得到所需要的二手资料后,经常需要对这些资料进行一定的加工。由于研究目的的不同,他人以前收集的资料在调查单位、变量设计、数据结构等方面往往与后来的研究要求有一定的差距。因此在利用二手资料时,首先,应该仔细研究所获得的资料。要了解的问题包括:样本规模有多大;调查对象是怎样选择的;调查涉及哪些变量;这些变量是怎样测量的;这些变量的分布情况如何,等等。只有在充分了解数据的情况下,你才能准确有效地利用这些数据。其次,决定如何利用这些资料。这又涉及下列问题:根据你的研究目的,哪些调查对象与你的研究有关;在这些调查对象中,哪些数据是你的研究所需要的;如何提取这些数据为你的研究设计服务;是否需要对原始数据进行聚合和分解的操作;如果资料有多个来源,如何将这些资料结合起来,等等。总之,通过对二手资料的加工,可以使其更好地为你的研究服务。

(5) 资料的分析。对资料的重新分析,是二手资料分析最主要也是最大量的工作。在资料加工完成以后,对二手资料的分析与对第一手资料的分析在分析技术和方法上并没有实际性的区别。后文的资料分析部分将详细介绍各种基本的资料分析方法。

3. 二手资料分析的优缺点

(1) 二手资料分析的优点。二手资料分析的突出优点是省钱、省时、省力。通过利用别人收集的资料而不是自己去收集原始资料,可以极大地节省调查成本和调查时间。二手资料分析的另一个突出优点是比较容易做对比研究和趋势研究。例如,通过对比不同研究者在不同地区、不同时间,从不同群体收集的资料,可以发现所研究问题的地区差异、群体差异或发展趋势。如果采用亲自调查的方法来收集这些资料,将需要巨大的调查经费,并需要很长的研究时间。因此,在经费较少并且时间较短的情况下,使用二手资料来进行社会研究的可行性往往更高。

(2) 二手资料分析的缺点。首先,二手资料的效度有时难以保证。一个研究者为了某个目的收集的资料不一定与另一个研究者的研究目的相吻合。比较常见的情况是,原始资料收集者所问的问题与二次分析者的研究兴趣看起来比较接近,但在某些方面还有差距。例如,二次分析者感觉初始研究者在问卷中设计的某个问题"基本上"是他想问的问题,但在问题的措辞上有些出入,或者如果当初再加问一个问题就可以了。这就说明,原始问题所测量的内容对于二次分析者的研究目的来说,存在着效度问题。二手资料分析的另外一个缺点是,有时候原始资料中包含一些错误和偏差,但二次分析者对此不了解,因而只是简单地利用原来的资料也可能使结论发生偏差。

## 二、现存统计资料分析

1. 现存统计资料分析的基本含义

现存统计资料分析是指利用官方或准官方的统计资料来进行研究的一种方式。它与二手资料分析的相同点,是它们所用的资料都是现成的。而其不同点在于,二手资料分析所用的资料是原始数据,现存统计资料分析所用的资料是经过统计汇总的资料。在我国,最具权威的统计资料是各级统计局公布的各种统计报告。例如,各类统计年鉴、统计快报。在国际上,最具权威的统计资料主要由联合国等权威的国际机构提供。此外,一些专门的研究机构,如商业调查公司、民意测验机构,也经常公布一些社会调查结果。如盖洛普公司每年都要公布他们的各种调查结果。另外,在社会科学的各种专业期刊上发表的论文和文章中也经常包含有可以利用的统计资料。

2. 现存统计资料分析的用途

在社会研究中,现存统计资料既可以作为一种补充的资料来源,也可以成为主要的资料来源。在前一种情况下,统计资料通常作为某一个观点和论点的证据,或者作为研究的背景材料。在后一种情况下,则需要研究者收集大量的统计资料,并对其重新组织或进行复杂的分析。在这方面,迪尔凯姆的《自杀论》为我们提供了一个现存统计资料分析的范例。

3. 现存统计资料分析的研究范例:迪尔凯姆的《自杀论》

自杀是一种非常个人化的行为,每个自杀个案无疑都有其独特的原因。然而,19世纪法国社会学家迪尔凯姆相信,导致自杀的各个具体原因背后,有着共同的社会原因。为了证明他的观点,迪尔凯姆查阅大量官方统计资料。

首先引起他特别注意的,是自杀率的相对稳定性。他考察了许多国家,发现每年的自杀率几乎是一样的。他发现在炎热的夏季自杀率有增高的现象。这是否说明温度与自杀有关呢?如果这个猜测是正确的,那么,南欧国家的自杀率应该比北欧国家高。但统计数据表明,自杀率最高的国家是在中纬度的国家,所以温度高似乎不是自杀的原因。

迪尔凯姆接着又考察了年龄、性别及其他许多的因素。他发现一个值得关注的现象,在政治动荡时期自杀率会升高。这一现象在1848年左右的许多欧洲国家的统计数据中都有反映。这一情况引导他提出以下的假设：社会秩序的破坏会导致自杀率的增高，或者说社会稳定和整合可以减少自杀行为的发生。

迪尔凯姆通过对一系列的统计资料的比较和分析，解释和证明了上述假设。他发现，新教国家的自杀率比天主教国家的自杀率高。他还发现，未婚者和离婚者的自杀率都比已婚者高。迪尔凯姆提出了"社会整合度"的概念，来统一说明和解释这些现象。在这儿，社会整合度说明的是个人与社会联系的程度或个人参与社会生活的程度。迪尔凯姆认为，自杀率是社会整合度的一种反映。即社会整合度越低，自杀率越高；社会整合度高，自杀率就低。天主教徒比新教徒的自杀率低，是因为天主教是一个结构较健全和整合度较高的宗教系统，而新教的结构较松散；已婚的人自杀率比未婚者和离婚者低，是因为已婚者比未婚者和离婚者有更多的社会联系。

这个研究案例说明，社会研究者在进行研究工作时可以通过利用现存的统计资料去在更广泛的范围内分析相关的社会现象，并得出符合事实的结论。

4. 现存统计资料分析要注意的问题

在利用现存统计资料进行研究工作时要注意以下一些方面的问题。

（1）明确分析单位。现存统计资料所涉及的分析单位往往不止一个。它们一般是经过汇总的资料，常见的汇总单位主要有：各级地理区域（如国家、省、地区、城市、县等）、群体或组织等。要把这些汇总资料分解开来通常是不可能的。比如在关于自杀率的研究中，研究者获得了一系列国家的自杀率统计资料，但这些统计资料没有区别自杀者的宗教信仰，研究者只能按这些国家的主要宗教信仰将它们分为天主教国家和新教国家，但无法计算出天主教徒的自杀率和新教徒的自杀率。这时，如果仅从新教国家的自杀率比天主教国家的自杀率高，就判断宗教信仰与自杀行为有关，其结论就可能会有偏差。因为这种推理不能排除例外情况，例如，天主教徒可能会在新教徒占优势的地区自杀。也许天主教徒在新教徒占优势的地区受到严重的迫害，以至于感到绝望而自杀。即尽管新教徒国家有较高的自杀率，但不一定所有自杀的人都是新教徒。在做这种推断时,所依据的统计资料的分析单位与结论的分析单位不一致。在这里,统计资料的分析单位是国家,结论的分析单位是个人,这种错误就是常说的"区位谬误"。

迪尔凯姆在其自杀率的研究中为了避免"区位谬误"而采用了各种方法不断检验他的结论。例如,他用统计资料证明,不但新教国家的自杀率比天主教国家的高,而且天主教国家的新教地区的自杀率也比新教国家的天主教地区的高,等等。通过各种数据的对比,迪尔凯姆充分证明了他的结论。

总之,使用现存统计资料进行分析,应时刻注意资料的分析单位与结论的分析单位是否一致,应注意避免犯"区位谬误"。可以采用两种方式:一是结论来自严格的理论推论和经验;二是使用多种统计数据进行重复检验。

(2) 注意效度问题。采用现存统计资料分析的方法,研究者常常受到现存统计资料的限制。例如,统计资料不够全面,数据无法准确代表所研究的变量和概念。这些都使研究的效度无法保证。采用现有统计资料分析方法时,可以采用两种方法来处理效度问题:逻辑推理和重复验证。采用逻辑推理的一般方法是,先从研究的结论中逻辑地延伸出一些推论,然后使用一系列数据或经验观察来检验这些推论。

在社会研究中,研究者常常采用重复验证来解决效度问题。在社会研究中常常难以像自然科学实验那样对相关因素进行有效控制,以排除其他因素的影响,进而证明相关数据与结论之间确实存在因果关系,因此往往采用重复验证的方法来加强结论的有效性。例如,经常看到小张去图书馆,并不一定说明小张学习刻苦,也许他去图书馆是为了看小说;同样,每天看到他去教室上晚自习也不能完全说明他学习多么努力,他可能在教室做与学习无关的事;他上课从不缺席,但仅此也不能完全说明他学习很刻苦。这些现象如果都是单独发生的,都不是小张学习刻苦的有力证据;但是,如果所有这些事情都在小张身上发生了,那么,我们就可以很肯定地说,小张的学习很刻苦。

(3) 注意信度问题。信度问题与现存统计资料的质量有关。由于统计资料不是由研究人员收集的,有时其精确性难以保证。例如,在官方的犯罪统计资料中常常没有包括那些未被发现、未报案或未立案的犯罪事件。同时,一些基层组织或个人出于某种原因也可能虚报或瞒报统计数据。

面对现存的统计资料分析中出现的信度问题,研究者首先应该通过仔细的分析而发现可能存在的问题。例如,通过仔细研究所收集的统计资料,或者通过对比不同来源的资料,有助于研究者发现资料中存在的问题。然后,根据了解的问题,采取一定的补救措施,例如,采用一定方法对统计数据进行修正,或者采取前面所说的逻辑推理和重复验证的方法,等等。

（4）对现存统计资料的审核。在利用统计资料之前,也应该对其进行审核。审核统计资料时除了注意资料来源、调查目的之外,还要注意:①指标的定义和分组标准问题。在审查和利用含有分类统计数据的文献时,必须搞清楚指标定义和分组的标准。如果和自己研究的分组标准不一致,则不能使用这些资料,如若使用,必须根据自己的研究目的重新分组。②指标的统计总体范围的一致性。在利用统计资料进行比较时,一定要注意统计的总体范围。例如,我们从某县的县志上查出该县 1980 年的人口是 30 万,而 2000 年的人口是 60 万,我们不能据此就下结论说该县人口在这 20 年中增加了一倍,而应核查在这 20 年间该县的疆界有无扩大或缩小,否则,无法进行比较。

### 三、历史文献分析

1. 历史文献的含义及种类

所谓历史文献,是在历史上形成的各种类型的文献的总称。对于历史文献的时间划分并没有一个明确的规定,但在社会研究中,人们一般将那些时间比较久远的文献,或者其原作者及事件的当事人都已经故去的文献作为历史文献。历史文献有多种类型,包括对各种历史事件的原始记录、历史文件档案、旧报刊、重要人物的日记等各种类型。历史文件的载体也是多样化的,除了其原始的载体（如印刷的报刊文件以及手写的材料等）之外,还有一些经过技术加工的载体,如缩微胶片、电影胶卷、录音录像磁带、电子光盘等。

2. 历史文献在社会研究中的运用

一般说来,历史文献更多地运用在历史研究中,是历史学研究的主要资料来源。但在社会研究中有时也会采用历史文献,尤其是那些时间还不算太久远的历史文献。尽管历史文献一般不是社会研究的主要资料来源,但社会研究者在一些研究中有时也要用到历史文献。首先,在对某些社会规律的研究中,需要从历史文献中发掘有用的资料,以发现或证明在不同的时间里都存在的一些社会规律。在这一点上,社会研究与历史学研究有不同的特点。历史学研究一般更注重通过历史文献去发现某种历史事实(如历史事件或历史人物等)的真实情况,而社会研究则更注重通过历史文献去发现社会运行和发展中的某些规律。其次,社会研究者在对当代的某些事件进行研究时,有时需要向过去追溯事件发生的源头或在过去一段时间里的发展变化状况。例如,当研究一个组织内部的正式结构和非正式群体时,需要对其组织结构及人员安排的历史变化做出分析。因为目前的组织结构和非正式群体存在的状况可能在一定程度上是过去长期积累下来的。因此不了解其历史变动状况,也就很难深入地理解目前状况。同样,在对一项社会制度或社会政策的现状进行分析时,常常也离不开对其历史发展变化的状况做出分析,否则往往难以深入地理解现状的真实意义。在这种情况下,研究者常常就需要运用历史文献分析。

## 第三节 内容分析

### 一、内容分析的含义

内容分析是一种通过标准化的编码,将与研究课题有关的各种文献资料简化为可以对之进行统计分析的形式化资料的定量研究方法。在内容分析中,由于受编码能力的限制,研究者分析的一般是文献资料的外显的、表面的内容,而不是其丰富的深层内容。例如,文献中某一单词、某一概念、某一人物、某一行为方式等出现的频数或者在整个内容中所占的百分比。

内容分析是一种定量研究方法,它与一般社会调查的定量分析在性质上大致相同,只是资料来源不同,并且内容分析需要对文献资料进行形式化的编码。只要有足够的文献资料,在几乎所有的定量研究中都可以运用内容分析。内容分析方法还可用来分析第一手调查资料,例如,用于对访谈资料、观察笔记的定量分析。今后随着计算机和网络技术的发展,人类获取大量资料和处理大量资料的能力将越来越强,内容分析方法的使用将越来越普遍。

## 二、内容分析的主要环节

作为一种定量研究方法,内容分析的程序与其他定量研究方法,如大规模抽样调查的基本程序是相同的。下面我们对内容分析的主要环节做一简要介绍。

1. 抽取文献样本

在很多情况下,有大量的文献资料可以用于内容分析,但不可能对所有的有关资料都进行研究,因此,需要通过抽样方法,选取有代表性的样本。在抽样时,首先要确定文献总体,即与研究问题有关的所有文献。文献总体的具体表现就是一个编制好的抽样框,它是一份所有有关文献的清单。然后按照一定的抽样方法从中抽取用于分析的文献。我们在第五章介绍的各种抽样方法,都可以运用在内容分析中。

在对文献资料进行抽样时,可以用的抽样单元非常多。如果所研究的文献资料是杂志、报纸、电视节目等连续性出版物,抽样的单元往往是一个特定的时间周期内的文献资料,如从每月抽取一个星期的报纸,或者每隔两年抽取一年的报纸,当然,也可以单份文献资料为单元,或者是文献资料的某一部分,如报纸的一个版面,甚至可以在作者、章节、段落、句子、词汇等层次上抽样;也可以采用多阶段的抽样方法,将多个抽样单元结合起来。例如,在1980—2004年这25年的《光明日报》中,首先每5年抽取1年的报纸,这样共抽取了5年的报纸,然后从这5年的报纸中,每年随机抽取10个星期的报纸,这样共获得了50个星期共350天的报纸,然后在每份报纸中选取头版的所有文章作为分析样本。

2. 确定分析单位

分析单位是我们需要描述和解释的个体单位,它需要根据研究目的来确定。例如,要计算家庭平均收入,就要以家庭作为分析单位。如果要解释人们的自杀行为,需要将自杀者个体作为分析单位。

在对文献资料进行内容分析时,可能的分析单位非常多。例如,如果你分析的对象是文本材料,那么分析单位可能是词、句子、段落、题目、题材、主题或者是项目(如书或信件)。因此,在内容分析中,确定分析单位的复杂性比其他研究方法更为突出。这就需要研究者保持清醒的头脑,否则极容易产生"区位谬误"。

3. 进行编码

对文献资料的编码一般要经历以下三个步骤:

第一步,明确计数单位。这里所说的计数单位就是编码的具体对象。有五种常见的计数单位:①单词或单个符号;②主题;③人物;④句子或段落;⑤项目。计数单位与上文所说的分析单位不一样,而是按照对变量的操作化定义来确定的。例如,如果我们想研究在多个少数民族的民歌中,哪个民族有更多的情歌,那么,在这里,民族是分析单位,民歌是计数单位。

第二步,建立分类体系并编制编码表。确立分类体系是编码和量化分析的前提。一旦选定了计数单位,就需要根据研究假设和变量的操作化,对之建立分类体系。分类体系应该是完整的和互斥的,即它应该包括所有可能的类型,而且各个类别之间应该是互相排斥的。确立了分类体系后,研究者需要给分类体系中的所有类别赋值并编制编码表,例如,对于性别变量,用"1"表示男性,用"2"表示女性。编码表包括了研究中所有变量的分类、赋值方法,并一般留有供填入实际编码值的空间。

第三步,对计数单位进行编码。确立了分类体系和编码方法后,就可以对计数单位进行实际的编码了。首先,编码员在文献中找到计数单位,然后按照分类体系和编码方法将其编码值填入编码表。编码工作需要相当的仔细,编码人员必须经过专门的训练,以防止编码中出现偏误。

4. 数据的加工处理

通过编码,文献资料被转化为可供统计分析的形式。内容分析的统计分析方法与对一手资料的统计分析方法没有根本的差别。根据所使用的内容分析指标的测量水平,除频数计算外,还可使用列联分析、线性相关回归分析或其他多变量统计。

5. 信度和效度检验

内容分析的信度主要与分类体系和对编码员的训练有关。如果分类体系的各类别之间的区分是明确和清楚的,编码员受过专门的训练并且工作仔细,那么不同的编码员对同一材料的归类和编码就不会存在明显的差异。

内容分析的效度可以通过两个途径加以检验:一是检验其内在效度,既检验分类体系与研究目标和研究假设的一致性。如果没有对文献材料进行认真研究就建立分类,可能会使分析材料不能有效地与研究目标联系起来。二是检验其外部效度,即通过引入其他的方法如访谈或观察检验内容分析的效度。

### 三、内容分析的一个研究范例

美国社会学家 S.M. 多恩伯切和 L.C. 希克曼所做的"消费品广告中的他人导向"研究是内容分析的一个研究范例。美国学者大卫·里斯曼认为,美国社会生活中存在易受他人影响(他人导向)的历史趋势。由于这一理论观点涉及历史过程,因此,只能通过文献资料进行验证。S.M. 多恩伯切和 L.C. 希克曼运用内容分析法,以长时间不间断地刊登广告的杂志作为资料来源,通过分析消费品广告中广告用语的变化,对大卫·里斯曼的观点进行了检验。

他们假定,广告用语的变化反映了公众消费心理的变化。如果里斯曼的观点是对的,那么,美国消费品广告用语中他人导向的成分应有持续增加的历史趋势。

以下是对该项研究基本程序的解析:①

1. 研究假设

美国消费品广告中,具有他人导向用语的广告比例随时间而增加。

2. 抽样

以 1890 年到 1956 年各期《妇女之家》杂志作为抽样总体。这是因为该杂志的读者类型比较固定,主要是中产阶级妇女(根据里斯曼的观点,上述变化趋势主要在中产阶级中存在)。《妇女之家》杂志在这期间共发行了 816 期。抽样方法如下:先给每期编号,然后通过查随机数表每年抽取一份。分析程序也用随机方法确定。由于时间和资金的限制,只抽取不同年份的 41 期,抽样量为 5%。

3. 分析单位

以每幅广告为分析单位。

4. 变量的操作化

有 6 项指标反映他人导向的广告用语。这 6 项指标可以分为两大类:个人或群体认可的用语、声称使用某个产品有利于人际关系和睦的用语。

(1) 个人或集体认可的用语:

① 个人认可,如"约翰穿耐克牌衬衫";

② 集体认可,如"家庭妇女订购喜欢胜家牌缝纫机";

③ 用数量表示的认可,如"两千五百多男子使用星牌刀片";

(2) 人际关系方面的用语:

① 积极方面,如"如果你使用'雷顿'产品,他会更喜欢你";

② 消极方面,如"她的汗味使大家躲得远远的,她如果用了菊花牌香水就好了";

③ 两者结合,如"吉姆的女朋友和他吹了,因为早点太糟,使他无精打采。当他吃了维泰式早点后,精神抖擞,又重新赢得了她"。

5. 计数单位与计数方法

---

① 资料来源:G. 罗斯. 当代社会学研究解析. 银川:宁夏人民出版,1988. 177~182

计数单位为每幅广告。在上述指标中,人际关系方面的用语是相互独立的,但对指标①、②、③每个广告有可能被重复计数。因此,在综合指标中,重复计数的部分只计1次,这样可以消除由于一个广告被重复计数所带来的偏差。

6. 结果分析

比较1890—1919年期间与1920年以后的资料,可以发现存在一个明显的转变,即广告中具有他人导向的用语明显增加(见表11-1)。因此,里斯曼的理论观点大体得到了证实。但从1940年以后,他人导向的指标值有所下降,研究者将之归因于广告手段的巧妙化和分析技术的缺陷,而不是由于他人导向倾向的实际降低。因此,只有采用更好的测量指标进行进一步的研究,才能证明这一点。

表11-1 《妇女之家》杂志上他人导向用语的广告比例

| 年代 | 广告数 | 认可用语指标(%) | | | 认可用语综合指标 |
|---|---|---|---|---|---|
| | | 指标1 | 指标2 | 指标3 | |
| 1890—1899 | 1697 | 2.8 | 3.0 | 1.6 | 6.6 |
| 1900—1909 | 1296 | 2.6 | 5.0 | 2.6 | 9.7 |
| 1910—1919 | 1138 | 1.6 | 4.8 | 5.0 | 9.8 |
| 1920—1929 | 1569 | 6.6 | 11.7 | 9.7 | 23.9 |
| 1930—1939 | 502 | 6.8 | 12.4 | 9.2 | 21.5 |
| 1940—1949 | 1088 | 7.1 | 5.9 | 6.6 | 17.3 |
| 1950—1956 | 1102 | 6.6 | 6.4 | 7.6 | 15.1 |

| 年代 | 广告数 | 人际关系用语指标(%) | | | 人际关系用语综合指标 |
|---|---|---|---|---|---|
| | | 指标4 | 指标5 | 指标6 | |
| 1890—1899 | 1697 | 0 | 0 | 0 | 0 |
| 1900—1909 | 1296 | 0.1 | 0 | 0 | 0.1 |
| 1910—1919 | 1138 | 0 | 0 | 0 | 0 |
| 1920—1929 | 1569 | 0.6 | 0.4 | 0 | 1.0 |
| 1930—1939 | 502 | 1.8 | 1.0 | 1.0 | 3.8 |
| 1940—1949 | 1088 | 0.7 | 0.3 | 0.5 | 1.5 |
| 1950—1956 | 1102 | 0.3 | 0.2 | 0.2 | 0.7 |

## 四、内容分析法的优缺点

1. 内容分析法的优点

与其他定量研究方法相比,内容分析法的最大的优点成本低、省时省钱。内容分析法一般不需要大量的研究人员,也不需要昂贵的设备。只要能够收集到足够的文献资料,并找到合适的量化方法,就可以从事内容分析。

内容分析的另一优点是便于重复研究。在一手资料研究中,如访谈调查或问卷调查,重复一项研究的成本很大。有时候由于调查时机的丧失,要重做也许根本不可能。内容分析法则不存在这些障碍,由于研究资料是现成的,重做的成本很小,也基本不存在丧失研究时机的问题。这样就便于研究者弥补错误,或者用同样的资料检验其他研究者的研究结论。

内容分析还有一个优点是允许研究者对一段历史时期内发生的过程进行定量研究。这只需要抽取不同时点的文献资料进行研究就行了。

2. 内容分析法的缺点

内容分析的缺点在于,它只能研究记录下来的信息内容;同时,由于研究者不能控制文献资料的记载和编制过程,因此,内容分析常常要面对信度和效度方面的问题。

# 第十二章 研究资料的审核、整理与统计分析

在收集资料的工作完毕以后,就应该进入资料的整理与分析的阶段。而在对收集到的资料进行整理和分析之前,还应该对资料进行审核。研究资料的审核、整理和分析都是社会研究中的重要环节。

## 第一节 资料的审核与整理

研究资料的审核与整理是分析资料的基础,它是研究阶段后期的第一项工作,是保证调查资料客观性、准确性、条理性、完整性不可缺少的重要环节。在前面若干章节中已经结合各种收集资料的方法,分别介绍了对各种资料审核的基本内容和要求。本节中只是对资料审核的一般性原则做简要的概括。

### 一、资料审核的概念和原则

1. 资料审核的概念

资料审核是指在着手整理调查资料之前,对原始资料进行审查与核实的工作过程,目的是保证资料的客观性、准确性和完整性,为资料的整理打下坚实的基础。如果原始资料中有错误,整理加工后就不易被发现和修正,从而导致错误的结论,失去调查研究的科学性。实际上,资料的收集和审核在大多数情况下是同步进行的,这里分开阐述只是为了学习上的方便。资料审核和资料收集工作同步进行,叫做实地审核或收集审核。在收集资料后集中时间进行审核叫做系统审核。对重要资料进行反复的各种形式的审核,叫做多次审核。

2. 资料审核的原则

资料审核工作一般应按照以下一些原则进行:

（1）真实性原则。对收集到的资料要根据实践经验和常识进行辨别，看其是否真实可靠地反映了调查对象的客观情况。一旦发现有疑问，就要根据事实进行核实，排除其中的虚假成分，保证资料的真实性。

（2）标准性原则。在较大规模的调查中，对于需要相互比较的材料要审核其所涉及的事实是不是具有可比性。对于统计资料更要注意指标的定义是否一致，计量单位是否相同等等。

（3）准确性原则。要对资料进行逻辑检查，检查资料中有无不合理和相互矛盾的地方。例如，某人年龄栏内填写的是 23 岁，而工龄栏内填写的是 18 年，这显然不合逻辑。对收集来的各种统计图表应重新计算复核，利用历史资料更要注意审查文献的可靠性程度。

（4）完整性原则。要检查调查资料是不是按照提纲或统计表格的要求收集齐全。如果资料残缺不全，就会降低甚至失去研究的价值。还要检查在调查中发现的新线索、新问题是不是也都做了调查。

## 二、资料的整理

### 1. 资料整理的概念和原则

资料的整理是根据研究目的将经过审核的资料进行分类汇总，使资料更加条理化和系统化，为进一步深入分析提供条件。它是从调查阶段过渡到研究阶段，由感性认识上升到理性认识的一个必经的中间环节。资料整理应遵循三条原则：

（1）条理化。条理化是指对资料进行分类从而为进一步的分析创造条件。分类系统实际上是资料存取系统，它便于资料的保存、检索和利用。科学的分类系统不仅是资料的存取系统，还是对客观规律的认识系统，分类反映着研究者对研究对象的认识。

（2）系统化。系统化是指从整体上考察现有资料满足研究目的的程度如何，有没有必要吸收补充其他资料。条理化原则是从对事物分类归纳着手，而系统化是从整体综合的角度考虑问题。首先，它要从整体上考虑现有资料是否系统、完整；其次，要考虑对调查中发现的新情况如何处理。

（3）统计汇总。统计汇总是指将调查得到的各种数据进行初步的统计整理,以把握其总体上的数量特征。通过调查表得来的原始资料反映了总体内各个个案所具有的数量特征,它们包含着表现总体数量特征的有用信息。将调查表中分散的原始数据依据一定的方法进行科学整理,就能使总体的数量特征和规律性显示出来。

2. 分类与分组

从严格的意义讲,分类和分组都是一种定性分类方法,即根据研究对象的某些特征将其区分为不同种类。分类适用于全部调查资料,分组只限于数量化的统计资料,习惯上将后者称为统计分组或称为统计分类。就调查过程而言,调查资料的分类有两种,即前分类和后分类。前分类就是在设计调查提纲、调查表格或问卷时,按照事物或现象的类别设计指标,然后再按分类指标收集、整理资料。后分类,是指在调查资料收集起来以后,再根据资料的性质、内容或特征而将它们分别集合成类,如文献调查的资料、非结构观察、座谈会的记录、问卷调查中开放性回答等。

(1)分类的类型及意义。分类的方法有两种,即现象分类方法和本质分类方法。根据事物外部特征或外在联系进行分类的方法称为现象分类法;根据事物的本质特征或内部联系进行分类的方法称为本质分类法,本质分类法也被称为科学分类法。

现象分类法可以帮助调查者建立资料存取系统,便于资料的存取、查找和利用。调查初期建立的往往是这种分类系统。例如,我们把调查资料按照调查单位分类、按年代分类等。现象分类往往会把本质上相同的事物分为不同的类别,不便于认识事物的本质,因此,在整理资料的过程中力求从现象分类过渡到本质分类。

本质分类不仅是资料的存取、检索系统,而且是调查者对客观事物和规律认识的总结系统。它不是一个单纯技术性问题而是理论问题,反映出研究者的理论观点,并需要具体学科理论的指导。

(2)选择和确定分类标志的原则。分类的关键在于选择和确定分类标志。分类标志一经选定,必然突出在此标志下的性质差异,而将其他标志下的差异掩盖起来。分类标志选择的恰当与否,会直接影响资料分析的科学性。

① 分类标志的类别。分类标志可以分为品质标志和数量标志。

按品质标志分类就是选择反映事物属性差异的品质标志为分类标准。如性别按男、女分为两类。有些品质标志在反映事物性质特征时定义具体明确,不致产生对标志意义理解上的混乱,有些标志则不然,如"户"。有些已婚者与父母、弟妹居住在一起,就户口本而言是一户,但他们的经济收入、消费却是完全独立的,因此按户籍管理规定来定义的"户"需要进一步研究确定。按数量标志就是选择反映事物数量差异的数量标志为分类标准。如居民家庭按子女数分组,可分为无子女家庭(0人)、单子女家庭(1人)、双子女家庭(2人)、多子女家庭(2人以上)。但要注意事物的数量差异常常反映着事物质的差异,因此在分类时不能随意规定数量界限,而应该认真研究该社会事物随着数量的变化而引起性质变化的规律。数量标志有两种表现形式:一是按单值分类,如上面讲的按子女数分类;二是按组距分类,如按年龄组距将人们分入不同的年龄段中。在组距分类中,降组距中的起点数值(最小数值)称为下限,将终点数值(最大数值)称为上限。如某一数值正好与某一组距中上限一致,应遵循统计学中的"上限不在内"原则,将其划归下一组。

② 选择分类标志的原则。要选择正确的分类标志,必须遵循四条原则:首先是从研究目的出发选择标志。如研究人口的年龄结构,就以年龄为标志进行分类;研究公务人员的文化素质,就首先应该以文化程度作为分类标志。其次是从反映事物本质的需要去选择标志。社会现象的众多特征中有本质特征和非本质特征,应选择反映本质特征的标志作为分类标志。再有是根据具体的历史条件去选择标志。社会现象的特征是随时间、地点和条件而起变化的,要研究新问题适应新情况。如研究当前我国农村的社会结构,仍以土改时的"阶级"为标志进行分类就没有现实意义了。分类标志要随历史条件的变化而变化。最后,分组标志的确立必须坚持穷尽性和互斥性的原则。穷尽性是指分组标志的确定必须使所有个案的特征表现都找到归属组,无一例外,也就是要将所有可能的类别都要列出。有些分组达到穷尽性原则比较简单,如性别,每个人不是男性就是女性。但多数分组达到穷尽标准并不容易。如在研究我国宗教信仰时,只分佛教、基督教、伊斯兰教这三大类,就违反了穷尽性原则,因为信仰道教和其他原始宗教的将无类可归。

出现这种情况的原因在于研究者对我国宗教缺乏实际的了解。互斥性是指分组标志应该互斥,要使每个个案的特征表现只能分配到一组之内,不能同时在几个组内出现。如人口出生地域,若按北方人、南方人和北京人为分组标志,那么,一个北京出生的人既可归北京人一组,又能归于北方人一组。这样的分类标志是重叠的,违反了互斥性原则。

## 第二节　资料汇总

分类和分组标志制定下来后,下一步就是把资料归类,我们称之为资料汇总。汇总的技术有两种:手工汇总和计算机汇总。目前,绝大多数定量调查的资料都采用计算机汇总。本节也主要介绍用计算机汇总定量调查收集的资料。

### 一、计算机汇总的步骤

计算机汇总大致分为四个步骤:编码、登录、录入和程序编制。

1. 编码

编码是将问卷中的信息数字化,转换成统计软件和统计程序能够识别的数字,这项工作是一种信息代换的过程。编码工作主要是建立编码手册,编码手册记录着每一个数字所表示的实际意义,它相当于打电报的密码手册。调查者要根据它将问卷调查资料转换成能够统计、计算的数字,输入计算机,然后再根据它将计算机整理出来的结果转换成我们能阅读的文字。

2. 登录

登录是将编好码的问卷资料过录到资料卡片上去,以便于将它们输入到计算机的软盘或硬盘等存储设备上去。

3. 录入

录入是将登录在资料卡片上的数据录入到计算机的存储设备(软盘、硬盘等)上,其工作性质同登录相同。所不同的是登录的操作是在资料卡片上进行的,录入是在计算机的终端机上进行。一般来说在完成这项工作后原始资料就可以束之高阁了。只要有编码手册、资料卡片或磁盘就能再现原始资料。

4. 程序编制

要用计算机汇总资料就必须给计算机输入一种指令,指挥计算机进行工作,这种指令就是程序。编制程序是一项技术工作,它要求编制者会应用计算机语言。但现在这项工作已由软件工作者为我们做好,我们只需会使用软件包就行了。

## 二、一个资料汇总的实例

我们结合一个例子来说明资料汇总的具体技术。

某部门为了了解老干部和老知识分子的状况,曾对本系统60岁以上的成员做过一次普查。下面,我们摘选该调查表的一部分。

```
 题号   问题及回答                      编码位   数据登录
 1. 姓名：_____                      1—5    _____
 2. 年龄：_____                      6—7    _____
 3. 业务专长：_____                  8—10   _____
 4. 家庭居住面积：_____              11     _____
     (1) 20 m² 以下(    )
     (2) 20～45 m² (    )
     (3) 45～65 m² (    )
     (4) 65 m² 以上(    )
 5. 您是否退休？                         12     _____
     (1) 已退休(    )
     (2) 延期退休(    )
     (3) 暂缓退休(    )
     (4) 该退未退(    )
 6. 您不愿意退休的理由(只能填一项)：     13     _____
     (1) 身体健康尚能工作(    )
     (2) 担心青黄不接影响工作(    )
     (3) 无所事事空虚苦闷(    )
     (4) 认为退休制度不合理,等待改革(    )
```

## 第二节 资料汇总

这个调查共提出60个问题,收集了50 000份问卷,由于工作量太大,所以应采用计算机整理。

1. 编制编码手册

上面列出的六个问题可以分为两种类型,一是开放性问题(1、2、3题),二是封闭式问题(4、5、6题)。开放性问题是后分类,要解决分类类别问题,其步骤是先将答案通阅一遍,然后概括、归纳,要注意穷尽性和互斥性原则。比如业务专长这个问题,通阅后归纳出了29个类别共250多种专长,那么就用数码的前两位代表类别,后一位代表该类别中的不同专业。如规定"文学"类别编码是00,其中"文学概论"的编码是001,"外国文学"是006,还可以规定"国际贸易"是089,"力学"是152等。封闭性问题的分类是在调查前制定好的,所以只是指派数字的问题。表12-1是这次调查编码手册的一部分。

表12-1 编码手册示例片段

| 列 | 问题号码 | 项目名称 | 内容说明 |
| --- | --- | --- | --- |
| 1—5 | 1 | 姓名 | 答卷人姓名编号 |
| 6—7 | 2 | 年龄 | 答卷人年龄 |
| 8—10 | 3 | 业务专长 | 专业编码详见附表 |
| 11 | 4 | 家庭居住面积 | 1 = 20 $m^2$ 以下<br>2 = 20 ~ 45 $m^2$<br>3 = 45 ~ 65 $m^2$<br>4 = 65 $m^2$ 以上 |
| 12 | 5 | 是否退休 | 1 = 已退休<br>2 = 延期退休<br>3 = 暂缓退休<br>4 = 该退未退 |
| 13 | 6 | 不愿退休的理由 | 1 = 身体健康尚能工作<br>2 = 担心青黄不接影响工作<br>3 = 无所事事空虚苦闷<br>4 = 认为退休办理得不合理,等待新的政策 |

在表 12-1 中,可以看出编码手册包含 4 个主要项目。

(1) 表 12-1 中第一列"列"中的数字符号代表着在固定格式的电子数据库中数据矩阵中列的序号。如第 1—5 格,意味着数据矩阵上的每一个个案的第 1—5 列的记录是被调查者的姓名编码。第 1—5 列是 5 位数,它的编码可以从 00001~99999,就是说可以记载 99 999 个个案的情况。这次被调查的有 5 万人,最多是 5 位数的数据,所以留 5 个格是绰绰有余的。如果我们调查了 10 万人,那么在固定格式的编码时就要留 6 个格,以便能够容纳 6 位数的数据。留格多少要考虑每一类别有多少可选择的项目,不超过 9 个选项的用 1 位数表示就行了,因此只需要留 1 个格;大于或等于 10 个,但小于或等于 99 个选项的需要用 2 位数来表示,因此需要留 2 个格;以此法类推。第 4、5、6 题,每个问题的回答都只有 4 个选择,用 1 位数表示就可以,所以留 1 格就够了。

(2) 问题号码。编码手册上的问题号码和问卷或调查表上的题号应该一致。有了这个号码,就可以清楚地知道数据矩阵中某个位置上的数据是关于调查表上哪一个问题的资料。

(3) 项目名称。这是指问卷中所要调查的问题或项目是什么,即变量的名称。

(4) 编码的内容说明。这是指该问题或项目中各个数字的具体含义,有的教科书将此称为变量数值实际意义的说明。

以表 12-1 编码手册中的第 5 个问题为例:它规定了对问卷中第 5 个问题,即"是否退休"的调查结果,在固定格式的计算机数据矩阵中这个变量占第 12 列,变量值"1"代表"已退休",变量值"2"代表"延期退休",变量值"3"代表"暂缓退休",变量值"4"代表"该退未退"。如果是做资料登录,应该按照这里的规定将被访者的回答转化为一定的数据而填入问卷右侧印好的空格(见第七章),然后输入计算机中。如果我们在计算机固定格式数据矩阵的第一行读到这样的数字 0000165089441,这时我们可以根据编码手册转译过来,即第 00001 号被调查者,年龄是 65 岁,业务专长是国际贸易,住宅面积 65 m$^2$ 以上,属于该退未退的工作人员,未退休的理由是身体健康尚能工作。从此例可以看出，编码手册的作用就是规定在数据矩阵中每个位置上数字的实际意义。

在编码过程中还要考虑到给问卷表中"无回答"和"不知道"的答案一个数字（或其他符号）的编码。给"无回答"答案的编码最常用的是 0，对需要不止一个格的可以重复所给数字（如 00 或 000）；给"不知道"答案的编码常为 9 或 99,999。对大多数问题上述方法是可行的，因为指派数字往往从 1 开始，又很难超过 9，所以让"无回答"为 0，"不知道"为 9 很方便。但对少数问题，0 和 9 两者均可能是被回答的问题本身所需用的数字（如家庭中子女的数目），在这种情况下"无回答"和"不知道"的编码必须是在经验上绝不会出现的数字（例如 99,98；因为子女数目绝不会有这么多）。这样往往在编码时要多增加 1 个格，如问家庭的子女数目，要占两格，如果回答有 3 个孩子，在登录时要写 03（高位空格补 0）；"无回答"的编码为 99，"不知道"的编码为 98。

2. 根据编码手册做卷面资料登录

卷面资料登录是将每张问卷上的调查资料根据编码手册的指导转换成数字并填写在问卷右侧的短线上。卷面资料登录包含"数据转换""登录"两方面的意义，数据转换是指将被调查者的回答转化成相应的数码，登录是将转化后的数码以一定的格式在问卷上的固定位置上记录下来。从资料登录的角度看，卷面资料登录只是整个资料登录过程的一个中间环节，在经过了卷面登录后，最终还要将转化好的数据资料录入到计算机里。之所以需要这个中间环节，主要是如果一次性地将问卷中原始信息转化并录入到计算机中可能会发生较多的录入误差，而经过了这个中间环节以后，资料的转化和录入就分为了两个步骤，对这两个步骤可以各由专门的人员负责录入和检查，这样出错的可能性会降低。但有时候一些规模较小，变量内容和格式都比较简单的问卷也可以省略这个步骤。

3. 调查资料的计算机录入

调查资料的计算机录入是将转化为数码的资料输入到计算机内。计算机录入一般是按照卷面登录的数据进行，有些简单的问卷也直接按照问卷中的原始记录来录入。计算机录入有固定格式和自由两种方式。

（1）固定格式录入。固定格式录入是指按照固定的位数和固定的位置去输入代表每个变量取值的数码。具体做法是，先给每个变量的可取值规定好固定的位数，例如"性别"是 1 位数，"月收入"是 4 位数等，在录入数据时代表每个变量取值的数码都必须刚好是规定的位数，如果实际数字不够规定的位数，则应该在前面填加"0"，以凑齐所需要的位数。例如，如果"收入"变量规定了 4 位数，而某个被调查者的实际收入只有 800 元，则应该在相应的位置上填入"0800"。由于严格规定了代表每个变量取值的数码位数，因此按照固定的顺序将所有变量排列起来后，代表每个变量可取值的数码在数据矩阵中的位置也就固定了。然后资料录入员按照这种固定的格式将所有数码不间断地输入到计算机中，形成由数码构成的数据矩阵。

几乎所有的数据及文字编辑软件都可以用来录入固定格式的数据。下面是一个用 Winword 软件录入的数据矩阵（见图 12-1）。

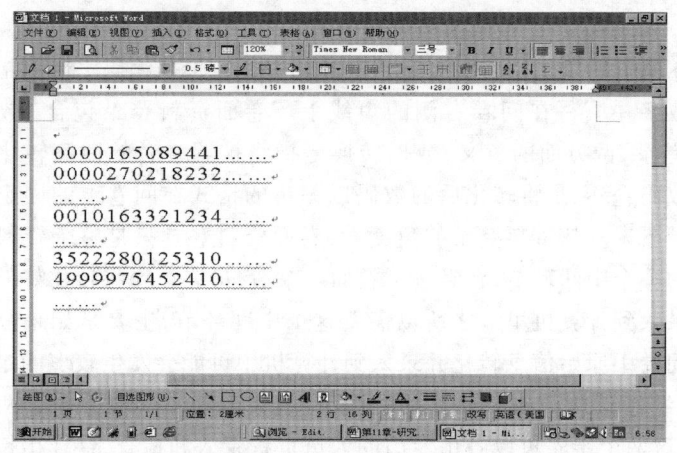

图 12-1　Winword 编辑的数据矩阵

按照固定格式录入数据最大的好处是资料录入员可以集中精力敲击键盘，不必去考虑每个数据应该对应哪个变量，这样可以提高录入的速度。但缺点是必须先将调查数据转化为固定的格式，并且卷面登录和计算机录入时都要严格注意每个变量上数码的位数和位置，不能有

## 第二节 资料汇总

一点差错。如果中间出现了一个数码的差错都将使整份问卷后面的所有的数码发生位移,导致该份问卷后面录入所有的数据全错。因此,在卷面登录时一定注意不能将变量取值的位数和位置搞错,在计算机录入时也一定要高度集中精力,严防因跳行、漏读、按错数键所产生的错误。

按照固定格式输入完所有的数据以后,将形成的数据矩阵存入一个文件中。然后将问卷的编码格式输入统计软件(如 SPSS)中,再从该统计软件中打开预先存好的数据文件。这时,统计软件会自动地按照输入的编码格式去阅读数据文件中的数码,并将它们还原为一个个的变量值。

(2) 自由格式录入。自由格式录入是指以一个个的变量值为单位直接将数据录入到计算机电子表格中。目前常用的 SPSS 等计算机统计软件都带有电子表格,同时还可以录入到 Excel 等专门的电子表格软件中。在自由录入时,每个变量的数据占据表格矩阵中一列,每份问卷的所有变量数据占据一行,而每份问卷中的一个变量上的数据则在其相应的位置上占据一个格。在进行自由格式录入时,只要预先设立好每个变量的位置(列),在录入时注意找准每个变量的位置就可以。自由格式的示例如图 12 - 2:

|   | 性别 | 年龄 | 家庭收入 | 业务专长 | 居住面积 | 是否退休 | var |
|---|---|---|---|---|---|---|---|
| 1 | 男 | 75 | 555 | 211 | 78 | 已退休 | |
| 2 | 女 | 63 | 5485 | 212 | 80 | 暂缓退休 | |
| 3 | 女 | 60 | 852 | 122 | 88 | 延期退休 | |
| 4 | 男 | 63 | 4587 | 152 | 96 | 该退未退 | |
| 5 | 女 | 65 | 2210 | 541 | 120 | 5 | |
| 6 | 女 | 62 | 3332 | 751 | 145 | 暂缓退休 | |
| 7 | 男 | 67 | 5000 | 486 | ***** | 已退休 | |
| 8 | 3 | 80 | 6000 | 545 | 100 | 已退休 | |
| 9 | 女 | 78 | ***** | 455 | 145 | 已退休 | |
| 10 | 男 | 77 | 2100 | 281 | 65 | 已退休 | |

图 12 - 2 SPSS 编辑的数据矩阵

自由格式录入最大的好处是在录入时比较直观,只需要将每个变量的数值录入到相应的位置(格)上,而不用将每个变量都先转化成标准化的数码格式并准确对位。例如,在"编号"变量上,虽然总的编号数可达 5 位数,但编号为 1 的直接录入"1"就可以了,编号为 101 的录入"101",而不需要输入"00001"和"00101"。这样一来,可以省略许多敲击键盘的时间。并且由于数据比较直观,在录入时一旦键盘敲击错误也容易发现。

同时,如果采用专门的统计软件,还可以事先规定好每个变量的最大位数和可取值等。在输入数据时,一旦输入的数码不符合预先设计的位数或可取值范围,计算机马上就可以识别并显示错误。例如,对"收入"变量的列只设 4 位数,如果输入了一个 5 位数的数字,相应的格上可能显示出"＊＊＊＊",表明录入出现了错误。又例如对"性别"变量事先只标定"1＝男"和"2＝女",只有当输入的是"1"或"2"的数字时,相应的格里才会出现"男"或"女",因此如果发现"性别"列的某一格里出现了其他的数字或字母,则表明输入错误。

(3) 利用计算机差错和纠错。资料录入后可以利用计算机来查错、纠错。查错的程序有两种:第一种是检查输入信息的有效性,即对数码进行幅度检查。幅度检查的方法主要是检查资料的子项是否都在规定的幅度范围内。例如,关于性别的调查项目答案只有两个:男、女,如果男＝1,女＝2;那么这个项目答案幅度是 1～2,不可能有 3、4 等数码。幅度检查就是要把那些超越幅度的错误找出来。第二种是检索输入信息相互之间的一致性,即对数码进行逻辑检查。逻辑检查主要是检查同一份问卷中,不同问题的答案是否相互矛盾,例一份问卷的第 4 题是询问年龄,年龄的编码是:"1～14 岁"＝1,"14～25 岁"＝2,"26～40 岁"＝3,……第 6 题是询问婚姻状况:已婚＝1,未婚＝2,……假如第 4 题的答案是"1"(1～14 岁),如果第 6 题的答案也是"1"(已婚)的话,那么,不是第 4 题就是第 6 题的答案错了,逻辑检查可以找出答案的逻辑矛盾。

4. 向计算机发布指令,通过计算机来整理资料

当资料全部输入计算机后,就可输入指令整理资料了。随着计算

机技术的发展,已经有更成熟更方便的社会统计软件包来帮助我们进行数据汇总和统计分析,因此,以上程序可以大大简化。下面以 SPSS 社会科学统计软件包为例来介绍通过计算机整理资料的基本情况。

SPSS 软件包具有强大的数据处理功能,我们只需调用相应指令,就可以完成各种统计功能。例如:我们想整理表 12-1 上第四个问题。以 SPSS(11.0 版本)为例,在建好 SPSS 数据库并完成资料输入后,只需按如下顺序点击菜单项:

Analyze ⟶ Descriptive Statistics ⟶ Frequencies

此时计算机会进入计算频数分布的窗口,然后把变量 4 点入到右栏中,点击 OK,在统计结果的窗口中就会显示出结果,如表 12-2。

表 12-2 某单位职工家庭居住面积情况

| 变量值 | 频数 | 百分比(%) | 累计百分比(%) |
| --- | --- | --- | --- |
| 1 | 15 000 | 30.0 | 30.0 |
| 2 | 12 500 | 25.0 | 55.0 |
| 3 | 12 500 | 25.0 | 80.0 |
| 4 | 10 000 | 20.0 | 100.0 |
| 合计 | 50 000 | 100.0 | |

如果在建立数据库结构中已经把各个变量的具体内容输入了,就可得出表 12-3。

表 12-3 某单位职工家庭居住面积情况

| 居住面积($m^2$) | 人数(人) | 百分比(%) | 累计百分比(%) |
| --- | --- | --- | --- |
| 20 以下 | 15 000 | 30.0 | 30.0 |
| 20~45 | 12 500 | 25.0 | 55.0 |
| 45~65 | 12 500 | 25.0 | 80.0 |
| 65 以上 | 10 000 | 20.0 | 100.0 |
| 合计 | 50 000 | 100.0 | |

在以后章节中我们会对 SPSS 社会统计软件包加以进一步介绍。

### 三、统计表

资料整理的结果可以用不同形式表现,但统计表是应用最广泛的形式。广义的统计表包括调查工作中所用的一切表格。这一节只介绍狭义的统计表,即资料整理所用的统计表。

1. 统计表的意义和结构

资料通过统计汇总,得出许多说明社会现象和过程的数字资料,把这些资料按照一定的目的,在表格上表现出来,这种表格就叫做统计表。统计表的主要意义是:

(1) 能有条理、有系统地排列统计资料,使人们在阅读时一目了然。

(2) 能合理地、科学地组织统计资料,使人们在阅读时便于对照比较。

从外表形式上看,统计表由总标题、横行标题、纵栏标题、指标数值四部分组成。有的统计表下增列补充资料、注解、附记、资料来源等。从内容上看,统计表由主词和宾词两部分构成。总标题是表的名称,用以概括统计表的内容,写在表的上端中部;横行标题在表的左端,纵栏标题在表的上方。它们分别对横行或纵栏内的统计数值做出说明。横行标题代表所要说明的对象,纵栏标题代表统计指标的名称。指标数值列在各横行标题与各纵栏标题的交叉处,表中的任何数字内容由横行标题和纵栏标题所限制。

2. 统计表的种类

统计表按总体分组的情况可分为简单表、分组表和复合表。

(1) 简单表。简单表是指按总体未做任何分组,仅罗列各单位名称或按时间顺序排列的表格,如表 12-4 和 12-5。

表 12-4  某市历年结婚对数(1977—1982 年)

| 年份 | 1977 | 1978 | 1979 | 1980 | 1981 | 1982 |
|---|---|---|---|---|---|---|
| 对数 | 9 300 | 12 400 | 11 352 | 8 674 | 9 320 | 7 536 |

表 12-5　我国三个直辖市人口数

1982年7月1日0时　单位:人

| 市　　名 | 人　口　数 |
|---|---|
| 北京市 | 9 230 687 |
| 天津市 | 7 764 141 |
| 上海市 | 11 859 748 |

（2）简单分组表。简单分组表是总体仅按一个标志进行分组,即运用简单分组形成的表格。按照分组方法的不同,又可分为单项分组表和组距分组表。表 12-6 是组距分组表的例子。组距分组表每个组都有其上限与下限。

表 12-6　某乡各村年人均收入统计表

| 年人均收入(元) | 村 | 百分比(%) |
|---|---|---|
| 60~80 | 1 | 5 |
| 80~120 | 2 | 10 |
| 120~160 | 7 | 35 |
| 160~200 | 5 | 25 |
| 200$^+$ | 5 | 25 |
| 合计 | 20 | 100 |

（3）复合分组表。复合分组表是总体按两个以上标志进行层叠分组的统计表,又称为交互分类表。这种表能表现两个分组标志之间的关系,如表 12-7。从表中我们可以清楚地看出小家庭在经济上更容易富裕起来。

表 12-7　某乡家庭规模和经济情况统计表

| 经济水平 | 家庭规模 | | |
|---|---|---|---|
| | 大 | 小 | 合计 |
| 高 | 30 | 120 | (150) |
| 低 | 50 | 10 | (60) |
| 合计 | (80) | (130) | (210) |

3. 统计表的设计

（1）统计表形式的设计。首先，统计表的上、下两段应以粗线绘制，左、右两端习惯上不划线，采用不封闭的"开口"表式。其次，统计表应是长、宽之间保持适当比例的长方形，过于细长、短粗或正方形都应尽量避免。

（2）统计表的内容设计。首先，统计表的总标题应当用简练而又准确的文字来表达统计资料的内容以及资料所属的空间和时间范围。其次，统计表中的指标数值有着一定的计量单位。当表中指标数值都以同一单位计量时，应将计量单位标写在统计表的右上角，如表 12-5；当同栏指标数值以同一单位计量，而各栏的计量单位不同时，则应将计量单位标写在各纵栏标题的右侧或下方，如表 12-6。

（3）统计表制表的要点。在制作统计表时应注意以下事项。首先，文字书写应工整，字迹清晰，数字应填写整齐，数位对准。其次，当数字为 0 时要写出来；如果不应有数字时应用横短线"—"表示；当缺某项数字或因数字小可忽略不计时，用省略号"…"表示；当某项资料应免填时，用符号"×"表示。统计数字部分不应留下空白。当某数与左右、上下相同时，仍要一一填写，不能用"同左"、"同上"等字样代替。

## 第三节　定量研究资料的统计分析

资料分析是在资料审核和整理的基础上进行的。资料分析包括统计分析和理论分析,本节主要介绍对定量调查资料的统计分析。在过去几十年里,社会研究中的统计分析技术有了很大的发展。一方面,数理统计方法和计算机技术的迅猛发展有效地带动了社会研究中统计分析技术的发展。目前,社会研究中所采用的统计分析技术已经进入了相当高级的阶段,研究者借助计算机可以解决许多复杂的定量分析问题。另一方面,统计分析在社会研究中的应用也相当广泛。尤其是计算机普及率的提高,使社会研究中的统计分析变得越来越方便快捷,进而进一步扩展了统计分析的应用领域。

本节主要介绍当代社会研究中统计分析的基本知识,包括描述性统计和推论统计中的基本概念、基本原理和应用。对定量资料的统计分析涉及到比较复杂的数理统计原理和大量的公式,要全面掌握其统计学原理计算方法需要学习专门的统计分析课程或阅读专门的教材。由于计算机统计软件技术的发展,目前,绝大多数的统计分析都已经可以利用计算机软件进行计算,研究者只需要掌握统计分析的基本概念和基本原理,并且会操作计算机和熟悉统计软件即可进行一般性的统计分析。本节的内容主要是向读者介绍统计分析的基本概念和基本原理,因此省略了大量的具体计算方法和公式。要进行全面、深入和高水平的统计分析,还需要阅读专门的统计分析书籍,以更全面地掌握统计分析的原理和计算方法。

## 一、统计分析概述

1. 统计分析的作用

社会研究资料的统计分析是采用数理统计的方法和技术对社会研究中获得的资料进行定量分析。任何事物总有质和量两个方面,社会现象也不例外。以往的调查研究往往只注重定性分析,而忽视定量分析。20世纪中叶以来,由于定量分析方法表现出了很大的优越性,促使社会科学加速朝着定量化的方向发展,统计分析方法已成为人们认识社会现象的一种重要分析手段。今天,社会研究者们在其研究工作中广泛运用定量的方法,注重收集和分析社会现象数量方面的资料,利用各种数学模型解释数据后面隐藏的关系、规律和发展趋势。同时,随着数理统计理论和技术的发展,在社会研究中采用统计分析也越来越广泛和深入。统计分析在社会研究中的必要性主要表现在以下几个方面。

(1) 统计分析的方法可以为社会研究提供一种清晰精确的形式化语言。例如对人们在对生育行为进行研究时发现生育行为受文化程度的影响。从总体上看,文化程度高的妇女其子女数量少于文化程度低的妇女。用定性分析方法只能得出这样一个概略的认识。如果采用定量分析方法进行分析就可以把这种关系提炼成一个数字方程式:$Y = 4.38 - 0.16X$。$Y$ 代表任何一个妇女生育子女的数量,$X$ 代表文化程度。从这个方程式可以看出,人们每提高一个单位的文化程度,就可以平均少生 0.16 个孩子。定量分析不仅可以使问题分析变得清晰、简洁,而且使问题的分析变得准确、深刻。一篇好的研究报告不仅需要定性的事实分析,还要有数据和数量分析,才能更好地发挥它在决策中的作用。

(2) 统计分析是进行科学预测,探索未来的重要方法。研究者对社会现象进行研究,首先要了解社会现象是什么状态,接着要回答为什么会出现这种状态,找出其中的规律,然后再根据过去和现在的实际资料,运用科学知识,探索今后的发展趋势,并做出估计和判断,这就是预测的思路。人们把根据事实,运用经验和判断能力,逻辑思维方法进行的预测称为定性预测;把根据数据、统计资料,运用统计分析方法进行的预测称为定量预测。统计分析方法不仅是对客观现象数量关系描述的工具,还是进行科学抽象的思维方法。它使人们能够发现靠直觉不能悟察到的规律,进行准确的科学预测,这样的例子在经济学和人口学中已经不胜枚举了。

(3) 统计分析技术是处理调查研究资料的必要工具。过去几十年里社会研究中比较广泛地采用了抽样调查和问卷调查方法,这些方法收集来的资料绝大多数是定量数据资料。对这些资料的描述和分析需要采用与事实性的文字资料不同的技术,这就是统计分析技术。

2. 统计分析的特点

(1) 统计分析要以定性分析为基础。统计分析是一种定量分析的技术,在社会研究中使用统计技术要以定性方法为基础,并结合其他多种方法,才能收到更好的效果。在定性分析的基础上进行统计分析是保证正确使用统计分析的重要条件。这是因为:① 统计分析是根据数据资料进行的,而社会调查中的数据不是抽象的数字而是反映了事物属性的统计指标。定性分析要为定量分析规定方向,划分范畴。② 统计分析是依据一定公式计算的。公式的选择依赖于一定的理论、专业知识和必要的经验。事实上在许多研究中在采用定量分析时还需要通过定性分析,从理论和经验上判明事物之间的联系,决定要采用的公式。

(2) 统计分析有一套专门的方法和技术。统计分析有一套独特的方法和技术。统计学是对社会现象作定量研究和分析的科学武器;计算机技术是进行统计研究的技术工具,统计分析的数字成果是运用数学模型来描述、解释、预测社会现象。数学模型就是把实际问题提炼成数学问题,用适当的数字方程式表达出来。统计分析所使用的公式不很复杂,但计算量很大,只有借助于计算机技术才能完成,所以进行统计分析要求掌握计算机技术。

目前,在社会研究中,已采用了很多的统计分析方法和手段,形成了"社会研究的统计分析"(有时简称"社会统计")的专门课程。本章仅简述社会研究的统计分析中最基本的方法,更详细的知识和技术请参阅其他专门的书籍。

## 二、单变量描述性统计分析

在社会研究中研究者首先要关心所调查的各种社会现象和问题在现实生活中存在的状况,因此经过调查而对各个变量进行了测量以后,还要经过汇总和计算来对调查资料进行加工,以发现有关社会现象和问题在总体上存在的状况。在第十一章中介绍的利用统计表进行资料汇总,实际上就是通过资料汇总来概括有关社会现象和问题的存在状况。但这种概括只能通过有关变量测量结果的分布状况来大致反映有关现象和问题存在的基本状况,因此是一种比较粗略和直观的概括。并且,分布是用多个数据来表示一个现象的存在状况,因此它难以进行比较。例如,如果我们只是知道两个城市中居民收入段的分布状况,有时很难对这两个城市居民的收入状况进行精确的比较。因此要深入地进行分析,还要对资料进行进一步的数学概括,也就是对数据资料用特定的计算公式算出一些量数,用以描述数据的全貌和各种特征。集中量数和离中量数就是对一组数据两个基本特征的描述。前者是大量数据向某一点集中的情况,后者是大量数据彼此离散的程度。

1. 集中量数分析

(1) 集中量数的意义和作用。集中量数也称集中趋势量数,它是用一个数值去代表一组数据的一般水平。常用的集中量数有平均数、中位数和众数。在统计分析中,集中量数有下列四个方面的作用。首先,集中量数说明某一社会现象在一定条件下,其数量的一般水平。如用年人均收入来反映经济生活的水平,用人均住宅面积来反映居住水平。其次,集中量数可以对于在不同空间的同类现象进行比较。如研究生产条件相同的两个村生产水平的差异,通过对它们的平均亩产量的比较就可以做出判断。再有,集中量数可以对一定社会现象在不同时间中的变化进行比较,以说明这些现象的发展趋势和规律。例如,通过对我国近几年来农民家庭年人均收入变化的比较来揭示党的富民政策的效果和正确性。最后,集中量数可以用来分析某些社会现象之间的依存关系。如考察企业不同时期劳动生产率和人均奖金的变动情况,可以看出随着劳动生产率的提高,奖金水平不断提高的规律性。

(2) 平均数。简单说,平均数是表明一组数据的平均水平的数值。算术平均数的基本定义是以总体各单位数值之和除以总体单位总数的商,即:

$$算术平均数 = \frac{各单位的标志数值之和}{总体单位总数}$$

根据数字资料的不同,我们可以采用简单算术平均数法和加权算术平均数法进行计算。

① 简单算术平均数

简单算术平均数法就是直接由原始数据计算算术平均数的方法。其计算公式为:

$$\bar{X} = \frac{X_1 + X_2 + \cdots + X_n}{n} = \frac{\sum X}{n}$$

式中:$\bar{X}$ 代表算术平均数;

$X_1, X_2, \cdots, X_n$ 分别代表各个具体的标志数值。

如上例 $X_1 = 8, X_2 = 5$,等等;$n$ 表示总体单位数(即总体中个案的数目),上例中共有 5 个家庭,所以,$n = 5$;S 表示将各个具体的标志数量相加求和。

例如,有 5 个家庭,人数分别为 8 人、5 人、3 人、3 人、1 人,其算术平均数为:

$$家庭平均人数 = \frac{家庭人数总和}{家庭数} = \frac{8 + 5 + 3 + 3 + 1}{5} = 4$$

计算结果是这 5 个家庭平均人口数为 4 人。

② 加权算术平均数

当使用统计表中的分组资料计算平均数的时候,要用加权平均数法进行计算,其计算公式为:

$$\bar{X} = \frac{X_1 f_1 + X_2 f_2 + \cdots + X_n f_n}{f_1 + f_2 + \cdots + f_n} = \frac{\sum Xf}{\sum f}$$

式中 $f$ 为权数,即变量在总体中出现的次数。

按照数据资料形式的差异,还可以把加权平均数的计算分为由单项分组资料求算术平均数和由组距分组资料求算术平均数两类。

首先,由单项分组资料求算术平均数的公式和加权算术平均数的公式一致,通过表 12 - 8 的例子可以看出,变量 $X$ 的每一取值都是单一的确定数值,所以称它为单项分组。其计算过程如下:

$$\bar{X} = \frac{\sum Xf}{\sum f} = \frac{24 + 550 + 1\,290 + 1\,528 + 1\,050 + 516}{24 + 275 + 430 + 382 + 210 + 86} = \frac{4\,958}{1\,047} = 3.5$$

表 12-8　某地区家庭人口数次数分布和计算表

| 家庭人数<br>($X$) | 家庭数<br>($f$) | 家庭人数×家庭数<br>($X \times f$) |
|---|---|---|
| 1 | 24 | 24 |
| 2 | 275 | 550 |
| 3 | 430 | 1 290 |
| 4 | 382 | 1 528 |
| 5 | 210 | 1 050 |
| 6 | 86 | 516 |
| 合计 | 1 407 | 4 958 |

其次,由组距分组资料也可以求算术平均数。在调查中我们还会遇到这样的资料,变量 $X$ 不是一组确定的数值,而是一组数据区间,如表 12-9。

表 12-9　某工厂发放加班费状况和平均值计算表

| 按周加班费<br>分组(元)$X$ | 工人数<br>(人)$f$ | 组中值<br>(元)$X_{mid}$ | 工资总额<br>(元)$f \cdot X_{mid}$ |
|---|---|---|---|
| 40~50 | 100 | 45 | 4 500 |
| 50~60 | 200 | 55 | 11 000 |
| 60~70 | 400 | 65 | 26 000 |
| 70~80 | 200 | 75 | 15 000 |
| 80~90 | 70 | 85 | 5 950 |
| 90~100 | 30 | 95 | 2 850 |
| 合计 | 1 000 | | 65 300 |

对于这样的资料要先计算出组中值,然后,再使用加权算术平均数的公式进行计算。组中值的符号为 $X_{mid}$,其计算公式是:

$$X_{mid} = \frac{下组限 + 上组限}{2}$$

那么,由组距分组资料计算平均数的公式就变为:

$$\overline{X} = \frac{\sum fX_{\text{mid}}}{\sum f}$$

我们可以根据表 12-9 的资料计算该厂每周人均发放加班费数。

月平均数 $= \dfrac{\sum fX_{\text{mid}}}{\sum f}$

$= \dfrac{100 \times 45 + 200 \times 55 + 400 \times 65 + 200 \times 75 + 70 \times 85 + 30 \times 95}{100 + 200 + 400 + 200 + 70 + 30}$

$= \dfrac{65\ 300}{1\ 000} = 65.3\ 元$

(3) 中位数。把一组数据按照其大小顺序排列起来,处于最中间位置那个数就是中位数。中位数也常常用来表示一组数据的平均水平,有时也被称"位置平均数"。计算定序变量的集中量数一般用中位数,只需指出中位数的位置即可。计算定距变量的集中量数也可以用中位数,但要计算出其具体数值。

① 由原始资料计算中位数。原始资料是以单项标志值形式表现的。先把各个标志值按照大小顺序排列,然后用总体单位数加 1 除以 2,即 $\dfrac{n+1}{2}$,就可以求出中位数的位次。这个位次的标志值就是中位数。当总体单位数是奇数时,如 7 个女同学的操行评定分别是:优、优、优、良、良、中、差,这时中位数的位次是 $\dfrac{7+1}{2} = 4$,第四个标志值是中位数,即"良"。当总体单位是偶数时,如 6 个男同学的操行评定分别是:优、优、良、中、差、差,这时的中位数位次是 $\dfrac{6+1}{2} = 3.5$,中位数的位次在第三个标志值与第四个标志值中间,即在良与中之间。由于操行评定中的优良中差只是级别上的差异,无法显示他们在数量上的差异,因此无法应用算术平均数,但使用中位数就具有明确的意义。如对男女生操行评定做中位数的比较,显然是女生的中位数比男生高,所以女生的操行评定比男生好。中位数主要应用于定序测量资料中。社会调查中有许多资料属于定序测量,常常用到中位数。

② 经过汇总的资料计算中位数。在这里我们同样把分组的数据

资料分为单项和组距分组资料,两者的计算方法繁简不同。

首先,根据单项分组资料计算中位数的方法与由原始资料计算中位数的计算方法大致相同。表 12-10 是某村青年文化程度的统计资料。我们先找出中位数的位次,中位数的位次 $= \frac{n+1}{2} = \frac{87+1}{2} = 44$。然后,顺着累计次数找到第 44 个数据在"小学"组内,所以,中位数是小学。它指出该村青年以小学文化程度为中心,高于和低于这一中心值的人数各一半,小学文化程度是该村青年文化程度的代表值。

表 12-10 某村青年文化程度统计表

| 文化程度 | 人数 | 累计次数 |
| --- | --- | --- |
| 文盲 | 6 | 6 |
| 识字 | 11 | 17 |
| 小学 | 30 | 47 |
| 初中 | 20 | 67 |
| 高中 | 20 | 87 |
| 合计 | 87 | |

其次,由组距分组资料计算中位数,应先用 $\frac{\sum f}{2}$ 公式确定中位数所在组的位置,然后再用下限公式计算中位数的值。下限公式为:

$$M_d = \frac{\sum f - cf_{m-1}}{f_m} \times i + L$$

式中:$M_d$ 为中位数;

$L$ 为中位数所在组的下限;

$f_m$ 为中位数所在组的次数;

$cf_{m-1}$ 为中位数所在组以下的累计次数;

$i$ 为中位数所在组的组距。

下面我们以表 12-11 的资料为例,说明由组距分组资料计算中位数的方法。

表 12-11 某厂工人一周奖金发放统计表

| 按奖金数量分组(元)X | 工人数(人)f | 累计数 cf |
|---|---|---|
| 50⁻ | 100 | 100 |
| 50~60 | 200 | 300 |
| 60~70 | 400 | 700 |
| 70~80 | 200 | 900 |
| 80~90 | 70 | 970 |
| 90⁺ | 30 | 1 000 |
| 合计 | 1 000 | |

首先确定中位数所在值的位置,得

$$\frac{\sum f}{2} = \frac{1\ 000}{2} = 500$$

由观察可知,中位数在第三组内,组下限是 60,第三组的次数是 400,第三组的组距是 70-60=10,第三组以下的累计次数是 300。将这些数值代入下限公式

$$M_d = L + \frac{\frac{\sum f}{2} - cf_{m-1}}{f_m} \times i = 60 + \frac{500 - 300}{400} \times 10 = 60 + 5 = 65(元)$$

此结果表明,该厂工人在该周获得奖金的中等水平为 65 元,可用它来代表和说明该厂工人在这一周内奖金收入的一般水平。

(4) 众数。众数是指在一组数据中出现次数最多的标志值。在描述某一社会现象时,有时不需要计算算术平均值,只要掌握最普遍、最常见的标志值就行了。这时可采用众数。如某领导班子内中年人所占比例最大,某地区职工职业最集中的是矿工等。众数的计算方式分两类,即从单位分组数据资料中计算众数和从组距分组数据资料中计算众数。

用单项分组数据资料计算众数的方法比较简单,一般采用直接观察法即可。在统计表中找出出现次数最多的标志值便可确定为众数。

例如表 12-10 中出现次数最多的是小学文化程度,有 30 人,由此可以确定该村青年文化程度的众数是小学文化程度。

从组距分组资料中计算众数的方法有两种,一种是组中值法,另一种是摘补法。摘补法的公式较为复杂,这里不作介绍,需要用这种方法时可参阅专门的统计学教科书。组中值计算众数分两步:第一步对资料进行观察,确定次数最多的组为众数所在组,如在表 12-11 中,月奖金收入在 60~70 元的职工为 400 人,在职工总数中占的比重最大,所以确定 60~70 元这一组为众数所在组。第二步,根据众数组的组距进一步计算众数值。其公式为:众数 $= \dfrac{L+U}{2}$,其中 $L$ 代表众数所在组的组下限,$U$ 代表众数所在组的组上限,那么该厂月工资收入的众数为 $\dfrac{60+70}{2} = 65(元)$。

应当注意,计算众数是要一定条件的。只有在总体单位数较多并有明显集中趋势的资料中才能计算众数。如果总体单位少,或总体单位虽多但无明显集中趋势,这种资料不适宜计算众数。如果总体单位足够多,而且又有集中趋势,但最多次数的标志值不是一个而是两个或多个,这时要检查总体单位是否属于同一类型,考虑总体单位的同质性问题。此时,往往要重新分组后才能找出众数。

在上述集中量数中,会出现用同一资料所描述出的代表值并不相等,也就是说,同一资料其算术平均数、中位数、众数的数值并不相等。此时选择哪一个要结合数据资料的情况来决定。算术平均数包含的信息最丰富,代表性最好,因为所有的数值都参与了计算,所以,它乘以总体单位数可以得出全部数值总和,都是中位数和众数所不具备的。但当数据中出现极端数值时,就会大大改变算术平均数的数值,从而削弱了它作为集中量数的代表性。还有,当数据资料是定序、定类测量或者是有开口组的定距测量时,算术平均数都变得无能为力。中位数和众数不具备算术平均数的优点,但它们能弥补算术平均数的不足,它们适应数据资料的范围比算术平均数宽,而且不受极端值的影响。所以究竟选用哪一种集中量数应视资料情况而定,不能生搬硬套、一成不变。

## 2. 离中量数分析

集中量数能对同质性总体做出概括的说明,用以反映数据资料集中趋势的特征和一般水平,但数据资料还有分散的一面,即离散趋势的一面。为了揭示数据资料的全面特征,还要计算离中量数,用以说明数据的差异程度。

(1) 离中量数的意义和作用。我们对升入初中二年级的 3 个班各抽 5 名同学进行外语测验,他们成绩分别如下:

甲班:68 69 70 71 72, $\bar{X} = 70$

乙班:45 62 70 78 95, $\bar{X} = 70$

丙班:15 60 80 95 100, $\bar{X} = 70$

如果仅以平均数作为衡量标准看,三个班的外语水平没有什么差别。但是从各组分数的分布来看,甲班学生的水平整齐一致,乙班学生的水平参差不齐,丙班学生的水平相差悬殊。由于分数的分散程度不一样,所以各班之间在教学效果上的差异还是很大的,今后的教学方法也应该不一样。注意各组数据相对于平均数的差异程度(也称离中趋势),不难理解,差异程度较小,平均值的代表性越高;差异程度越大,平均数的代表性就越低。描述数据离散程度的量数就是离中量数,也称差异量数。离中量数也是一个概括性量值,是研究现象差异程度的概括表现,它的意义在于阐明被研究现象的差异特征。它的作用在于:第一,描述了一组数据的差异情况,使我们对一组数据的全貌有个比较清楚的了解;第二,对集中量数的代表性作了补充说明,差异量数越小,集中量数的代表性越大。

我们下面只介绍异众比率、四分位差和标准差这三种离中量数的计算方法,它们分别对众数、中位数和平均数作补充说明。集中量数和离中量数是配合使用的,众数和异众比率配合,中位数和四分位差配合,平均数和标准差配合。

(2) 异众比率。异众比率是指非众数的次数与总体内全部总体单位的比率。其计算公式为:

$$VR = \frac{n - f_{mo}}{n}$$

式中：$VR$ 代表异众比率；

$n$ 是总体内全部总体单位的数；

$f_{mo}$ 为众数的次数。现将表 12-10 的资料代入公式，求异众比率。

$$VR = \frac{n - f_{mo}}{n} = \frac{87 - 30}{87} = 0.636$$

说明 87 名青年中非小学文化程度的青年占 63.6%，异众比率较大。这说明这个村子青年的文化程度较分散，众数的代表性较小。异众比率越小，众数的代表性越大。

（3）四分位差。把一组数据按大小排列成序列，然后分成四个数据数目相等的段落，各段落分界点上的数叫四分位数。第一个四分位数（$Q_1$）以下包括了 25% 的数据，第二个四分位数（$Q_2$）是中位数，第三个四分位数（$Q_3$）以下包括了 75% 的数据。然后，舍去资料中数值最高的 25% 数据和数值最低的 25% 数据，仅就属于中间的 50% 数据求其两端值的差距作为离中量数，就是四分位差。四分位差的符号用 $Q$ 表示，其计算公式在资料定序和定距类型中略有不同。简单说，四分位差就是第三个四分位数的值减去第一个四分数位值。

① 对定序类型资料计算的四分位差。这时的计算公式应是：

$$Q = Q_3 - Q_1$$

以表 12-10 的资料为例，首先要找出 $Q_3$ 的位次，$Q_3$ 的位次 = $\frac{3(n+1)}{4} = \frac{3(87+1)}{4} = 66$，第 66 个数据的标志值在"初中"组内，所以 $Q_3$ 值为初中；$Q_1$ 的位次 = $\frac{n+1}{4} = \frac{87+1}{4} = 22$；第 22 个数据在"小学"组内，$Q_1$ 值为小学；那么 $Q = Q_3 - Q_1$ = 初中 - 小学，这一结果显示了在 87 名农村青年中，处于中间的 50% 的人其文化程度在初中到小学之间。四分位差之间的间距越小，中位数的代表性越大。

② 对于定距类型资料计算四分位差。这时的公式是：

$$Q = \frac{Q_3 - Q_1}{2}$$

以表 12-11 的资料为例，首先要确定 $Q_3$ 和 $Q_1$ 的位次。

$$Q_3 \text{ 的位次} = \frac{3n}{4} = \frac{3 \times 1\,000}{4} = 750$$

$$Q_1 \text{ 的位次} = \frac{n}{4} = \frac{1\,000}{4} = 250$$

所以 $Q_3$ 落在 70~80 元组内,$Q_1$ 落在 50~60 元组内。再求出 $Q_3$ 和 $Q_1$ 的数值,其方法与求中位数大致相同。

$$Q_3 = 70 + \frac{3 \times 1\,000/4 - 700}{200} \times 10 = 72.5(\text{元})$$

$$Q_1 = 50 + \frac{1\,000/4 - 100}{200} \times 10 = 57.5(\text{元})$$

则

$$Q = \frac{72.5 - 57.5}{2} = 7.5(\text{元})$$

这个值告诉我们该厂的 1 000 名工人中,在中间的 50% 工人中其一周的奖金收入落在 57.5 元到 72.5 元之间。也就是说,一周奖金收入在 65 元 ± 7.5 元的区间包括了该厂工人数目的一半。

(4) 标准差。标准差又叫做均方差,是指资料中各个数值与算术平均数相减之间的平方和的算术平均数的平方根。它是用得最多、也是最重要的离中量数,其代表符号为 $\sigma$,计算公式为

$$\sigma = \sqrt{\frac{\sum (X_i - \overline{X})^2}{n}}$$

式中:$X_i$ 为资料中的各个数值;

$\overline{X}$ 为算术平均值;

$n$ 为总体单位数。

根据数据资料的形式不同,标准差仍分为按原始资料计算和按统计表资料计算两种方法。

根据原始资料计算标准差使用上面给出的公式。利用前面所给的外语考试成绩的例子,甲、乙、丙三班学生的平均分数都是 70 分,要判断哪个班的分数的差异小和平均数的代表性程度就要计算标准差来解决这一问题。经计算,甲、乙、丙三个班考试的平均分数相同,但标准差

分别是 1.41、16.6 和 30.8。甲班的标准差最小,所以甲班同学的分数差异小,平均值的代表性大。

根据统计表资料也可以计算标准差。在统计表资料中,根据资料形式的不同,标准差仍分为由单值分组资料计算标准差和由组距资料计算标准差。

首先,由单值分组资料计算标准差。由单值分组资料计算标准差的公式是:

$$\sigma = \sqrt{\frac{\sum f(X_i - \bar{X})^2}{n}}$$

其次,由组距分组资料计算标准差。由组距分组资料计算标准差的公式是:

$$\sigma = \sqrt{\frac{\sum f(X_{mid} - \bar{X})^2}{n}}$$

3. 相对差异量数分析

前面介绍的差异量数用于直接比较两组数据资料的差异程度,但必须要求两组数据的集中量数大致相同,单位相同,两组数据的总体单位相近。但还有许多不符合上述条件的资料也需比较分析,下面我们介绍一下相对差异量数的分析方法。它不受这些条件的限制。这里我们主要介绍离散系数和标准系数。

(1) 离散系数。离散系数是标准差与算术平均数的比值,用百分数表示。它是一个相对数,所以不受单位的限制。在算术平均数不为零的情况下,离散系数越大,数据的离散程度越大,集中量数的代表性越小;反之,数据离散程度越小,集中量数的代表性越大。离散系数用 $CV$ 表示,其公式如下:

$$CV = \frac{\sigma}{\bar{X}} \times 100\%$$

式中: $\sigma$ 为标准差;

$\bar{X}$ 为算术平均数。

例如,根据调查,某市 100 户下岗职工家庭人均月收入为 73.75 元,标准差 6.52 元;人均住房面积 8.21 m², 标准差 3.09 m²。试比较收入和住房情况哪一个差异程度比较大?这是对不同计量单位的资料比较差异程度。

$$职工收入的离散系数 = \frac{6.52}{73.75} \times 100\% = 8.8\%$$

$$职工住房的离散系数 = \frac{3.09}{8.21} \times 100\% = 37.6\%$$

可见住房情况的差异程度比较大。

又例如,某公司白领职员的每天的平均工资为 70 元,标准差为 6.5 元;而蓝领工人的平均工资为 60 元,标准差为 6 元。从表面上看,职员工资的离散程度大于工人,因为标准差大,但经过计算可以看到工人工资的离散系数大于职员。

$$职员工资的离散系数 = \frac{6.5}{70} \times 100\% = 9.3\%$$

$$工人工资的离散系数 = \frac{6}{60} \times 100\% = 10\%$$

这里讲的仅是标准差的离散系数,四分位差也可以有离散系数,它是四分位差与中位数比值的百分比。离散系数的比较只限于定距资料。

(2) 标准分数

在实际工作中确定一个人或一个群体的某一方面表现在总体中的相对位置是很重要的。如果一个学生在报考一个研究生专业的入学考试的 4 门课程中总成绩为 348 分,那么他在全体考生中居于什么位置?我们可用准确的数量概念来表示,即使用测定这种相对位置的工具——标准分数来表示。标准分数的符合是 Z,其公式为:

$$Z = \frac{X - \overline{X}}{\sigma}$$

式中:$X$ 为原始数据;
$\overline{X}$ 为总体平均数;

$\sigma$ 为总体标准差。标准分数的作用主要在两个方面,一是可以表明原始数据在总体分布中的相对位置;二是可以对不同分布的各原始数据进行比较。下面就这两方面做一介绍。

① 确定原始数据在总体分布中的位置。如报考某校某研究生专业的学生在四门入学考试中的总成绩平均为 286 分,标准差为 62 元。其中一位学生的总成绩为 348 元,那么该考生在全体考生中的位置可以通过标准分数来计算:

$$Z = \frac{X - \bar{X}}{\sigma} = \frac{348 - 286}{62} = 1$$

我们将标准分数和标准正态分布表联系在一起,可以查出 $Z = 1$ 在总体中的相对位置是 0.84,也就是说在全体考生中有 84% 的人总分数低于该考生,有 16% 的考生高于该考生。这就是他在全体考生中所处的位置。

② 对不同分布的各原始数据进行比较。如果是不同的考生,考生甲的分数情况和上例相同,而考生乙的四门成绩总分是 275 元,但考生乙所报考的专业中所有考生的总分平均是 225 元,标准差是 25 元。从绝对值看,考生甲分数高于考生乙,但考生乙在该专业的相对位置是:

$$Z_乙 = \frac{X - \bar{X}}{\sigma} = \frac{275 - 225}{25} = 2$$

通过标准正态分布表可以查出 $Z = 2$ 在总体中的相对位置是 0.977。因为 $Z_乙 = 2 > Z_甲 = 1$,所以考生乙在其所报考专业的所有考生中的成绩位置比考生甲更高。

标准分数能测定相同或不同总体内个案的相对位置,并进行比较,所以是比较分析的有力工具。

### 三、双变量描述性统计分析

在前面两节中我们讨论的量数都只涉及一个变量全貌的描述,但统计分析不仅是描述数量特征,还要进一步探索和揭示事物或现象之间的相互联系和相互作用,这就要对多变量之间的关系进行分析。多变量之间关系的统计分析内容很广泛,技术也比较复杂。其中最基本的是双变量描述性统计分析。所谓双变量描述性统计分析,是指对样本资料中两个变量之间关系的统计分析。本部分只介绍两个定距变量之间的单相关和线性一元回归。

1. 相关分析的意义和作用

世界各种事物之间的普遍联系是客观存在的,但联系的表现形式却各不相同。这些不同的表现形式大致分为两类:一类指事物之间具有完全确定性的关系,成为函数关系。例如圆的面积等于半径的平方乘以 π,用代数式表示为 $S = \pi R^2$。另一类指事物之间的不完全确定关系,成为相关关系。例如农作物的产量与施肥量之间的关系,它们之间不具备完全确定的关系,因为农作物的产量不仅受施肥量的影响,还受种子、土壤、雨量、田间管理等一系列因素的影响,施肥量只是诸因素之一,所以农作物的产量和施肥量之间不能用严格一一对应的函数关系来描述。但农作物的产量和施肥量之间的关系,通过大量观察能够反映出一种大概趋势,即施肥量多的农田,一般说来农作物产量也会更高。相关分析要用一个量数表明事物间相互依存的密切关系程度,这个表明关系密切程度的量数就是相关系数。在社会调查资料的分析中我们经常会遇到要测定出两个事物之间的密切程度的情况。例如,测定出录用人员进行考试的成绩和录取后工作能力的密切关系,或价格变动和人们购买行为的密切程度等。对于这些具有共变特点的关系,都可以应用相关分析。

2. 散点图

判定两个事物之间是否有相关关系,有何种相关关系,最直观的方法是做一张相关图。在相关图中,横坐标代表一个变量,纵坐标代表另一个变量,将各对资料依次用坐标点绘于图上,这个图便称为散点图。表 12 - 12 是 9 名女青年受教育的年限($X$)和她们生育意愿($Y$)的资料。

表 12-12　女青年受教育年限和其理想的儿女数目相关计算表

| 女青年 | 受教育年限 $X$ | 理想儿女数目 $Y$ | $XY$ | $X^2$ | $Y^2$ |
|---|---|---|---|---|---|
| A | 2 | 5 | 10 | 4 | 25 |
| B | 2 | 4 | 8 | 4 | 16 |
| C | 3 | 4 | 12 | 9 | 16 |
| D | 3 | 3 | 9 | 9 | 9 |
| E | 4 | 2 | 8 | 16 | 4 |
| F | 4 | 1 | 4 | 16 | 1 |
| G | 5 | 1 | 5 | 25 | 1 |
| H | 6 | 1 | 6 | 36 | 1 |
| I | 8 | 0 | 0 | 64 | 0 |
| 合计 | 37 | 21 | 62 | 183 | 73 |

以女青年受教育年限为 $X$ 轴，生育意愿（理想儿女数目）为 $Y$ 轴，其散点图如图 12-3 所示。

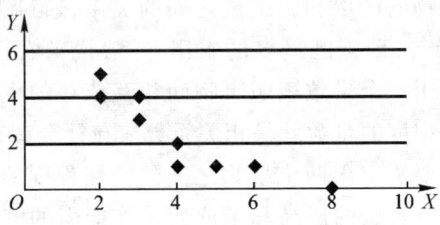

图 12-3　散点图

可以看出，图 12-3 中坐标点的图形大致呈直线状态，而且当变量 $X$ 的数值增大时，$Y$ 变量的数值减小，我们称之为负相关，也就是说当女青年受教育年限增长时，她们理想的儿女数目就降低。散点图的图形大致有下列六种（见图 12-4）。

其中，图（1）：当变量 $X$ 的数值增大时，$Y$ 变量的数值也显著增大，坐标点的分布呈窄带状，称为强正相关。

图（2）：当变量 $X$ 的数值增大时，$Y$ 变量的数值也增大，但坐标点

## 第三节 定量研究资料的统计分析

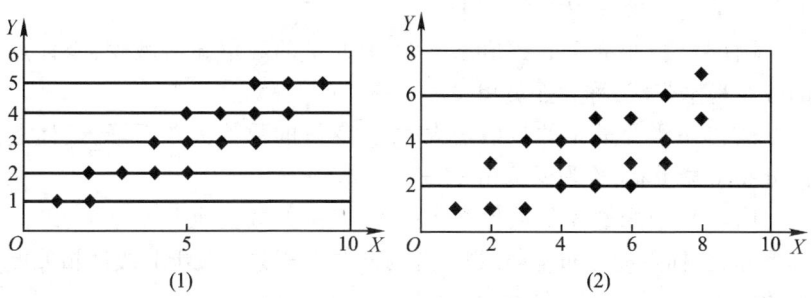

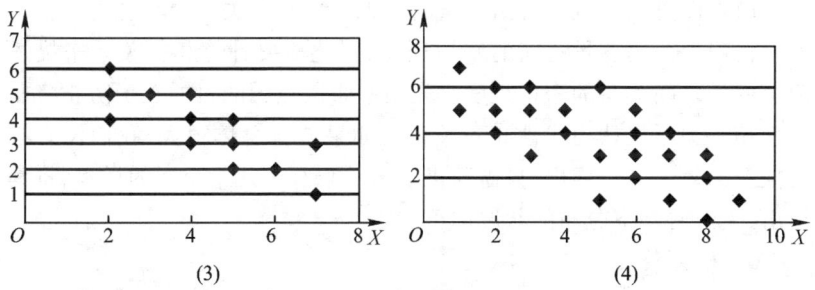

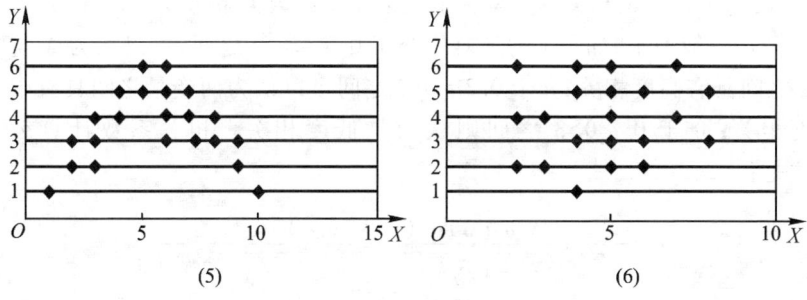

图 12-4　六种散点图

的分布呈宽带状,称为弱正相关。

图(3):当变量 $X$ 的数值增大时,$Y$ 变量的数值显著减少,坐标点的分布呈窄带状,称为强负相关。

图(4):当变量 $X$ 的数值增大时,$Y$ 变量的数值大致下降,坐标点的分布呈宽带状,称为弱负相关。

图(5):当变量 $X$ 的数值增大时,$Y$ 变量的数值也开始增大,继而又下降,坐标点的分布呈曲线状,称为非线性相关。关于非线性相关更多的知识和计算方法可参阅专门的统计分析教材。

图(6):坐标点很散,表示变量 $X$ 和变量 $Y$ 之间没有相关关系或极弱的相关关系。

散点图可以直观地看出变量间有无线性相关关系、相关的方向,但不能精确地说明变量之间的密切程度,因此需要计算相关关系来描述两个变量之间关系的密切程度。先画一张散点图的目的在于防止将非线性相关关系误认为线性相关关系。如果调查总体很大,我们没有必要把全部数值一一标出,只需随机抽出一个有十几个个案的样本,将其标出,大致看一下分布的状况即可。

3. 相关系数

相关系数是表明变量间关系密切程度及方向的量数,它的符号是 $r$,取值范围在 $-1$ 到 $+1$ 之间。如果 $r = -1$,那么是完全负相关;如果 $r = 1$,则是完全正相关。这两种情况都属于函数关系。如果 $r = 0$,则无相关。一般说来,如果 $r$ 的绝对值介于 $0.7 \sim 1.0$ 之间,可以认为 $X$ 与 $Y$ 之间具有高度相关;介于 $0.3 \sim 0.7$ 之间可以认为两变量之间具有中度相关;介于 $0 \sim 0.3$ 之间则认为是低度相关。相关系数计算公式是:

$$r = \frac{n\sum XY - (\sum X)(\sum Y)}{\sqrt{[n\sum X^2 - (\sum X)^2] \cdot [n\sum Y^2 - (\sum Y)^2]}}$$

其中 $n$ 为总体单位数目。将表 12-12 的合计数代入公式

$$r = \frac{9 \times 62 - 37 \times 21}{\sqrt{(9 \times 183 - 37^2)(9 \times 71 - 21^2)}} = -0.89$$

这个结果表明,这9名女青年受教育年限与理想子女数目之间的相关系数为-0.89,属于高度负相关,受教育年限越长,理想子女数目越少。

4. 回归分析

(1) 回归分析的意义和作用。相关分析的目的在于了解两个变量之间的关系密切程度,但从本质上说,相关分析只是对客观事物的一种描述,还不能说明两个变量之间的因果关系,也不能从一个变量的变化去推测另一个变量的变化情况。回归分析是对有相关关系的现象,根据关系的形态选一合适的数学模型用来近似地表达变量间平均变化关系。这个数学模型称为回归方程式。从本质上说回归分析具有推理的性质,可以进行预测。用 $Y$ 来表示因变量(结果),用 $X$ 来表示自变量(原因)。这种因果关系的确定依赖于根据理论、经验和以前的研究所做出的定性分析。相关分析中两个变量的关系是双向的,而回归分析比相关分析增加了因果性,有了预测功能,因此,它的作用也大于相关分析。

(2) 一元回归模型和计算。确定自变量和因变量依赖于事先的理论分析。例如对于表12-12的资料,经理论和经验分析认为文化程度影响生育意愿。在散点图上可以发现,这几个坐标点虽不在一条直线上,但它们的倾向和趋势是明显的,文化程度高则理想子女数目低。这种趋势在统计上可用一条直线表示出来,这就是回归直线。这样的直线可以找出许多条,但每条直线所表示的受教育的年限和理想子女数目的对应数值与实际数值有偏差。回归计算的目的就是找出一条最佳的直线,使它与实际数值的偏差为最小。这条最佳回归线可以用数学方程式表示为:$y = a + bx$,这也就是常说的数学模型。其中 $a$ 和 $b$ 是待定系数,$a$ 为直线在 $Y$ 轴上的截距,$b$ 为直线的斜率,也称回归系数,$a$ 和 $b$ 一旦确定,直线也就确定了。最佳回归直线是根据最小平方法计算的,其标准方程是:

$$\begin{cases} \sum Y = na + b\sum X \\ \sum XY = a\sum X + b\sum X^2 \end{cases}$$

由此方程组可以解出:

$$b = \frac{n\sum XY - \sum X \cdot \sum Y}{n\sum X^2 - (\sum X)^2}$$

$$a = \overline{Y} - b\overline{X}$$

将表 12-12 的合计数值代入此式

$$b = \frac{n\sum XY - \sum X \cdot \sum Y}{n\sum X^2 - (\sum X)^2} = \frac{9 \times 62 - 37 \times 21}{9 \times 183 - 37^2} = -0.79$$

$$a = \overline{Y} - b\overline{X} = 2.33 - (-0.79) \times 4.11 = 5.58$$

由 $b$ 和 $a$ 的数值可以写出回归方程式:

$$Y = 5.58 - 0.79X$$

这个回归方程式可以对受教育年限不同的女青年的理想儿女的数目进行预测:$X$ 增加 1 年,$Y$ 相应地减少 0.79 人。

如果 $X=3$,那么 $Y=5.58-0.79\times 3=3.21$

如果 $X=5$,那么 $Y=5.58-0.79\times 5=1.63$

显然预测数值和实际数值有误差,造成误差的原因在于影响生育意愿的原因不仅是文化程度这一项,还有许多其他原因。其他原因的影响在这个方程式中都被省略了,所以,根据一般趋势计算出来的预测数值在与每个个案的实际数值进行比较时,自然会出现误差。

5. 相关关系和回归分析的关系及应注意的几个问题

(1) 相关是回归的必要条件,也就是说有相关关系未必有回归关系,无相关关系必无回归关系,因为无相关关系的两个事物之间不会存在因果关系。

(2) 相关关系既可以说明变量之间关系的密切程度,还可以度量回归方程对实际资料的拟合程度。我们采用 $r^2$ 作为判定系数,当 $r$ 的绝对值越大时,$r^2$ 也越大,就说明拟合程度越好。如表 12-12 的资料中 $r=-0.89$,则 $r^2=(-0.89)^2=0.79$,这个数字表明,$r$ 的变动有 79% 可以用 $X$ 的变动来解释,其他 21% 的变动是由其他一些未知因素影响的。当一旦确定两个因素有因果关系时,相关系数越高,预测的准确性就越大。

(3) 应用回归方程进行预测时,不能使用超出资料所包括范围的自变量数值。因为回归线段以外未观察到的点可能出现非线性的趋势。

(4) 预测的回归方程只能反映一定时期内事物间的相互关系,使用历史资料预测未来变化时要考虑时过境迁的问题。

## 四、推论统计概要

推论统计是用样本的统计值去推论总体的参数值的统计分析方法。在社会研究中我们更多的是做抽样调查,所描述和分析的资料也多是样本资料。对样本资料的统计分析被称为描述性统计,如前几节讲的集中量数、离中量数、相关量数、回归量数。但抽样调查的目的是由样本特征对总体做出结论,这就要用到推论统计。推论统计主要有两种方法,即区间估计和假设检验。在定量研究资料的统计分析中,区间估计和假设检验的方法可以用到对平均数的区间估计和假设检验,也可用到对百分比的区间估计和假设检验。

1. 区间估计

简单说,区间估计是用区间形式给出未知数的估计值范围。更具体讲,区间估计就是在一定的标准范围内设立一个置信区间,然后联系这个区间的可信度将样本统计值推论为总体参数值。

例如,在对某市居民的收入进行抽样调查,其样本的平均收入水平为2 000元/月。由于抽样调查中样本与总体总是会有误差的,因此,研究者不能肯定全体市民的平均收入就是2 000元/月,而只能通过推论统计去估计该市全体居民年人均月收入有很大的可能性在2 000元/月上下的某个范围之内(如1 800~2 200元之间)。这便是一个区间估计。要理解区间估计的含义和计算方法首先要明确几个基本的概念。

(1) 置信区间:即通过样本统计值去推论总体参数值存在的范围。这个范围的大小标志着推论的精确度。范围越小,推论的精确度越高。在上例根据样本中人均收入2 000元/月的数据去推论总体的人均收入,如果推论的范围是1 000~3 000元/月,则置信区间的范围很大,推论的精确度很小。而如果推论的范围是1 900~2 100元/月,则置信区间的范围很小,推论的精确度很高。

(2) 置信度:置信度是指在对置信区间进行推论时总体的实际参数值真正处于置信区间中的概率度,也即这种推论的可靠性程度。在上例中,置信度是指用一定的置信区间(如 1 800 ~ 2 200 元/月)去估计全市居民人均收入,这个估计的把握性有多大。可以这样理解:如果重复抽样 100 次,约有 95 次的抽样所得的全市总体的人均收入都落在这个区间内,则说明这个区间估计的可靠性有 95% 的把握。如果那 5% 认为是允许误差,则结论是:在 5% 的允许误差下,上述区间估计结果为真实的概率是 95%。社会统计中常用的置信度为 90%,95%,99%,那么,它们的允许误差($a$)就分别是 10%,5%,1%,置信度也可表示为 $1-a$。置信度可以通过标准正态分布表查出它的 $Z$ 值。上述置信度 $Z$ 值数值分别是 1.65,1.96 和 2.58。

(3) 抽样误差:由于抽样而导致的样本与总体之间在被研究的变量上存在的差异。这是随机抽样本身所固有的误差。因为任何一种随机抽样的方法,都限于抽取部分单位。即使完全按照随机原则,只要被抽取的部分单位中被研究变量的分布与总体有出入,就会产生抽样误差。描述抽样误差的量数我们称之为标准误差($\sigma_{\bar{x}}$)。标准误差的大小是决定抽样调查精确度的一个重要因素,它的大小又取决于两个因素,即总体标准差和抽样调查的样本量。一方面,它与总体标准差成正比,在其他因素不变的情况下,总体标准差越大,抽样调查的标准误差也越大。另一方面,它与抽样调查的样本量成反比,样本量越大,标准误差就越小。标准误差是可以计算的,计算公式为 $\sigma_{\bar{x}} = \dfrac{\sigma}{\sqrt{n}}$(其中 $\sigma$ 是总体标准差,$n$ 是样本量)。在很多情况下研究者并不知道总体标准差的数值,但只要样本大于 30 个个案,一般可用样本标准差 $S$ 代替总体标准差 $\sigma$。

上述三个概念之间有着密切的联系。一般说来,在抽样误差一定的情况下,所要求的置信度(推论的可靠性)越高,置信区间的范围也就应该越大(推论的精确性越低)。相反,如果要追求较小的置信区间(较高的精确性),则推论的可靠性(置信度)要随之而降低。这三者之间的关系可以用一个"打靶"的例子来形象地说明。在打靶中,打中靶子的可能性(置信度)是受靶子的大小(置信区间)和射手的水平(抽样误差)来共同决定的。射手首先应该通过刻苦练习来提高射击水平(类似通过优化抽样过程而减少抽样误差),但在每次射击时也总会有误差。如果他为了追求射击的精确性而把靶子做得越小,在射击时脱靶的可能性就越大。相反,为了提高打中靶子的可能性,就不得不将靶子做大一些,但这样又会影响射击的精确度。在这种情况下,一个射手既不能为了无限制地追求射击精度而将靶子做得很小,也不能为了保证每发都打上靶而把靶子做得太大,而只能在靶子的大小和中靶的可能性之间做出一个适当的平衡。

对总体的区间估计实际上就是根据抽样误差和所要求的置信度来计算出总体在某一变量上的置信区间。其中,抽样误差一般根据总体或样本在某一变量上的标准差来计算,而要求的置信度则由研究人员根据研究项目的要求来确定。

对置信区间的具体计算方法可查阅专门的统计分析书籍。

2. 假设检验

所谓假设检验就是先对总体的某一参数做一假设,然后用样本统计量去验证,以决定假设是否为总体接受。

例如,某城市上个月职工人均工资为2 000元。为了了解本月职工收入是否有变化,我们随机抽取了1 000人做调查,结果奖金平均数是2 100元,标准差为300元。从抽样调查的数据看,这个月的职工平均工资与上个月的数字不同,但这两个月工资数的差异既可能是本月人均工资真的发生了变化,也可能只是由于在对本月职工工资抽样调查中的抽样误差所引起的,而真实的职工工资情况并没有变化。为了验证抽样调查中得到的样本统计数据是否反映了总体的真实情况,我们就采用假设检验的方法。对这个问题进行假设检验的基本原理是,将根据抽样调查资料而做出的假设看成为"研究假设",而将与研究假设相对立的假设看成是"虚无假设"。这两个假设是绝对对立的,如果证明了一个为假,则另一个就肯定为真。研究者从虚无假设开始,希望用样本数据证明虚无假设是假的,从而证明研究假设是真的。

对假设进行检验是用概率论里的"小概率事件在一次抽样中不可能出现"原理。如果通过计算发现虚无假设出现的概率很小,则可以拒绝虚无假设,从而证明研究假设为真实。反之,如果用调查资料进行计算发现虚无假设并非小概率事件,不能拒绝虚无假设,也就无法证明研究假设为真。这里的"小概率事件"的概率度被称为"显著性水平"。显著性水平可以人为设定。在社会统计分析中,通常把显著性水平设定为 0.05 或 0.01,也就是说将概率不超过 5% 或 1% 的事件当作"小概率事件"。

假设检验的基本思路是:第一步,建立虚无假设和研究假设。第二步,选择适当的显著性水平($a$),并查出其临界值($Z$)。第三步,根据样本数据计算统计值($z$)。第四步,将临界值和统计值的绝对值进行比较,临界值大于统计值,则接受虚无假设,拒绝研究假设;如果临界值小于等于统计值,则拒绝虚无假设,接受研究假设。

关于假设检验的具体计算方法可以查阅专门的统计分析书籍。

## 五、常用统计分析软件 SPSS 简介

SPSS(Statistical Package for the Social Science,社会科学统计软件包)是世界著名的统计分析软件之一,也是社会科学领域最常用的统计分析软件。它于 1968 年由 3 位美国斯坦福大学的学生开发,1975 年在芝加哥成立了 SPSS 公司。至今已有 30 多年的历史。这一软件普遍用于经济学、管理学、生物学、心理学、医疗卫生、商业、金融以及市场调查等各个领域。

SPSS 具有适合于 DOS、Windows、UNIX、Macintosh、OS/2 等多种操作系统,现最常用的是适用于 Windows 的版本。SPSS for Windows 界面方便,功能强大。主要版本有 SPSS V7.0、SPSS V7.5、SPSS V8.0、SPSS V9.0、SPSS V10.0、SPSS V11.0、SPSS V11.5 等。SPSS V10.0 以上版本有两种结构,一种是服务器(Server)/客户机(Client)结构,由 SPSS Server 和 SPSS for Windows 两部分组成;另一种结构是单机版本,即 SPSS for Windows 标准版。

SPSS 使用 Windows 的窗口方式展示各种管理和分析数据的方法,

使用对话框展示出各种功能选择项。基本功能包括数据管理、统计分析、图表分析、输出管理等。其过程包括描述性统计、均值比较、一般线性模型、相关分析、回归分析、对数线性模型、聚类分析、数据简化、生存分析、时间序列分析、多重响应等大类,每类中又分数个统计过程。如回归分析中又分线性回归分析、曲线估计、Logistic 回归等几个统计过程,并且每个过程中又允许用户选择不同的方法及参数。另外,SPSS 还有专门的绘图系统,可以根据数据绘制各种图形。

可见,SPSS 使用清晰、直观、易学易用,用户不需要精通统计分析的各种计算方法,就可以较满意的分析结果,因此,它的用户已经遍布全球,在国内也日益广泛使用。

# 第十三章 撰写研究报告

　　社会研究的成果通常是以研究报告的形式来表现的。社会研究的最后,也是最重要的工作之一,就是在资料的收集和分析工作的基础上得到研究的结果,并将之以研究报告的形式表现出来,同他人进行切磋交流,供他人参考、使用或批评。研究报告撰写的好坏,直接影响社会研究成果的交流及其对社会的作用。因此,根据不同的目标和要求,将社会研究的发现以合适的形式表达出来是每一个社会研究者都必须加以重视并努力完成的任务。

## 第一节　研究报告概述

### 一、研究报告的含义

　　研究报告用文字和图表等形式将社会研究的缘起和意义、社会研究的方法和过程、社会研究的结果和发现表现出来所形成的一种书面报告。它的目的是将研究结果传达给他人,供他人参考、使用或批评。研究报告是一项社会研究的最终成果,没有它就无法显示研究的价值和意义,用文字和图表写成的报告能否把研究者的发现传达给读者,被认为是除了研究题目有无研究价值和意义及选用方法是否适当之外,决定社会研究成败的第三个基本因素。①

---

① 杨国枢等.社会及行为科学研究法.台北:台湾东华书局,1989.907

## 二、研究报告的类型

根据形式、内容、功能、性质或目标对象的不同,研究报告可以分成不同的类型,不同类型的研究报告可能具有不同的结构与撰写要求。

1. 普通研究报告与学术性研究报告

根据研究报告的目的和面向的目标对象不同,研究报告可以分为普通研究报告与学术性研究报告。

普通研究报告主要以描述社会现实状况,反映社会热点问题,提供解决社会问题的方案与对策为目的,其读者对象一般是政府决策部门的官员、各类实际工作部门的一般职员和社会中的普通大众,其作用在于为政府各级决策部门、各类实际工作者了解社会情况、分析社会问题、制定社会政策、开展社会工作等提供参考。由于面对的是非专业研究人员,这类研究报告在内容上更加强调对研究结果的描述、说明和应用,不太关注对社会研究方法、过程和工具的介绍;在语言上更加大众化、口语化,更加通俗易懂;在格式上,更加灵活随意,更多地采取直观的方式进行说明。普通研究报告主要以工作报告的形式存在,或发布于面向大众的报纸或杂志上。

学术性研究报告的目的主要是对社会现象进行理论探讨,分析各种社会现象之间的相关关系和因果关系,并通过对实际调查资料的分析与归纳来检验理论或建构理论。学术性研究报告的读者对象主要是专业研究人员,其作用在于发现社会现象和社会行为背后的规律性。由于面对的是专业研究人员,这类研究报告在内容上不仅强调对研究结果的描述、说明和应用,而且强调文献综述、理论分析和讨论,以及通过对方法、过程和工具的说明来论证研究的科学性;在语言上也要求更加客观、严谨和科学化,更多地使用学术概念并对概念进行严格的界定,更加注意分析的逻辑性和严密性;在格式上,较多采用严格的、固定的格式,结构更加严谨。学术性研究报告主要用于在学术会议上交流或刊登于学术期刊上。

2. 描述性研究报告与解释性研究报告

根据作用和功能的不同,研究报告可被分成描述性研究报告和解释性研究报告。

描述性研究报告主要用于展示描述性研究的发现和结果,其功能在于对所研究的现象进行全面、系统的描述,回答社会现象"是什么"或"怎么样"的问题,通过对研究资料和发现的详细描述,向读者展现研究对象的基本状况、主要特点或发展变化的过程。从内容上看,描述性研究报告一般要求广泛而详尽;从撰写的要求看,描述性研究报告要全面而清晰。因此,描述性研究报告既可以使读者对所研究的社会现象有一个深入全面的认识,为政策制定提供必要的参考,也可为进一步解释社会现象的发生奠定基础。

解释性研究报告主要用于展示解释性研究的发现和结果,其功能在于对所研究的社会现象的发生和发展进行深入的解释,阐明社会现象产生的原因或说明不同社会现象之间的关系,回答社会现象"为什么"的问题。通过对社会现象产生的原因和影响因素的分析,向读者展示社会现象产生和发展的规律性。解释性研究报告也要对社会现象的状况进行描述,但其描述一般只是为了论证解释结论而提供必要的基础资料和介绍相关的背景情况。从内容上看,解释性研究报告一般要求更加有针对性地和集中深入地分析所研究的问题,并且更强调其理论性;从撰写的要求看,解释性研究报告要层次清晰、论证有力,能对社会现象背后的规律性做出深刻而合理的说明。

由上面的分析可以看出,描述性研究报告与解释性研究报告的区分常常是相对的,在实际的社会研究中,往往既需要对社会现象进行全面而详尽的描述,又需要对其做出深刻而富有洞见的解释,这种区分常常只是反映研究报告侧重于其中的某一方面而已。

3. 定性研究报告和定量研究报告

根据研究的性质,研究报告可以区分为定性研究报告和定量研究报告。

定量研究报告是以调查研究的统计资料或其他数据资料为基础撰写的研究报告。它主要通过对量化资料的统计分析展现研究的结果和发现,其特点是多采用公式和图表等数量化的工具来表达其研究结论,并且更注重报告的格式以及各个部分之间的逻辑关系。

## 第一节 研究报告概述

定性研究报告是以实地研究资料为基础撰写的研究报告。它主要通过对定性资料的文字描述和分析展现研究的结果和发现,其特点是非数量化和以文字表述为主。定性研究报告通常不具有固定的格式,在结构和文字的表现上比较灵活,在描述和解释之间没有明显的区分。

现在由于定性研究受到越来越多的重视,很多研究同时具有定量和定性两种性质。在实际的社会研究中,常常需要在一篇报告中同时展现定量的和定性的研究资料,因此,研究报告的定性与定量之分也不是绝对的,判定一篇研究报告是定量还是定性的标准常常是看它主要内容是定量的还是定性的。

4. 综合性研究报告和专题性研究报告

根据内容所涉及的范围,研究报告可分为综合性研究报告和专题性研究报告。综合性研究报告主要用来展现综合性调查的结果与发现,内容通常涉及到研究对象的各个方面的状况,通过报告能使读者对研究对象有一个全面的了解和把握。比如关于乡镇企业产权改革的综合性研究报告应包括乡镇企业产权改革的背景、原因、形式、结果、影响等各个方面。[1] 综合性研究报告注重其全面性,篇幅一般比较长,多以描述性为主。

专题研究报告主要用来展现专项社会研究的结果和发现或综合性社会研究的某一方面的结果与发现,内容通常只涉及研究对象的某一个方面的状况,通过报告能使读者对研究对象的某一方面有一个深入的、透彻的理解与把握。比如关于乡镇企业产权改革中职工持有企业股份状况的研究报告则只包括对职工的持股状况、影响职工持股的相关因素及其对职工收入、参与性、对改革的评价和对现有工作满意程度的影响的分析。[2] 专题性研究报告要求聚焦于一个方面作深入的、有针对性的分析,篇幅相对较短,多以解释性为主。

---

[1] 程胜利.山东省乡镇企业改制研究报告.济南:山东大学出版社,2001
[2] 程胜利.持股的相关因素及其对职工分化的影响.社会.2003(5)

## 第二节　撰写研究报告的步骤和要求

撰写研究报告的过程就是用文字、数据和图表等方式有效地表达一项研究的历程与结果的过程。虽然有人认为撰写研究报告在性质上是属于技术和经验方面的事,除了要求研究者具有一定的文字表达能力之外,没有其他更高的要求,①但是,要撰写一篇高水平的研究报告并不是一件简单的事情,除了要求撰写者具有相当的文字表达能力之外,还需要撰写者具有较强的分析、处理社会研究资料的能力和运用图表等工具表现社会研究结果和发现的能力。虽然不同类型的研究报告因为适用于不同的目的,面对不同的对象而具有不同的结构、行文风格和撰写要求,但它们都遵循大致相同的撰写步骤,需要达到某些一般的要求,下面我们分别进行论述。

### 一、撰写研究报告的步骤

撰写研究报告一般遵循以下几个步骤:确立主题、组织材料、拟定提纲、撰写成文。

#### 1. 确立主题

研究报告的主题是研究报告所要表达的中心议题。在一般情况下,研究报告的主题应该与该项社会研究的主题一致,但有时研究报告的主题只是其社会研究项目主题的某一个方面。因此,在撰写研究报告之前,需要确立一个适当的主题,来统领整个报告的内容和材料。

"主题是研究报告的灵魂。"②明确的、恰当的主题是一个好的研究报告的前提,是撰写过程顺利开展的基础。只有确立了研究报告的主题,才能确定合适的研究报告形式,才能确定材料取舍的标准,才能拟定详细的写作提纲,才能顺利地将报告撰写成文。报告主题不明确或不适当将会给报告的撰写造成难以克服的困难,比如,报告主题不明

---

① 杨国枢等.社会及行为科学研究法.台北:台湾东华书局,1989.907
② 风笑天.社会学研究方法.北京:中国人民大学出版社,2001.320

确,就不能有效地选择并组织合适的材料,不能有效地将社会研究的结果和发现清晰地表现出来,达到与人交流与分享的目的,有时甚至还会造成材料的误用或读者对社会研究结果的误解。

2. 组织材料

确立了研究报告的主题之后需要根据主题筛选并组织与之相关的研究资料。一项社会研究往往会得到大量的资料,但并非所得的资料都可以成为研究报告中采用的材料。用到研究报告中的资料要能够有效地反映、说明和解释主题。

"材料是社会研究报告的血肉。"①组织资料不仅仅是从现有的资料中进行选择和取舍的过程,它常常是根据确立的报告主题有针对性地对所收集的原始资料进行深入分析的过程。从这个意义上说,社会报告的写作过程并不是先对资料进行分析,然后确立主题,撰写报告;而是相反,先确立报告的主题,再根据主题有选择地对原始材料进行整理和分析,在此基础上得到能反映报告主题的资料和数据。在确立研究报告的主题之前,很难对庞杂的原始资料做出有意义的分析。

组织材料应坚持以下原则:

(1) 与报告主题相关性原则;

(2) 精炼、典型与全面的原则;

(3) 事实、分析与讨论、建议相结合的原则。

只有这样才能做到既不漏掉任何重要的材料,又使材料对主题有最大的代表性和表现力,既保证报告的针对性,又保证报告的充实性和深刻性。

3. 拟定提纲

在有了明确主题和丰富的材料后,还不能直接进入报告的撰写阶段,要使报告的撰写得以顺利地进行,还必须根据主题的要求、材料与主题之间的关系,以及各项材料之间的实质的和逻辑的关系拟定详尽的写作提纲。

---

① 风笑天. 现代社会调查方法. 武汉:华中理工大学出版社,1996. 254

写作提纲是在对报告主题进行分解,对选取的材料进行组织的基础上,按照主题和材料间的内在关系,对报告的内容所进行的统筹布局与合理安排。写作提纲被认为"是研究报告的骨架",[1]它的作用是理清写作思路,确定先写什么,后写什么,内容之间如何进行启、承、转、合,共同构成一篇有血有肉的研究报告。以《持股的相关因素及其对职工分化的影响》为例,在说明研究的目的和意义、研究的方法和过程、调查对象的基本状况之后,首先,就要分析乡镇企业职工持有企业股份的状况;其次,分析影响职工持股的相关因素;最后撰写持股对职工的影响。报告的每一个部分同样要做出相应的布局和安排。[2]

4. 撰写成文

撰写成文是在明确的报告主题的指导下,将相关社会研究资料按照拟定的写作提纲用文字、公式和图表等方式将社会研究的结果和发现呈现出来,形成完整的研究报告的过程。撰写成文是报告撰写的最后一个步骤,也是工作量最多的一步,需要研究者选用最能够表现报告主题的词句和最好的展示调查的结果与发现的公式、图表等工具,对所研究的社会现象进行全面、客观和深刻地描述与说明。只有完成了这一步,才能真正达到与人交流、分享和讨论的目的。

为了撰写一份高水平的研究报告,撰写的过程常常是不断地从撰写到进一步分析组织资料,再到撰写的不断反复的过程。一些学者建议撰写成文的最好的方法是从头到尾一气呵成,不要经常在一些小的细节上停下来推敲修改,这样有利于整个报告紧紧围绕确立的主题展开,使报告在整体思想、体系结构、内容形式、行文风格等方面能前后一致,浑然天成。在报告撰写完成以后,再反复从头阅读,审查和推敲每一部分,认真地修饰每一个细节,使报告得以丰富和完善。[3] 如果能做到这些当然是最好的,但是,要做到一气呵成常常也很难。在实际撰写研究报告的过程中,尤其是撰写大型的研究报告时,总是会出现数据和

---

[1] 风笑天.社会学研究方法.北京:中国人民大学出版社,2001.321
[2] 程胜利.持股的相关因素及其对职工分化的影响.社会.2003(5)
[3] 风笑天.社会学研究方法.北京:中国人民大学出版社,2001.322

材料不充分或不适当的问题,或者研究者又有了新的想法和思路,这就要求研究者停止写作,重新分析和挖掘资料,然后再重新开始写作;在这个过程中,研究者还常常被其他事情所打断,使报告的撰写工作中断。因此拟定一个相对完备而详尽的写作提纲对于保持报告的连贯性和逻辑的一致性的重要意义就显现出来了。另外,在报告撰写的过程中,研究者要保持思想的开放性和高度敏感性,有了新的思路和想法要马上记录下来,以期在将来的写作中整合进报告之中,使其内容更加丰富、充实,有更多的原创性。

## 二、撰写研究报告的一般要求

尽管不同的研究报告有不同的撰写要求,但是为了便于沟通和交流,研究报告的撰写通常都遵循某些通用的准则和惯例,达到某些一般的要求。这些要求、准则和惯例对于有经验而又勤于写作的研究者而言可能是驾轻就熟的,但对于刚开始学写研究报告的人来说,却应该首先充分了解这些要求、准则和惯例,并在撰写研究报告的过程中通过不断地练习而逐渐学会运用。下面就研究报告行文方面的一般要求和注释引证的一般性原则做简要的讨论。这里需要说明的是研究报告在文字和体例上并无统一的标准,撰写报告时最重要的是要遵守两个原则:一是必须包括所有的基本项目,二是体例一旦定下来必须保持全文一致。

1. 撰写研究报告行文方面的一般要求

撰写研究报告,目的在于将调查的研究结果和发现表达出来,看重的是客观、真实、通顺与简洁,文字应力求真确、平实,不要求像文学作品那样追求辞藻的华丽与雕饰。根据有关专家的概括,为了达到上述要求,研究者在撰写研究报告时应注意以下原则:①

(1) 对事实的陈述,要力求客观平实,避免在文字中使用主观且带有感情成分的词句。

---

① 杨国枢等.社会及行为科学研究法.台北:台湾东华书局,1989.922

(2) 不要试图去说服读者,而要尝试把事实告诉读者。

(3) 避免使用第一人称。研究报告中一般不要用"我发现……"、"我们认为……",而最好要用"作者发现……"、"研究者发现……"或"统计表明……"、"数据显示……"等表达方式。

(4) 避免借权威之名来增强文字的力量。在引证其他学者的资料时,避免加上恭维的词句,比如某博士、某专家、某权威、著名的某某等。

(5) 避免哗众取宠。不要采用一些华而不实的语词和描述方式;尽量用本国语言去表达内容,除特殊又重要并且国内尚无统一译法的专门术语,以及外国人的姓名在第一次出现时附原文(在括号内)之外,尽量减少外国文字。

2. 引证与注释的基本原则与一般格式

引证是"引用事实或文献资料作为确立论点考订疑难的证据"。[①]撰写研究报告经常需要做引证工作,即引用已经公开发布的数据、资料,他人观点、论述、研究结果或发现,或者用它们来支持、佐证或说明自己的观点或结论,或者对它们做出评述、分析或反驳。引证可采用两种不同的方式进行,一是直接引用他人的原话或原文,这时要求将直接引用的资料用引号引起来;二是只引用文献资料所展现的基本事实或观点,但并不直接引用原文。

虽然对于撰写普通研究报告并没有明确规定引用已有的事实或文献资料一定要注明出处,但对于撰写学术性研究报告来说,引证资料要注明出处是每一位研究者都必须达到的一个基本要求。这是因为对所引证资料注明出处除了可以为读者提供查证所引用资料的线索之外,还具有以下作用:① 可以增强研究者治学的严谨态度和务实的作风,使之不能凭空编造证据;② 保证所引用的材料的真实性,增强研究报告的可信性和说服力;③ 体现对他人的研究成果的尊重,减少剽窃的可能性,保证学术的继承性与学术的尊严。

注明所引用的文献资料的出处的方法是为引文加上注释。注释与

---

① 夏征农.辞海·缩印本.上海:上海辞书出版社,2000.1307

引证是成对出现的概念。注释是"对文章中的词语、引文出处等所做的说明"。① 注明所引用的文献资料的出处是注释的最主要的作用之一。除此之外,注释还可以起到以下作用:① 既呼应文内的前后内容又能避免文字过多。这种注释的方法多用括号插在文内,如(见上文第××页)、(详见下文第××页)、(参见本报告第×部分)、(详见表×)等。② 在保持正文的流畅与简洁的同时用于补充、解释正文的某些内容,包括释义——对文内的术语加以解释;补充——与正文有关,有助于读者了解但非绝对必要的资料;批评——对正文中的某些观点作进一步的展开但与正文没有直接关系;推荐——向读者介绍除本文之外的研究问题的其他途径或推荐其他参考资料;鸣谢——对协助研究者收集资料或改进研究方法的人表示感谢等。②

根据放置的位置不同,现在比较常用的加注释的方式有文内注释和文后注释两种:

文内注释是在正文内用括号的方式直接对引证资料的出处、前后内容的呼应或对正文的补充解释进行注释,如(见上文第××页)、核心家庭(指包括父母和子女的家庭)、"……"(费孝通,1981)等。最后一个例子的意思是,此处所引资料出自费孝通在1981年发表的某一论文或著作。据此线索,读者在文末的参考文献中可找到该作者的这篇论文或著作的全部资料(如果是书籍,应包括书名、出版年代、出版社等;如果是论文,则应包括文章名、登载的期刊、发表时间、资料所载页码等)。这是现在常用的注明引证材料出处的注释方法,只在文内随引用资料之后加括号注明作者和发表时间,并在文末列出详细参考文献即可。这种注释引证资料的方法还可有以下几种变化,如蒂特马斯(Titmuss,1962)认为……有时括号内引用数种资料,其写法为:"我国社会研究方法的研究者们(苏驼,1985;风笑天,2001;林彬等,2000)指出……"。如果同一作者在同一年发表的两篇以上的文献被引用,可在年代之后加一英文字母区分,如(陆学艺,1985a)。在这种情形下,

---

① 夏征农.辞海·缩印本.上海:上海辞书出版社,2000.1093
② 杨国枢等.社会及行为科学研究法.台北:台湾东华书局,1989.924

文末的参考文献也要作相应的区分。有时作者为了使引证的资料更详细,在年代后再加一数字表示页码,如(郑杭生,2003:118),这种写法多限于引用专著时使用。文内注释虽然方便,但注意不要使用太多的文字,括号里的文字太多,会影响正文的流畅性和读者阅读的连贯性。

文后注释指在正文需要注释的地方做一标记或编号,将注释放在每页的下方或全文的末尾(如果是分章撰写的长篇报告,可将注释分别放在每一章的末尾)的注释方式。放在每一页下方的注释是脚注,放在每一章末尾或全文末尾的注释是尾注。不论是脚注还是尾注,都必须与文内的标记或编号相对应。现在常用的在文内标明注释的方式是在需要注释的正文的右上角标上一个符号(如"*")或数字编号(如"……①")。如果是尾注,文后注释的数字编号应从报告开始按①、②、③的顺序排列;如果是脚注,文后注释的数字编号可以每页都按①、②、③……的顺序排列,也可以整篇报告按①、②、③……的顺序连续排列。如果用文末注释注明引证的资料的出处,出自专著的,应注明作者或编著者、著作名称、出版社、资料所在页数等;出自论文的,应注明作者、篇名、期刊名、出版年份、卷期数、资料所在页码等;出自论文集的,应注明作者、篇名、编者、文集名、出版社、出版年代、资料所在页码等(可参见本章参考文献部分)。

3. 参考文献索引

在研究报告的最后一般应该列出"参考文献索引"(或"主要参考资料"等)。一般说来,采用文内注释方式的报告必须在文后列出相应的参考文献。较短的报告有了文后注释,可不用另外列出参考文献,较长的报告虽有文后注释,仍需另外列出参考文献。"参考文献索引"是一篇研究报告或论文所有参考资料的清单,包括文内注释和文后注释中曾经引用过的所有文献。参考文献通常附在报告或论文之后。参考文献按照类型可分为书籍、文集、期刊中的论文、未公开发表的博士论文或研究报告等,不同的参考文献包括的项目也不尽相同(详见表13-1)。

**表 13-1　参考文献中各类资料应包括的项目①**

| 资料类别 | 应包括的项目 | | | | | | |
|---|---|---|---|---|---|---|---|
| 书　籍 | 作者 | 篇名 | 出版地点 | 出版社 | 出版年份 | (页数) | |
| 期刊论文 | 作者 | 篇名 | 期刊名 | 出版年份 | 卷期数 | 页码 | |
| 文集论文 | 作者 | 篇名 | 编者 | 文集名 | 出版地 | 出版社 | 出版年份 | 页码 |

对于未出版的学位论文，参考文献应包括的项目有：作者、论文名称、授予学位的大学或研究机构、博士(硕士或学士)论文(未出版)、时间等。对于未出版的研究报告，参考文献应包括的项目有：作者、报告名称(未出版)、提供报告的机构、报告撰写时间等。参考文献可以将书籍与论文分开单独排列，也可混在一起排列。用中文撰写的研究报告，有时会参考中英文两种文献，排列时通常中文资料在前，按拼音顺序或姓氏笔画数排列，英文资料在后，按姓氏的英文字母顺序排列。

## 第三节　普通研究报告的撰写

由于普通研究报告与学术性研究报告在目的、作用、读者对象上有很大的不同，它们在结构、内容和表达方式上有较大的差异，因此它们的撰写需要分别加以论述。下面先介绍普通研究报告的撰写。

普通研究报告主要以工作报告的形式存在，或发布于普通的面向大众的报纸或杂志上。由于读者对象通常是政府决策部门的官员、各类实际工作部门的一般职员和社会中的普通大众等非专业研究人员，普通研究报告的重点在于对研究结果及其政策意含的描述和说明，不太强调对社会研究方法、过程和工具的介绍；在语言上更加大众化、口语化，更多地采取直观的方式进行说明，因此更加通俗易懂。虽然在表现方式上具有更大的灵活性，但一般来说，普通研究报告在结构上都可以分成标题、导言、主体和结尾四个部分。

---

① 杨国枢等.社会及行为科学研究法.台北：台湾东华书局,1989.930

## 一、标题

标题又称题目,是放在一篇研究报告的前面,用来统领、揭示和评价报告内容的文字。标题以报告的内容为命题依据,有提示报告内容、吸引并引导读者理解的作用。标题要做到简洁、生动、明确、有冲击力,能够给读者提供报告的重要信息,打动读者,吸引读者,增强他们阅读报告的动机。按标题的复杂程度,标题可分为单一结构型和复合结构型。

1. 单一结构型

单一结构型标题(又称单标题式)是指只由一个语言结构组成的标题。这个语言结构或者是一个复合的语词,或者是一句话。此类标题以简明的文字表明报告的内容,使人一目了然。根据标题的表达方式,这种标题又可分为以下类型:

(1)直陈主题式。即直接在标题中陈述研究的时间、研究对象及研究的主题。如《当前大学毕业生就业意向的调查报告》、《当代中国青少年自我保护意识的调查报告》、《2003年济南市民生活满意度调查报告》等。直陈主题式标题的优点是明确、清晰;缺点是单调、缺少冲击力。

(2)结论展示式。即在标题中展示有关社会研究的结果或发现。比如有关一般市民购买家用电脑的意向的研究发现虽然当时家用电脑的拥有率并不高,但人们表现出了较强的购买动机,研究报告以《电脑进家大势所趋》为标题,通过简洁有力的语言将研究的结果展示出来,给人以很强的冲击力。一项有关消费者对保健品认同程度的研究发现人们对保健品的效果和广告宣传普遍持不信任态度,其研究报告的标题《保健品遭遇信任危机》将研究结果毫无掩饰地展示出来,既能够吸引读者的注意力,又能够达到对保健品生产和销售者当头棒喝的目的。这种标题既可以用于学术性研究报告,也可以用于普通研究报告。

(3)反问疑问式。即在标题中将研究的主题用反问或疑问的方式表达出来。如:有关当代大学生崇拜的偶像的研究就可以用《谁是当代大学生心目中的偶像?》为标题;有关男女大学生性格差异的研究就可以用《男女性格的差异真的会消失吗?》为标题。反问疑问式标题所提出的问题既是人们所关心的问题,也是研究报告所要回答的问题,有利于吸引读者的注意力,提高他们的阅读兴趣,是普通研究报告常用的标题形式。

2. 复合结构型

复合结构型标题又称双标题式,是指由主标题和副标题共同构成报告的标题。在这类标题中,主标题多用来表达研究主题、提出疑问或展示结果,副标题多用来说明研究的对象和内容,两者相辅相成,共同构成对研究报告内容的说明,如:《持股的相关因素及其对职工分化的影响—— 一项关于乡镇企业产权改革的研究》。这种标题形式比单标题式有更强的表现力,可以兼具各种单一标题的优点,是各类研究报告常用的一种标题形式。

## 二、导言

普通研究报告的重点虽然在于对研究结果的描述和说明,但在具体描述研究的结果之前,一般需要向读者简要地介绍整个研究的有关背景,比如:社会研究的目的和意义、研究者、研究的对象、内容、方法,以及时间、地点等。一般把这部分称作研究报告的导言(或称前言)。

导言的主要作用是让读者对研究的背景有一个基本的了解,这样一方面可以增强研究的可信性,另一方面可以帮助读者理解和把握研究的结果与发现。除此之外,通过对研究的缘由和意义的介绍,导言还具有唤起读者的好奇心,提高其阅读报告的动机的作用。为此,对导言的写作要求是简明、扼要、具体、鲜明。

撰写导言并没有一定之规,但最常用的有以下两种方式:

(1) 直截了当地把研究的目的、研究者、研究对象、研究内容等展示给读者,其基本模式是"为了了解……(研究目的与意义),……(研究者)于……(研究时间和地点),研究了……(研究对象及数量)的……(研究主题和内容)"。这种模式的优点是开门见山、简明、扼要,能以最简洁的语言达到介绍研究的基本情况的目的,缺点一是缺乏对研究的有关背景资料的介绍,可能对理解研究的结果造成困难;二是平铺直叙,缺乏必要的气势和冲击力,不能有效地达到吸引读者的注意力和激发其阅读报告动机的目的。

（2）先描述某种社会现象和问题,以此为背景提出一系列相关问题或争论,最后再介绍研究的主题和研究的基本资料。例如:1999年10月进行的一项关于高校收费的研究的导言首先回顾了中国高校收费制度变革的过程,点明1999年高校收费大幅上涨的事实和背景,然后提出人们十分关注并渴望了解的问题:"社会对提高高等教育收费有什么看法？有多少家庭能够承受得起这么高的收费？贫困学生会不会因高额学费而望大学兴叹？……",最后介绍研究的基本资料。① 这种方式的优点是能够有效地激发人们的好奇心和阅读的欲望,缺点是不够简明、扼要。

### 三、主体

对于普通型研究报告来说,最重要的是研究的结果与发现部分,这是报告的主体。为了将研究的结果与发现准确、客观、条理清晰而富有意义地展现出来,主体部分的撰写一般应注意以下几点。

1. 研究资料呈现的顺序

研究所获得资料通常都是十分庞杂的,资料的呈现顺序对于清晰、准确地表达研究结果具有十分重要的意义。决定研究资料呈现顺序的依据是研究资料的内在的逻辑关系——时间的先后关系、材料之间的结构关系等,研究者必须按照这种逻辑关系来组织安排资料呈现的先后顺序,由此构成了研究报告中常用的几种呈现资料的方式——按时间先后呈现材料的纵向结构式、按研究内容之间的结构关系呈现材料的横向结构式、结合上述两种方式的复合结构式。②

2. 文字与图表的配合

文字、统计图和统计表是表现社会研究结果和发现的主要工具和手段。其中,统计表和统计图主要用来表现研究所得的数据资料,它们

---

① 章宁,董廷杰.如何看高校收费上涨.济南时报,1999—10—14
② 风笑天.现代社会调查方法.武汉:华中理工大学出版社,1996.258

可以在一张表或图中同时表现大量的数据资料,不用文字叙述,就能反映资料的特性以及资料之间的关系(统计表展示数字资料更加准确有效,统计表表现数字资料更加鲜明直观)。文字则主要用来陈述社会研究的结果和发现,它不应该只是对图表数据的简单的重复,而应该对数据做出深入的解释和说明,使它们成为可以为读者理解的有意义的资料。

研究报告的主体通常由文字和图表共同所构成。这是因为,一方面,单纯的图和表不能构成研究报告的主体,因为没有文字说明,它们仅仅是数据资料的堆积,不能构成有意义的研究结果和发现。另一方面,单纯的文字虽然可以将研究的结果和发现呈现出来,而且事实上有些研究报告的主体也是完全由文字所构成的,但文字在表现数字资料方面有很大的局限性,完全由文字来表现大量的数据资料几乎是不可能的,或者即使能够表现出来,常常也使数字代表的事实和意义淹没在文字的海洋里难以辨认。而在研究报告中采用一定的图表等数据表现方式往往可以节约大量的文字,并且可以使研究报告更加精练、直观和重点突出。因此,社会研究者往往将文字和图表有机地结合起来,以便把社会研究结果更加准确、客观、简明、有效地呈现出来。

3. 对事实的意义进行客观的陈述与分析

研究报告不仅要展示研究所得的表面的数据和事实,而且更重要的是要展示数据和事实背后的意义,因此单纯的数据和对数据的简单的文字描述并不足以构成研究报告的主体,还必须它们进行深入的分析和解释,呈现事物的真实状态和意义,并且揭示出现象背后的客观规律性。例如:当调查资料显示一个城市在上一年度里领取最低生活保障金的人数同比增加了20%,研究报告中不应该只局限于列出这一百分比和指出这一表面事实,而且还应该分析这一事实所代表的社会意义。它可能表明该城市在这一年里贫困问题更加严重了。同时,在对研究资料进行分析时还应该注意,一个社会现象背后可能有复杂的原因,因此,不能只是对表面的资料进行简单的推理,而应该透过社会事物的表面现象来分析其实质。还以领取最低生活保障金的人数增加20%的资料为例,它既可能表明该城市在这一年里陷入贫困的家庭增多了,贫困问题更加严重了,同时也可能贫困家庭本身并没有增多,而是由于政府增加了最低生活保障制度的资金投入,扩大了这一社会保障项目的覆盖面,因而使更多原来无法领到最低生活保障金的家庭也能领到了。因此,在运用研究资料来分析社会事实时,切忌简单化和表面化,而应该利用各种资料进行相互比较、深入分析和反复论证,深入分析表面现象背后的真实原因。

**四、结尾**

结尾是普通研究报告的最后一部分。在描述了社会研究的结果与发现后,研究报告还没有最后完成,还必须用简练的语言对整个社会研究的过程、结果和主要发现扼要、清晰的表达出来,并在此基础上提出解决问题的办法或建议。这些内容构成了报告的结尾。结尾的作用一方面在于对导言提出社会研究目的或问题做出回应;另一方面能够保持报告结构的完整性和形式的完美性。

## 第四节　学术性研究报告的撰写

学术性研究报告主要用于在专业会议上进行学术交流或刊登于学术期刊上。由于面对的是专业研究人员,这类研究报告在内容上不仅强调对研究结果的描述、说明和应用,而且强调文献的综述、理论的分析和讨论,以及通过对方法、过程和工具的说明来论证研究的科学性。这对研究报告的撰写提出了更高的要求:在语言上,要求更加客观、严谨和科学化,更多地使用学术概念并对概念进行严格的界定,更加注意分析的逻辑性与严密性;在格式上,要求结构更加严谨,要求采用严格的、相对固定的格式。学术性研究报告在结构上通常包括标题、导言、方法与步骤、结果与讨论、摘要与结论、参考文献与附录等六个部分。

**一、标题**

学术性研究报告的标题注重表达的清晰和准确,不注重新奇性和吸引力,因此,多采用直陈主体式或双标题式,有时也采用结论展示式

(有关内容参见本章第三节)。

## 二、导言

虽然同为导言,但学术性研究报告的导言要包含更多的内容,更为详细。它一般包括以下内容:

1. 说明研究问题的性质和意义

研究者在导言一开始就必须向读者说明一项社会研究所要解决的问题的性质,或者要解决众所关心而有待解决的问题,或者对已有的理论进行验证,或揭示日常现象下面所隐含的重大问题。在此基础上,还要说明此项研究的目的、价值和意义,包括理论意义和应用意义。

2. 文献综述

文献综述指对与本研究有关的其他研究报告或论文的结果、观点或论述的综合说明。"学术性研究不能凭空创作,必须根据已有的成就为基础,去做点滴的增加和推进。"[①] 为了使自己的研究建立在坚实的基础上并有所突破和创新,而不是仅仅重复他人已经做过的研究,在确定研究题目的时候,研究者就要对其他学者已经做过的同类研究成果和相关文献——包括直到最近的具有不同观点和不同方法的研究——进行检索和阅读,并进行分析和批评,只有这样,才能了解以往的研究者对此类问题有何想法,采用过哪些研究方法,得到了什么结果,解决了什么问题,有哪些问题还有待研究,并在此基础上形成对研究问题的清晰的概念和独到见解。文献综述正是在对以往研究和文献进行检索和阅读的基础上对近年来学者对此问题研究的演变情形所做的简明扼要的批评性回顾。

文献综述篇幅不宜过长,尤其不要将以往无关紧要的所有文献资料不加选择和批评地堆积在一起。文献综述的好坏不在于篇幅的长短,而在于对已有文献的论述是否系统,批评是否深刻。缺乏对文献进行选择和批评的能力,很难写出精辟的文献综述,也很难做出创新性的

---

① 杨国枢等.社会及行为科学研究法.台北:台湾东华书局,1989,912

社会研究。

3. 介绍研究目标与假设

在导言中还应该向读者介绍研究的目标和基本假设。做一项研究,研究者必须要有明确的目标,除此之外,更重要的是研究者还必须了解能否达到以及如何达到目标。对此,在检索和阅读文献的时候,研究者就要特别注意从已有的资料中寻找可能的突破,确立自己的研究目标和达到目标的独特方法,因为一项独立的研究在目标与假设上必须要显示出一定的独特之处,即使不能全面超越已有的研究,至少不能完全重复已有的研究。

研究的目标一般在于了解社会问题的状况并进而解决它。研究假设则是对问题可能状况与可能的解决方法的假定性或推理性陈述。在收集资料之前提出研究假设是对一项学术性研究的基本要求。假设可由已有的理论推演而来;也可以从有待解决的问题中寻找线索,对前人的假设加以改进,形成新的假设;或者从既有的事实中寻找假设。只要合乎逻辑和事实就可以大胆提出假设,因为只有有了假设,才能确定研究的方向。在导言中向读者介绍研究假设,可以帮助读者清楚地把握此项研究的逻辑思路。

4. 重要概念的界定

对研究中的重要概念给予明确的界定,说明其在本研究中的确切含义是导言的重要内容。明确地界定研究的重要概念一方面可以使读者在不产生歧义的情况下了解研究的内容和结果,另一方面使其他研究者能够用同样的方法验证研究的结果。

在研究报告中解释重要概念的意义,社会科学比自然科学更有必要。因为在社会科学中的概念比自然科学中的概念更不确定,更容易产生歧义。概念界定的方法要以符合研究的特殊设计为标准,不要局限于人们的日常理解或词典上的解释(有关内容参见本书社会测量一章中有关"概念的操作化"的内容)。

### 三、介绍研究的方法与步骤

研究方法的严谨性、科学性和独创性是判断一项研究是否有价值

## 第四节　学术性研究报告的撰写

的重要标准。对一篇研究报告的批评最重要的是看研究者所用的研究方法。如果研究方法设计得严谨、科学且有独到之处，即使获得的结果没有证明最初的研究假设，该项研究仍然有价值，因为方法的本身仍可被他人借鉴。如果研究方法不严密、不科学、没有新意，即使获得了大量的数据资料，仍然没有学术价值。因此，有关研究方法与步骤的介绍应该是学术性研究报告中的重要部分，它一般包括如下内容：

1. 介绍研究对象及其基本状况

社会科学的研究对象一般是人。为了让读者理解研究的结果和发现，研究者在研究方法中必须说明研究对象及其基本特征：他们是什么人、是从什么群体选取的，用什么方法选取的，有多少人，他们的性别、年龄、文化程度、收入等的分布情况如何。只有明确地界定研究对象，详细地说明其基本状况，才能使读者清楚地了解研究的性质与研究问题的意义与价值，才能使读者正确理解社会研究所获得的资料的意义。

2. 说明研究工具

研究工具指研究者用来收集资料的仪器、量表、测验、问卷等。如果使用众所周知的工具，如瑞文智力测验、比纳－西蒙量表等，研究者只需列出名字，读者自然知道，不用另加解释；如果是鲜为人知的或研究者自己设计的测验、量表、问卷或其他工具，在此必须详加说明，说明其内容、性质、功能、信度与效度等。除此之外，全部资料还应在附录内列出，供读者参阅和批评。

3. 介绍研究步骤

研究步骤或研究程序指的是研究者如何收集资料和分析处理资料的过程。不同的研究方法要求有不同的研究程序、步骤和过程（参见本书第三编的有关章节）。为了说明研究的客观性，让其他研究者能够验证研究的结果，研究报告中必须明确地说明研究的步骤或程序。如对于问卷研究，除了应说明研究对象和问卷设计方式之外，还必须对研究问卷的发放方式、发出份数、收回数量、不合格问卷数、数据处理方式等做出详细的描述。

## 四、报告和分析研究结果

报告和分析研究的结果是学术性研究报告的主体部分,是一篇学术性研究报告的重心所在。其表现方式和撰写方法与普通研究报告类似(参见本章"普通研究报告的撰写"一节),所不同的是普通研究报告的重点是对研究的结果与发现的描述,学术性研究报告除了描述研究的结果与发现之外,还必须对其进行深入的分析与讨论。分析讨论的目的,一是回应研究的目标与假设;二是与其他研究者的结果进行对比。分析与讨论的原则是:不论研究的结果完全支持研究假设,或者部分支持研究假设,还是完全不支持研究假设,研究者都必须如实地用文字加以说明并将此结果与其他人的研究结果进行比较,或者用已有的理论对研究结果做出更深入探讨与解释。

## 五、摘要与结论

摘要是研究报告要点的摘录,结论是对所研究的现象与问题的总结性概括。在学术性研究报告中,在详细地报告了研究的结果与发现并进行了深入的讨论之后,通常要将整个报告的要点与主要结果做一个简明扼要的总结,这就是摘要与结论。

摘要与结论的撰写相当于画龙之后的点睛,具有非常重要的意义,能够对读者是否阅读整篇报告起提示的作用。很多读者在收集资料时没有时间去读全文,而只是记录资料的出处和摘要与结论。因此,一篇报告或论文的最引人注意或者说最具有重要意义的部分就是首尾两端,首端是题目,末端是摘要与结论。[1] 现在很多学术期刊都把摘要与结论部分经过浓缩放到题目之下,导言之前。有的期刊为了读者方便,把期刊名称、发行日期等资料都排在每页的页眉或页脚,这样,一篇研究报告或论文的重要资料,包括题目、作者、出处、摘要与结论,都出现在一页上。因此,研究者在撰写摘要与结论时要特别用心。

---

[1] 杨国枢等.社会及行为科学研究法.台北:台湾东华书局,1989,920

摘要一般在结论之前。摘要主要包括研究目的、研究方法、研究结果与发现等。结论则主要对结果是否支持假设做出明确的回答。摘要与结论的撰写要求文字简洁、要点齐全、客观真实、前后对应。除了研究要点和主要结论之外,研究的意外发现和进一步研究的建议有时也在摘要与结论部分附带写出。

### 六、参考文献与附录

参考文献是学术性研究报告的重要组成部分,它是研究者在做这项研究的过程中所阅读、评论、引证过的文献的清单。有关列出参考文献的作用和方法参见本章第二节。

附录指附于研究报告后面的有关资料。包括收集资料的研究问卷、表格、测验、量表等;某些指标的定义和计算公式;某些研究工具、测量仪器的介绍等。附录的作用是便于读者进一步查考相关材料,或有助于读者理解正文。在学位论文和学术性研究报告中,通常需要有附录,但由于篇幅一般较大,在学术刊物上发表研究报告或论文时,附录常常被省略。

# 主要参考文献

1 Bonnie L. Yegidis, Robert W. Weinbach. 社会工作研究方法(中译本). 上海:华东理工大学出版社,2004
2 艾尔·巴比. 社会研究方法基础. 第八版. 北京:华夏出版社,2002
3 艾肯. 心理问卷与调查表——民意调查与人格评估. 北京:中国轻工业出版社,2002
4 边燕杰,李路路,蔡禾. 社会调查实践:中国经验及分析. 伦敦:牛津大学出版社,2004
5 风笑天. 社会学研究方法. 北京:中国人民大学出版社,2001
6 风笑天. 现代社会调查方法. 武汉:华中科技大学出版社,2001
7 高燕,王毅杰. 社会研究方法. 北京:中国物价出版社,2002
8 金勇进,蒋研,李序颖. 抽样技术. 北京:中国人民大学出版社,2002
9 柯惠新,丁立宏. 市场调查与分析. 北京:中国统计出版社,2000
10 柯惠新,黄京华,沈浩. 调查研究中的统计分析法. 北京:北京广播学院出版社,1992
11 李沛良. 社会研究的统计应用. 北京:社会科学文献出版社,2001
12 孟庆茂,常建华. 实验心理学. 北京:北京师范大学出版社,1999
13 纽曼. 社会研究方法:质化与量化取向. 台北:杨智文化事业股份有限公司,2000
14 彭发祥,刘守恒. 社会调查研究方法. 北京:中国人事出版社,1992
15 水延凯等. 社会调查教程. 北京:中国人民大学出版社,2003
16 唐盛明. 实用社会科学研究方法. 上海:立信会计出版社,1998
17 王重鸣. 心理学研究方法:北京:人民教育出版社,1990
18 韦尔奇,科默. 公共管理中的量化方法:技术与应用. 北京:中国人

民大学出版社,2003
19　杨国枢等.社会及行为科学研究法.台北:台湾东华书局,1989
20　袁方.社会调查原理与方法.北京:高等教育出版社,1990
21　袁方.社会研究方法教程.北京:北京大学出版社,2000

# 后 记

《社会研究方法》教材是根据全国高等教育自学考试指导委员会的文件精神，以及全国高等教育自学考试指导委员会公共管理类专业委员会关于高等教育自学考试行政管理学专业（专科）考试计划的要求而编写的。本教材适合于高等教育自学考试行政管理学专业（专科）。

本教材由南开大学关信平教授担任主编，中国人民大学洪大用教授担任副主编。参加编写工作的各章作者是：

关信平（南开大学），第一、三、四章；

徐道稳（深圳大学），第二章；

郝大海（中国人民大学），第五、六章；

洪大用（中国人民大学），第七章；

韩克庆（中国人民大学），第八章；

程胜利（山东大学），第九章；

吴力子（中国人民大学），第十章；

洪小良（北京市委党校），第十一章；

白红光（南开大学），第十二章。

本教材由中国人民大学段成荣教授担任主审，北京大学林彬副教授和南京大学孙亚忠教授参审。审核专家对本教材进行了认真的审核，并且编写组根据审核专家的意见又对教材做了进一步的修改。

全国高等教育自学考试委员会
公共管理类专业委员会
2004 年 12 月

# 附

## 高等教育自学考试
## 《社会研究方法自学考试大纲》

全国高等教育自学考试指导委员会

# 目　录

**出版前言** ……………………………………………………………………… 325
**Ⅰ　课程性质与设置目的及要求** ……………………………………………… 327
**Ⅱ　课程内容与考核目标（含考核知识点和考核要求）** …………………… 328
　　第一章　社会研究导论 ……………………………………………………… 328
　　第二章　社会研究的主要类型 ……………………………………………… 331
　　第三章　选题与研究设计 …………………………………………………… 334
　　第四章　理论建构与理论检验 ……………………………………………… 337
　　第五章　抽样 ………………………………………………………………… 339
　　第六章　社会研究中的测量 ………………………………………………… 343
　　第七章　问卷设计 …………………………………………………………… 345
　　第八章　访谈法 ……………………………………………………………… 349
　　第九章　观察法 ……………………………………………………………… 352
　　第十章　实验法 ……………………………………………………………… 356
　　第十一章　文献研究 ………………………………………………………… 359
　　第十二章　研究资料的审核、整理与统计分析 …………………………… 362
　　第十三章　撰写研究报告 …………………………………………………… 365
**Ⅲ　有关说明与实施要求** ……………………………………………………… 369
**后记** …………………………………………………………………………… 375

# 出版前言

为了适应社会主义现代化建设事业对培养人才的需要,我国在20世纪80年代初建立了高等教育自学考试制度;经过20多年的发展,高等教育自学考试已成为我国高等教育基本制度之一。高等教育自学考试是个人自学、社会助学和国家考试相结合的一种高等教育形式,是我国高等教育体系的一个重要组成部分。实行高等教育自学考试制度,是落实宪法规定的"鼓励自学成才"的重要措施,是提高中华民族思想道德和科学文化素质的需要,也是造就和选拔人才的一种途径。应考者通过规定的专业考试课程并经思想品德鉴定达到毕业要求的,可以获得毕业证书;国家承认学历并按照规定享有与普通高等学校毕业生同等的相关待遇。

从20世纪80年代初期开始,各省、自治区、直辖市先后成立了高等教育自学考试委员会,开展了高等教育自学考试工作,多年来,为国家培养、造就了大批专门人才。为科学、合理地制定高等教育自学考试标准,提高教育质量,全国高等教育自学考试指导委员会(以下简称"全国考委")组织各方面的专家对高等教育自学考试专业设置进行了调整,统一了专业设置标准。全国考委陆续制定了200多个专业考试计划。在此基础上,各专业委员会按照专业考试计划的要求,从造就和选拔人才的需要出发,编写了相应专业的课程自学考试大纲,进一步规定了课程学习和考试的内容与范围,有利于社会助学,使个人自学要求明确,考试标准规范化、具体化。

全国考委按照国务院发布的《高等教育自学考试暂行条例》的规定,根据教育测量学的要求,对高等教育自学考试课程的自学考试大纲进行了探索、研究与编写。目前,为更好地贯彻十六大和全国考委五届二次会议精神,以"三个代表"重要思想为指导,全国考委办公室及其各个专业委员会在2003年开始较大幅度地对新一轮的课程自学考试大纲组织修订或重编。

全国考委公共管理类专业委员会在课程自学考试大纲建设过程中,结合高等教育自学考试工作的实践,参照全日制普通高等学校相关课程的教学基本要求,并力图反映学科内容的发展变化、体现自学考试的特点,组织制定了《社会研究方法自学考试大纲》,现经教育部批准,颁发施行。

《社会研究方法自学考试大纲》是该课程编写教材和自学辅导书的依据,也是个人自学、社会助学和国家考试的依据,各地教育部门、考试机构应认真贯彻执行。

全国高等教育自学考试指导委员会<br>2004年10月

# Ⅰ　课程性质与设置目的及要求

《社会研究方法》是全国高等教育自学考试行政管理专业（专科）的必考课程，是为了使行政管理专业考生具备基本的业务素质，以达到合格的行政管理人才的标准而设置的一门课程。

《社会研究方法》课程主要介绍社会研究的基本知识和方法，包括社会研究的基本知识，选题与研究设计、社会研究中的理论建构与理论检验、抽样与测量的知识与技术、社会研究中各种收集资料的方法、社会研究中的资料审核与整理，定量资料的统计分析以及社会研究报告的写作等方面的基本知识和方法。

通过对本课程的学习，考生可以了解现代社会研究方法的基本理论、方法和技巧。在按要求完成了本课程的学习后，经过一定的实践，可以担当基本的社会研究工作。并且，对本课程的学习还可以为将来高级社会研究方法的学习打下基础。

本课程共有十三章，从总体的内容体系上看，第一至六章以及第十二章的内容涉及社会研究方法的基本理论和原理，以及多种研究方式所共同需要的方法和技巧，是本课程中的重点内容。此外，每一章（包括重点章和非重点章）中的基本概念、基本原理和基本要求等内容是需要掌握的重点问题。

# Ⅱ 课程内容与考核目标
（含考核知识点和考核要求）

## 第一章 社会研究导论

### 一、学习目的和要求

本章主要介绍社会研究方法的入门知识。通过本章的学习，学生们应该了解：什么是社会研究，它有什么特征和基本要素；社会研究的基本目标、基本原则和意义；在社会研究中采用科学方法的意义和作用；现代社会研究方法的特征及体系；社会研究方法的科学逻辑和一般过程。

### 二、课程内容

#### 第一节 社会研究的概念与特征

（一）社会研究的基本概念

"社会研究"是通过采用科学的方法来系统地收集和分析关于社会现象的资料，并在此基础上对相关的社会现象及其本质和规律做出科学认识的活动。

（二）社会研究的特征

社会研究的主要特征包括：目的性、经验性、理论性和社会性等方面。

（三）社会研究的基本要素

社会研究的基本要素包括：社会研究的主体、对象、研究内容和研究方法等。

## 第二节　社会研究的目的、意义与原则

（一）社会研究的目的

社会研究的目的在总体上看是为了获得关于人的行为和社会的可靠知识，其中包含探索未知的事物、验证不确定的知识和扩展已知的知识。

（二）社会研究的意义

社会研究具有理论性和应用性意义两个方面的意义。理论性意义主要是指社会研究对理论发展做出的贡献，应用性意义是指社会研究的成果能够直接应用于指导社会实践活动。

（三）社会研究的基本原则

社会研究的基本原则包括：客观性原则、价值中立与价值关联的原则、认真严谨的工作作风以及遵守法律和社会规范。

## 第三节　社会研究方法概述

（一）社会研究方法的意义

社会研究方法的意义主要体现在以下两个方面：一方面，是通过科学的研究方法而保证社会研究的客观性；另一方面，是通过科学的方法来提高社会研究活动的效率。

（二）现代社会研究方法的特征

现代社会研究方法的特征包括：经验性、理论性、规范性和多样性等特征。

（三）现代社会研究方法体系

现代社会研究方法是一个多层次的体系，其中包括：社会研究的方法论、基本方式以及各种具体方法和技术。

第四节 社会研究的过程

(一)社会研究的一般过程

社会研究的一般过程是指社会研究过程中一般需要采取的各个步骤及其先后次序。从总体上一般分为几个相对比较固定的阶段:确定研究题目阶段、研究设计阶段、收集资料阶段、整理和分析资料阶段、研究报告的写作和发表阶段。

(二)社会研究过程示例

通过"大城市贫困问题研究"的案例,理解社会研究的过程以及各个阶段的主要任务。

三、考核要求

(一)社会研究的概念与特征

1. 识记:(1)社会研究;(2)社会调查;(3)社会研究的主体与对象;(4)分析单位;(5)现状调查、态度调查、因果分析和对策研究;(6)社会研究方法。

2. 领会:(1)当代社会研究的主要特征;(2)社会研究的基本要素;(3)社会研究中采用科学研究方法的重要性。

(二)社会研究的目的、意义与原则

1. 识记:(1)事实判断;(2)价值、价值判断、价值中立和关联。

2. 领会:(1)社会研究的目的和意义;(2)社会研究的基本原则。

(三)社会研究方法概述

1. 识记:(1)方法论;(2)研究方式;(3)社会研究的具体方法和技术。

2. 领会:(1)现代社会研究方法的基本特征;(2)现代社会研究方法的层次。

(四)社会研究的过程

1. 识记:社会研究的一般过程。

2. 领会:(1)社会研究一般有哪些主要的阶段;(2)社会研究各

个阶段中有哪些主要任务。

3. 应用:结合实例,理解社会研究的一般过程及各个阶段的任务。

## 第二章 社会研究的主要类型

**一、学习目的和要求**

掌握社会研究的分类标准和主要类型,以及理论研究与应用研究、描述研究和解释研究、普查和抽样调查、定性研究与定量研究、横向研究和纵向研究之间的区别和联系。

**二、课程内容**

第一节 理论性研究与应用性研究

(一) 理论性研究

理论性研究是以发展有关社会的基本知识为目标的社会研究,它的关注点主要在于探索社会现象之间的因果关系和增加对社会现象内在规律的认识。

(二) 应用性研究

应用性研究是指针对现实社会问题,旨在提出解决问题的方法的研究,其目标主要是了解现实的社会问题,尽可能广泛和具体地描述社会现象的状况和特征,分析产生社会问题的原因以及某种社会现象未来发展的趋势,从而有针对性地提供各种政策性建议等。

第二节 探索性研究、描述性研究和解释性研究

(一) 探索性研究

探索性研究是研究者在整个研究工作的前期阶段对所研究的现象

或问题进行初步了解的过程。

（二）描述性研究

描述性研究的主要目的是对社会现象的状况、过程和特征进行客观准确的描述。

（三）解释性研究

解释性研究是对于社会现象或事件之间因果关系的研究。

## 第三节 普查、抽样调查和个案调查

（一）普查

普查是指在一定范围内对调查对象的全部单位无一例外地逐个进行的调查。

（二）抽样调查

抽样调查是按照一定的方法从研究对象的总体中抽取一些个体作为样本来进行调查，并通过样本统计量来推论总体情况。

（三）个案调查

个案调查是从研究对象中选取一个或少数个体进行深入细致调查。

## 第四节 定性研究与定量研究

（一）定性研究

定性研究是通过参与观察、深入访谈、文献分析等方法对某一社会现象进行深入的调查，并采用分类、比较、归纳、矛盾分析等方法对调查资料进行加工分析，从而获得对该社会现象的总体较深入认识的一种研究方法。

（二）定量研究

定量研究是运用基于统计原理和概率论对社会现象的数量特征、数量关系和事物发展过程中的数量变化等方面进行的研究。

（三）定性研究与定量研究的比较

定量方法和定性方法是当代社会研究中经常采用的两大类方法，它们各有优缺点。定性研究属于人文主义的研究范式，定量研究属于实证主义范式；定性研究更强调研究程序、研究方式和研究手段上的灵活性、特殊性,而定量研究更强调研究程序的标准化、系统化和操作化。

### 第五节 横向研究与纵向研究

(一)横向研究

横向研究是关于某类社会现象在一个时间点或时间段里存在状况及其因果关系的研究,它一般在一个时点或时段上广泛地收集研究资料,并用以描述研究对象在这一时间点上的状况,或者探讨这一时间点上不同变量之间的关系。

(二)纵向研究

纵向研究指的是在前后不同的时间里分别对某种或某些社会现象进行调查,收集该社会现象当时的资料,将这些资料结合起来分析,以描述某种社会现象的发展变化,以及解释不同现象前后之间的联系。纵向研究主要有三种不同的类型:趋势研究、同期群研究和同组研究。

### 三、考核要求

(一)理论性研究和应用性研究

1. 识记:(1)理论性研究;(2)应用性研究。
2. 领会:(1)理论性研究的特点;(2)应用性研究的特点;(3)应用性研究的主要领域。
3. 应用:举例说明理论研究和应用研究各自的社会意义。

(二)探索性、描述性和解释性研究

1. 识记:(1)探索性研究;(2)描述性研究;(3)解释性研究。
2. 领会:探索性研究、描述性研究和解释性研究各自有哪些特点、意义及主要方法。

(三)普查、抽样调查和个案调查

1. 识记:(1)普查;(2)抽样调查;(3)个案调查;(4)典型调查;(5)重点调查。
2. 领会:(1)普查、抽样调查和个案调查各自的特点、意义及主要方法;(2)一般个案调查与典型调查及重点调查的异同。

（四）定性研究与定量研究

1. 识记：(1) 定性研究；(2) 定量研究。

2. 领会：定性研究和定量研究在方法论和研究方式及具体方法等方面的特点。

（五）横向研究与纵向研究

1. 识记：(1) 横向研究；(2) 纵向研究；(3) 趋势研究；(4) 同期群研究；(5) 同组研究。

2. 领会：(1) 横向研究与纵向研究方法各自的优缺点；(2) 纵向研究中几种具体方法的特点及其优缺点。

# 第三章 选题与研究设计

## 一、学习目的和要求

了解在社会研究中选题和研究设计的意义及作用；熟悉选题和研究设计各个环节的基本要求和方法；掌握社会研究中选题和研究设计的基本知识。

## 二、课程内容

### 第一节 选题

（一）选题的含义及意义

选题是指社会研究者根据客观需要和自身的研究兴趣及条件等因素来确定研究题目的过程。"研究题目"是指一项社会研究所要回答或解决的问题。社会研究的选题过程一般包含确定研究题目的内容、研究的角度、题目的层次和研究的目标。选题过程是一个客观与主观相结合的过程。一个合理的选题可以使有限的研究资源得以合理的利用,并且规定着研究工作的总体目标和整个研究工作的具体内容。

（二）选题的标准

选题的标准是指研究者评价和选择研究题目时所采用的一般标准,包括客观和主观两个方面的标准。客观的标准一般包括:题目的重要性、新颖性和可行性;主观的标准则是指研究题目要适合研究者的特点。

（三）题目的来源及选题方式

社会研究的题目主要来源于社会实践和理论的发展。在具体的社会研究中,研究者的选题方式大致有研究者选题、实际工作部门定题和学术界选题等几大类。

（四）选题过程

选题过程是在选题阶段需要进行的程序和工作,它一般包括:了解社会实践和理论发展中需要解决的问题,初步选择研究题目,论证研究题目的意义,确定研究的范围、层次和内容,以及论证研究项目的可行性等。

## 第二节 研究设计

研究设计是指研究者对整个研究工作进行规划和安排。研究设计所涉及的内容相当广泛,但最主要的包括明确研究目的与研究性质、确定研究对象与分析单位、确定研究的具体内容、确定研究方式和具体的研究方法等方面。

（一）明确研究目的与研究性质

在研究设计阶段首先要确定研究目的是属于探索性研究、描述性研究和解释性研究等不同的层次,其次要对研究项目的具体目的做出分析和陈述。在明确了研究目的以后,还需要明确研究的性质。一般说来,研究性质可以分为理论性研究和应用性研究。

（二）确定分析单位和具体的研究对象

确定研究对象首先要确定分析单位,然后是确定具体的研究对象。一般说来,社会研究中的分析单位分为个人、群体、组织、社区和社会产品等不同的层次。在研究设计阶段还应该对具体的研究对象做出明确的界定,并在此基础上确定调查对象。

(三)确定研究方式和具体的研究方法

研究方法设计包括确定研究方式和具体的研究方法。社会研究中常用的研究方式有调查研究、实验研究、文献研究和实地研究。具体研究方法包括资料收集和资料分析方案。资料收集方案是指收集资料的内容和各种收集资料具体方法的总和,包括抽样方法、问卷调查方法、访谈法、观察法、实验技术、文献选择及文献收集技术,等等。资料分析方案包括资料分析的内容、方法及技术。资料分析的内容是指在收集到的资料中需要进行各种分析的内容。资料分析的方法和技术是指在资料分析中所采用方法和技术。各种不同的资料有不同的分析方法和技术。

### 三、考核要求

(一)选题

1. 识记:(1)选题;(2)研究题目;(3)研究项目的可行性;(4)选题方式。

2. 领会:(1)社会研究确定研究题目的方式;(2)选题过程对整个研究工作的重要意义;(3)社会研究的选题的标准;(4)社会研究的题目来源;(5)选题过程的程序。

3. 应用:结合实例,说明社会研究中的各种选题的方式及其各自的特点。

(二)研究设计

1. 识记:(1)研究设计;(2)调查研究;(3)实地研究;(4)资料收集和分析方案。

2. 领会:(1)研究设计的主要内容;(2)在社会研究中的研究对象与调查对象;(3)社会研究设计中如何确定研究方式和具体方法。

3. 应用:按照本章的要求设计一个自选题目的社会研究的计划。

# 第四章 理论建构与理论检验

## 一、学习目的和要求

了解理论的基本要素和基本形式;掌握社会理论含义、来源、意义及其在社会研究中的作用,并且掌握社会研究中建构和检验理论的基本知识和方法。

## 二、课程内容

### 第一节 社会理论概述

(一) 什么是社会理论

社会理论是通过抽象概括而对社会现象的规律和实质做出的反映。社会理论是对客观社会现实的实质和规律的认识,并具有抽象性和概括性特点。理论来源于经验观察和经验概括。社会研究者要采用理论抽象和理论概括的方法。"理论抽象"是指研究者在研究中抓住社会现象的一种特征而暂时忽略其他特征。"理论概括"是指在思维中按照抽象出来的特征对社会现象进行的归类表述。理论可以用来解释和预测各种社会现象,并用于指导人们的各种社会实践。在社会研究中,社会理论既是社会研究课题的重要来源之一,也是社会研究的主要目的之一。社会理论还可以为社会研究提供指导,并且为分析资料提供解释。

(二) 社会理论的要素、形式与层次

社会理论的基本要素是概念、变量及其相互之间的关系。概念是指人们对客观事物和现象本质特征的反映。变量是在经验中可以测量的,具有两个及两个以上可取值的概念。社会研究中要通过测量变量的相关关系而分析概念之间的因果关系。

理论的基本形态是理论命题和理论模型。理论命题是指研究者用来说明各个概念(变量)存在及表现的程度,以及各个概念(变量)之间的关系和发展趋势的科学语句。命题可以分为简单描述性命题、比较性命题、解释性命题和预测性命题。理论模型是在抽象思维中对外部客观现实的各种要素特征及其关系的再现。

社会理论可以分为宏观社会理论、微观社会理论和中观社会理论等不同的层次。宏观社会理论是对发生在整体社会层次的社会现象及其发展变化规律的反映。微观社会理论是指关于具体的社会现象和社会行为的理论。中观社会理论是指抽象和概括的程度介于宏观与微观之间,并且通常是反映社会生活中某一方面或某一类社会现象的理论。

## 第二节 从理论建构到理论检验

(一)社会研究的科学逻辑

社会研究的科学逻辑是指在社会研究活动中必须遵守的认识论原则,包括经验归纳原则、演绎推理原则、假设-检验原则、统计性原则、抽样-推论原则等。此外,人文主义传统的社会研究方法强调理解的方法。

(二)理论建构

在理论性研究中,研究者一般首先通过理论建构的方法从经验观察和经验概括中形成假设性的理论命题(理论假设),然后通过理论检验的方法去验证这些理论假设的真实性。理论建构是指研究者根据经验观察和经验概括而建构理论假设的过程。理论假设在形态上已具有理论命题的形式,但还需要经过检验而上升为理论。

(三)理论检验

理论检验是指研究者通过收集和分析经验资料去论证社会研究中提出的理论假设是否符合社会实际情况。理论检验一般有命题推演和经验检验两个步骤。命题推演是按照概念之间的逻辑关系和概念操作化的方式将一个理论假设命题推演为一个或多个能够进行经验检验的命题。经验检验是指通过收集和分析经验资料,以确定理论假设是否能够被经验资料所支持。

### 三、考核要求

（一）社会理论概述

1. 识记:(1)社会理论;(2)经验概括;(3)理论抽象与理论概括;(4)概念与变量;(5)相关关系与因果关系;(6)理论命题与理论模型;(7)宏观社会理论、微观社会理论与中观社会理论。

2. 领会:(1)社会理论的特点;(2)社会理论的意义和社会功能;(3)社会理论的基本要素;(4)对概念进行操作性定义的意义;(5)社会研究中的理论模型及其表述方式;(6)社会研究中理论的层次划分及各个层次的特点。

3. 应用:结合研究实例或模拟例子设计一个理论模型。

（二）从理论建构到理论检验

1. 识记:(1)经验归纳;(2)演绎推理;(3)假设－检验方法;(4)统计性规律;(5)抽样－推论原则;(6)理解方法;(7)理论建构;(8)理论检验;(9)理论假设。

2. 领会:(1)社会研究的科学逻辑;(2)归纳和演绎在社会研究中的意义;(3)假设－检验方法在社会研究中的意义;(4)理解方法的特点;(5)理论假设的特点及建构理论假设的方式;(6)社会研究中理论检验过程的一般步骤。

3. 应用:(1)结合实际说明社会研究中如何应用经验归纳和演义推理;(2)结合实际说明在社会研究中如何采用理解的方法。

## 第五章 抽 样

### 一、学习目的和要求

本章主要介绍社会研究中的抽样方法。通过本章的学习,学生们应该了解抽样的概念、基本概念与术语以及抽样的具体步骤;掌握几种非概率(方便、配额、立意和雪球)和概率(简单随机、系统、分层和多阶段整群)抽样方法的特点及运用范围,能够在实际调查中选择和确定适当的抽样方法及样本数。

### 二、课程内容

#### 第一节 抽样的概念与程序

(一) 为什么要抽样

在社会研究中,之所以要进行抽样,主要是考虑研究成本和研究的可行性。抽样方法大体可分为两类,一种是非概率抽样,另一种是概率抽样。概率抽样则是实现由样本推断总体的最佳方法,进行概率抽样的前提条件是有抽样框,但这个条件有时无法满足,在这种情况下,经常会采用非概率抽样。

(二) 抽样的有关术语

常用到的抽样术语有:总体、样本和元素,抽样框和抽样单元,参数值、统计值和抽样误差。

(三) 抽样的步骤

抽样的基本步骤包括:设计抽样方案、抽取样本和评估样本。

#### 第二节 非概率抽样

(一) 方便抽样

方便抽样是指研究者使用对自己最为便利的方法来选取样本。电视台、电台和报纸记者的"街头拦人"调查,采用的就是方便抽样。

(二) 配额抽样

配额抽样是根据某些参数值,确定不同总体类别中的样本配额比例,然后按比例在各类别中进行方便抽样。

(三) 判断抽样

判断抽样是指研究者根据研究目的或专家判断来选取样本。这种抽样很大程度上依赖于研究者的主观判断，因此，对研究者个人的研究素质有较高的要求。

（四）雪球抽样

雪球抽样是一种根据已有研究对象的介绍，不断辨识和找出其他研究对象的累积抽样方法。雪球抽样特别适合用来对成员难以找到的总体进行抽样，也可以用来对具有一定网络联系的总体进行抽样。

第三节 概率抽样

（一）简单随机抽样

简单随机抽样是指研究者严格按照随机原则来抽取样本，即在选取对象的过程中，任何一个对象是否入选样本，要满足等概率和独立性要求。

（二）系统抽样

系统抽样的样本元素，是按某种确定的规则从总体中抽取的，由于等间距抽取是最常用的规则，故系统抽样经常被称为等距抽样。

（三）分层抽样

分层抽样是指研究者先把总体分为若干个同质的层（次级总体），然后用简单随机或系统抽样方法，从每层中抽取样本元素。有两种分层抽样方法：一种是等比例分层抽样，另一种是分层等距抽样。

（四）多段整群抽样

多阶段整群抽样是指按总体内的层级关系，把抽样分成几个阶段来进行，通常用群作为初始抽样单位，在经费允许时，多抽取一些初始抽样单位，可以提高样本的代表性。当群大小不等时，可以用PPS抽样方法进行多阶段整群抽样。

第四节 样本规模

（一）影响样本规模的因素

样本规模是指样本内所含抽样分子的数目。一般说来，除研究经费外，样本规模主要取决于以下因素：（1）抽样精度；（2）总体规模；（3）总体异质性程度。

（二）样本规模的估算方法

在概率抽样中,可以根据统计方法得出估算样本规模的公式。

### 三、考核要求

（一）抽样的概念与程序

1. 识记:(1)抽样;(2)总体和样本;(3)抽样框;(4)元素和抽样单元;(5)参数值和统计值;(6)抽样误差。
2. 领会:(1)如何从研究成本和研究可行性的角度来理解抽样;(2)两种抽样类型的差异。
3. 应用:结合具体实例,说明抽样的基本步骤。

（二）非概率抽样

1. 识记:(1)非概率抽样;(2)方便抽样;(3)配额抽样;(4)判断抽样;(5)雪球抽样。
2. 领会:(1)非概率抽样的不足之处是什么;(2)为什么雪球抽样适合对具有一定网络联系的总体进行抽样。
3. 应用:结合具体实例,说明判断抽样的基本步骤。

（三）概率抽样

1. 识记:(1)概率抽样;(2)简单随机抽样;(3)系统抽样;(4)分层抽样;(5)一段整群抽样。
2. 领会:(1)随机原则;(2)如何在周期性排列的总体中进行系统抽样;(3)多段整群抽样的原理。
3. 应用:(1)结合具体实例,说明简单随机抽样和系统抽样的基本步骤;(2)设计一个在百万人口的城市中进行一个千户居民调查的概率抽样方案,并说明这一方案所依据的原理。

（四）样本规模

1. 识记:抽样精度、总体规模和总体异质性程度对样本规模的影响。
2. 领会:样本规模的估算方法。

# 第六章 社会研究中的测量

## 一、学习目的和要求

本章主要介绍社会研究中的测量过程。通过本章的学习,学生们应该了解测量的概念和过程,了解测量中的概念化、操作化过程,了解指数与量表的概念;掌握测量的不同尺度,掌握概念、变量和指标的区别和联系,掌握信度和效度的概念。

## 二、课程内容

### 第一节 测量的概念与过程

(一)测量的概念

测量是人们对现实世界耐心、细致的系统观察。测量不仅在人们的日常生活中发挥着重要作用,同时也构成了自然科学活动的基础。社会测量涉及对人们进行访谈或观察人们的行为,它也是一种科学测量。

(二)测量过程

测量过程包括三个步骤:概念化、操作化和资料收集。与测量过程相伴的是测量质量的评估。

### 第二节 概念化与操作化

(一)概念化

概念化是对概念的含义和应用范围给予清晰说明的过程,即在理论层次上对概念进行名义定义。进行概念化的原因,一是日常生活中,用来指称事物的概念的含义经常是模糊不清的;二是由于有些测量对象纯粹是一种理论建构,在现实中没有明确的对应物,其存在本身就是一种概念定义。对于抽象复杂的概念,在概念化时,要先弄清楚概念各个层面的具体含义,即区分概念的不同维度。

(二)操作化

操作化是把概念抽象的名义定义进一步具体化,使其转化成能从经验上进行观察和测量的变量和指标。变量是有不同取值的概念,而指标则是可以直接观察的变量。在量化测量中,测量指标的精确度是用测量层次来衡量的,按精确度由低到高,测量分为定类测量、定序测量、定距测量和定比测量四个不同的测量层次。

## 第三节 指数与量表

(一)指数与量表的概念

在实际测量中,由多个指标构成的指标群,通常被整合为某种指数。量表主要用来测量人们的感觉或主观判断,它的测量逻辑是假定有相同主观感觉的人,会在一个由弱到强的连续线段(维度)的相同位置,标出自己的感觉。

(二)建立指数

指数的建立包括以下几项技术:第一,选取指标的方法,这需要对指标进行表面效度检验和相关性分析;第二,对指标分值进行加权的技术;第三,处理缺失值的方法。

(三)量表的类型

李克特量表和语义差异量表是两种应用范围较广的量表形式。

## 第四节 测量质量的评估

(一)信度

测量的信度是指使用相同指标或测量工具重复测量相同事物时,得到相同结果的可能性。通过对各种信度系数(即相关系数)的计算,就可以说明一项调查是否可靠或可信。信度的主要类型是:(1)再测信度;(2)复本信度;(3)折半信度。

(二)效度

测量的效度是指测量工具能够测出其所要测量的特征的正确性程

度。一项调查是否准确、有效,主要是依靠经验判断和逻辑判断。效度的主要类型是:(1) 表面效度;(2) 内容效度;(3) 准则效度。

(三) 信度与效度的关系

信度是效度的必要条件,效度高,信度必然也高;反之,则不然。

### 三、考核要求

(一) 测量的概念与过程

1. 识记:(1) 测量;(2) 科学测量;(3) 测量过程;(4) 量化测量。
2. 领会:(1) 社会建构;(2) 自然科学测量。

(二) 概念化与操作化

1. 识记:(1) 概念化;(2) 操作化;(3) 变量;(4) 指标;(5) 四种测量层次。
2. 领会:(1) 进行概念化的原因;(2) 复合测量;(3) 概念的不同维度;(4) 测量层次的功能及统计方法。

(三) 测量质量的评估

1. 识记:(1) 信度;(2) 效度;(3) 信度和效度的关系;(4) 再测信度;(5) 复本信度;(6) 折半信度;(7) 表面效度;(8) 内容效度;(9) 准则效度。
2. 领会:(1) "练习效应"产生的困难;(2) 信度与效度的关系。

(四) 指数与量表

1. 识记:(1) 指数;(2) 量表;(3) 李克特量表;(4) 语义差异量表。
2. 领会:(1) 指数与量表的差异;(2) 罗森伯格量表。
3. 应用:结合实际,说明指数的建立过程。

# 第七章 问卷设计

### 一、学习目的和要求

了解问卷的概念、类型与结构、问卷设计的基本原则,并且了解应用问卷进行调查的方法及其优点与不足;掌握问卷设计的主要方法和技术。

**二、课程内容**

**第一节　问卷的概念、类型与结构**

(一)问卷的概念与类型

问卷是一组问题的集合,这些问题经由研究者精心设计,并按照一定的版式和结构进行排列,旨在系统、科学地收集被调查者信息以便研究者进行后期分析。一般而言,研究者在设计问题的同时还设计了可能的答案或选项。单纯问题的集合并不是规范意义上的问卷,最多是一份访问提纲。根据问卷填答的方式可以区分出两种主要的问卷类型:一是自填式问卷,二是访问式问卷。

(二)问卷的基本结构

一份规范的问卷主要包括封面、致被调查者信、填答指南、问题、答案(选项)、编码位、访问记录、结束语等部分。

**第二节　问卷设计的基本原则与主要步骤**

(一)问卷设计的基本原则

问卷设计应当遵循以下原则:第一,满足研究需要;第二,考虑被调查者的情况;第三,与资料分析方法相结合;第四,考虑具体调查方式。

(二)问卷设计的主要步骤

问卷设计的主要步骤有准备阶段、设计问卷初稿、试用问卷初稿和修改、确定问卷并印制等。

设计问卷初稿的具体做法有两种:一是卡片法,二是框图法。

## 第三节　问卷设计的主要技术与标准

（一）问卷设计的主要技术

问卷设计的主要技术包括提问技术、答案（选项）设计、题型选择和排序设计等。

问卷中的提问应当尽可能简短；力求明确；要避免一题两问甚至多问；应当避免使用抽象概念和专业术语进行提问；应当中性提问，避免暗示和诱导；不要使用否定形式提问；提问要使被调查者有能力回答；要避免询问研究者不愿意回答的问题；尽量避免设计某种情境进行提问；尽量使用第二人称提问，在必要时使用第三人称陈述，避免使用第一人称。

问卷中的答案设计应使答案与问题相对应，避免答非所问；应当努力设计完备的答案；应该努力使每个答案彼此独立，具有互斥性；在能够使用高层次尺度时，应当尽量使用高层次尺度；答案要简洁明了。

问卷中可供选择的题型主要有填空式、二项选择式、多项选择式、矩阵式、表格式以及关联式问题等。

问卷中的问题排序一般遵循以下一些规则：第一，把内容相关的问题放在一起；第二，把简单的问题放在前面；第三，把容易引起被调查者兴趣的问题放在前面；第四，把了解现状的问题放在前面；第五，在派访问员面访的情况下，可以先问一些个人或单位的基本情况；在由被调查者自己填答问卷的情况下，一般应将容易引起他们关注的问题放在问卷的前面；第六，开放题一般放在问卷的最后面。问题的排序会产生一定的顺序效应，研究者应当注意。

（二）高质量问卷的标准

第一，问卷具有较高的信度和效度；第二，问卷适合研究的目的和内容；第三，问卷适用于研究对象；第四，问卷中的问题少而精。

## 第四节　问卷调查的实施及其优缺点

（一）问卷调查的实施

使用设计好的问卷，针对特定的研究对象进行调查，以获取研究所需的信息,这样一个过程就叫问卷调查。问卷调查可以采用多种方法进行,包括面对面的访谈调查、电话调查、留置问卷、集中填写问卷、报刊调查、网络调查等。这些调查方式又可以分为问卷访谈调查和被调查者自行填写问卷两大类。问卷调查过程中需要对资料进行认真的审核。

(二)问卷调查的优缺点

问卷调查的主要优点在于:可以面向众多的调查对象收集信息;在面向同样规模的调查对象时,比其他一些方法更节省调查资源;通常具有较好的隐蔽性;更为标准化和规范化;更便于进行定量处理和分析。

问卷调查的主要缺点有:问卷调查的回收率有时难以保证;问卷有时与多样化的现实有出入;问卷篇幅一般比较简短,难以获得更多、更丰富的信息;问卷调查不利于研究者与研究对象之间的自由交流。除此之外,问卷测量的效度与信度有时难以保证;有时被调查者难以理解或不愿意回答问卷中的一些问题;有时问卷调查会受到环境因素的干扰;被调查者有时会有不真实的回答;仅靠问卷调查的数据有时难以深入地反映现实社会的复杂现象。

### 三、考核要求

(一)问卷的概念、类型与结构

1. 识记:(1)问卷的概念;(2)自填式问卷;(3)访问式问卷。

2. 领会:(1)一份问卷一般包含哪些部分;(2)问卷有哪些基本的类型。

(二)问卷设计的原则与步骤

1. 识记:(1)封闭式问题;(2)开放式问题;(3)卡片法;(4)框图法;(5)客观检验法;(6)主观检验法。

2. 领会:(1)问卷设计的基本原则;(2)问卷设计的主要步骤。

(三)问卷设计的技术与标准

1. 识记:(1)关联式问题;(2)问题的顺序效应。

2. 领会:(1)提问的技术;(2)答案设计的技巧;(3)排序设计的规则;(4)高质量问卷的标准。

3. 应用:根据本章的有关内容,尝试设计一份完整的问卷。
(四)问卷调查的实施及其优缺点
1. 识记:(1)问卷调查;(2)问卷访谈调查;(3)心理二重区域。
2. 领会:(1)问卷调查中常用的方法及其特点;(2)问卷调查的优点;(3)问卷调查的不足之处。

# 第八章 访 谈 法

## 一、学习目的和要求

了解访谈法的基本原理和基本类型,并且了解小组访谈的特点、意义、作用和基本方法;理解访问员培训的重要性、基本要求和重点注意事项;掌握访谈法的基本程序与方法。

## 二、课程内容

### 第一节 访谈法的特点与类型

(一)访谈法的基本特点

访谈法是调查者通过与被调查者的交谈而获取信息的一种调查方法。这种方法最基本的特点是调查者和被调查者在同一时间里进行的交谈。

(二)访谈法的优缺点

访谈法的主要优点是询问与观察相结合、灵活性大、适用范围广、控制性强;访谈法的主要缺点是访问的标准不一,结果难以进行定量研究,成本较高,访谈通常时间长,匿名性不够强,受访问对象周围环境的影响大。

(三)访谈法的类型

访谈法可分为结构式访谈法和无结构式访谈法、直接访谈法和间接访谈法、小组访谈法和个别访谈法、一般访谈法和特殊访谈法。

## 第二节 访谈的程序

访谈过程,大体上可以分为访谈的准备、进入访谈、访谈的控制、结束访谈、访谈记录与资料审核几个阶段。

### (一)访谈的准备

访谈前的准备工作包括熟悉调查内容、了解被访者的社区特征、确定并了解访谈对象、拟定实施访谈的工作计划以及准备必要的工具。

### (二)进入访谈

在进入访谈时一般需要取得地方机构或主管部门的支持与帮助,并且通过与访谈对象见面和自我介绍来取得访谈对象的信任与合作。

### (三)访谈控制

访谈控制是指调查员通过提问和其他方式对交谈的内容和方式实施控制,包括提问控制和表情与动作控制。

### (四)结束访谈

结束访谈也是访谈中一个比较重要的环节。访谈结束应掌握两个原则:(1)适可而止,即访谈时间不宜过长;(2)要把握住结束谈话的时机。

### (五)访谈记录与资料审核

认真做好访谈记录是访谈过程中的一个重要环节。记录的方式分为当场记录与事后记录。对访谈的资料应进行认真的审核。

## 第三节 访谈员的选择与训练

### (一)访谈员的选择

一般说来,访谈调查员应当具备两类条件,一类是任何研究的访谈员都应具备的条件,另一类是由研究主题的性质、社区类型及调查对象的特点所规定的条件。前者称一般条件,后者称特殊条件。

### (二)访谈员的训练

访谈员训练的一般步骤是:(1)研究指导者进行简要介绍;(2)阅

读问卷、调查员手册或访谈指南及其他与该项研究有关的材料;(3)举行模拟访谈;(4)集体讨论,并指出今后工作中应注意的问题;(5)建立监督管理办法。

### 第四节　小组访谈法

(一)小组访谈法的概念和种类

小组访谈法,就是调查者邀请若干被调查者,通过集体座谈的方式了解社会情况或研究社会问题的方法。小组访谈可分为以了解情况为主的小组访谈和以研究问题为主的小组访谈,以及互相讨论式的小组访谈和各抒己见式的小组访谈。

(二)小组访谈的实施

要取得小组访谈的成功,必须认真做好小组访谈前的准备工作,必须对访谈过程进行正确的指导和有效的控制,还必须及时做好访谈后的各项工作。

(三)小组访谈法的优缺点

小组访谈法的优点有:了解情况快,效率高;可以通过被调查者之间的相互交流而获得更多的信息;有利于把调查与研究结合起来,把认识问题与探索解决问题的办法结合起来。

小组访谈法的缺点有:易受被访者心理因素和环境因素的影响;保密性差;比较费时。


### 三、考核要求

(一)访谈法的类型与特点

1. 识记:(1)访谈法;(2)结构式访谈法;(3)无结构式访谈法;(4)直接访谈法;(5)间接访谈法;(6)个别访谈法;(7)一般访谈法;(8)特殊访谈法。

2. 领会:(1)访谈法类型划分的主要依据;(2)访谈法的主要优点;(3)访谈法的主要缺点。

(二)访谈的程序

1. 领会:(1)访谈法的程序;(2)访谈准备工作的基本步骤;(3)进入访谈的技巧;(4)访谈控制的技巧;(5)结束访谈的技巧;(6)访谈记录的种类。

2. 应用:结合课本知识,进行一次现场访谈或者模拟访谈,掌握访谈过程中各种技巧的应用。

(三)访谈员的选择与训练

领会:(1)如何选择访谈员;(2)访谈员培训的一般步骤;(3)访谈员调查守则的一般内容。

(四)小组访谈法

1. 识记:小组访谈法。

2. 领会:(1)小组访谈法的种类;(2)小组访谈法的实施过程;(3)小组访谈法的优缺点。

3. 应用:围绕某一调查选题,设计一个小组访谈的方案。

# 第九章 观 察 法

## 一、学习目的和要求

了解观察法的概念、基本特征及其优点和局限,了解影响观察的信度与效度的因素和提高观察的信度与效度的方法;认识观察法的几种基本类型及其优点和缺点;熟悉观察实施的主要阶段和每个阶段的工作要点。

## 二、课程内容

### 第一节 观察法概述

(一)观察法的概念和特征

社会科学研究中的观察法就是研究者根据研究课题的需要,利用眼睛、耳朵等感觉器官和其他辅助观察设备,有目的地对研究对象进行考察,以取得研究所需要的第一手资料的一种方法。科学的观察一般具有如下特征:(1)在观察之前先具有一定的研究目的或假设;(2)需要有系统的观察设计;(3)有系统完整的记录;(4)观察过程应避免主观和偏见;(5)观察的过程和获得的资料可以重复查证。

(二)观察法的优缺点

观察法的优点是:可以实时地观察到社会现象或行为,能够得到不能直接报道或不便于报道的对象的资料,可以在不干扰被观察者的情况下获取最真实的资料。观察法的缺点是:常常难以碰到要观察的事件,有一些社会现象不适宜或不可能直接观察,难以用于对事物或现象长期发展变化的历程或趋势的研究中,被观察者如意识到被人观察时会改变其行为,很难认识隐藏在社会现象背后的价值、意义或心理活动,等等。

### 第二节 观察法的基本类型

(一)实验室观察和实地观察

实验室观察是在实验室中进行的,在对观察的情景与条件进行严格控制的前提下,对研究对象进行观察并记录观察结果的一种研究方法。实地观察是在自然环境中进行的,对在自然状态下的研究对象进行观察并收集资料的方法。

(二)参与观察与非参与观察

参与观察是指观察者参与到被观察者的活动或团体之内,作为被观察者中的一员来进行观察。非参与观察是指观察者置身于被观察活动或团体之外,以局外人的身份对研究对象的活动和表现进行的观察。

(三)结构式观察与非结构式观察

结构式观察是指严格地界定研究问题和观察的项目,依照一定的顺序进行观察,并采取标准化的工具进行记录的观察。非结构式观察是指对研究的问题和观察的项目没有严格的界定,对观察的结果也不采用标准化的记录方式的观察,是依据现象发生、发展和变化的过程所进行的自然观察。

(四) 直接观察与间接观察

直接观察是通过对正在发生、发展和变化的社会现象或人的行为进行观察和记录来收集资料的方法。间接观察是通过对社会现象或人的行为发生以后所留下的各种痕迹的观察和记录，收集用来反映和推断此前发生的社会现象和人的行为的资料的方法。

## 第三节 观察的实施过程

观察的实施过程一般可分为以下三个阶段。

(一) 观察的准备

观察的准备主要包括：明确观察的目的，制定观察方案，理论准备和物质准备，等等。一个完整的观察方案应包括观察的目的和意义、观察方式、观察对象和内容、观察的工具和记录的方式、观察的时间和地点、观察过程中可能遇到的问题和解决办法。

(二) 观察的实施

观察的实施阶段包括：进入观察现场，对变量进行操纵与控制或参加到观察对象的生活当中，进行观察或测量并记录观察资料。

(三) 观察资料的审核、整理和分析

观察资料的整理和分析是对观察所获得的资料进行分类、加工、统计和分析，并在此基础上获得研究结论和撰写研究报告的过程。

## 第四节 观察的信度与效度

(一) 观察的信度

观察的信度也就是观察所获得资料的可信赖、可验证的程度。影响观察信度的因素有观察内容界定的明确性程度、观察类别定义的严格性程度、环境的变化性、人的变化性。可以通过各种方法提高观察信度。

(二) 观察的效度

观察的效度指的是观察所获得的资料能够准确、真实、客观地反映被观察的社会现象和社会行为的程度。影响观察的效度的因素主要有观察方式、观察人员、观察地点和观察时间对于研究课题的适当性;观察内容的选择与操作化的方式;"观察者偏见";"被观察者效应";观察者的观察的敏锐性和记忆的准确性。同样,也可以通过各种方法提高观察的效度。

### 三、考核要求

（一）观察法概述
1. 识记:观察法。
2. 领会:(1)科学观察的主要特征;(2)试分析观察法的优点和缺点。

（二）观察法的基本类型
1. 识记:(1)实验室观察;(2)实地观察;(3)参与观察;(4)非参与观察;(5)结构式观察;(6)非结构式观察;(7)直接观察;(8)间接观察。
2. 领会:(1)实验室观察与实地观察的优缺点;(2)参与观察与非参与观察的优缺点;(3)构式观察与非结构式观察的优缺点;(4)直接观察与间接观察的优缺点。

（三）观察的实施过程
1. 领会:(1)观察共分哪几个阶段;(2)观察准备阶段的主要任务;(3)观察实施阶段的主要任务;(4)观察资料整理与分析阶段的主要任务。
2. 实践:设计一个运用观察法进行社会研究的研究方案。

（四）观察的信度与效度
1. 识记:(1)观察的信度;(2)观察的效度。
2. 领会:(1)影响观察信度的因素;(2)提高观察信度的方法;(3)影响观察效度的因素;(4)提高信度的方法。

# 第十章 实验法

一、学习目的和要求

了解在社会研究中实验方法的基本概念与特点;熟悉社会研究中采用实验方法的优点和缺点;掌握实验方法的基本原理和基本程序,掌握实验法的两个基本类型。

二、课程内容

第一节 实验法的概念和特点

(一)实验法的相关概念

实验法是研究者根据一定的研究目的选择一组研究对象,人为地改变与控制某些因素,通过观察其后果对社会事实或现象获得认识的一种方法。实验研究不仅可以根据原因预测结果,而且可以通过控制原因去发现预期的结果。

实验法中的主要相关概念有:实验者、自变量、实验刺激、因变量、实验对象、实验组、控制组、实验检测、前测、后测。

(二)实验法的特点

实验法最主要特点是,它通过控制情景和变量来研究社会行为和社会现象的变化,以建立变量间的因果关系。它在人造情境下观察研究对象,通过控制外部变量,来研究某种自变量的发生与因变量之间的因果联系。实验结果易受实验人员和实验对象的主观影响。

第二节 实验法的原理和程序

(一)实验法的基本原理

实验法的一般原理是,先测量在没有受到 A 的影响之前 B 的情况(前测),然后施加实验刺激 A 并保持其他条件完全相同,再对受 A 影响后的 B 进行测量(后测)。最后通过比较前后两次测量的结果是否存在差异来判定 A 和 B 之间是否存在因果关系。控制组实验的原理是,在实验中增加一个控制组,比较实验组和控制组的前测和后测的结果来判定实验刺激的因素是否产生了作用。

(二)选择受试者的原理

根据实验的要求,必须有两组或更多组各方面条件相同或相近的对象,组成实验组和控制组,在实际的研究中,研究者往往通过随机、配对、排除、纳入等方法创造出不同组的相同对象。

(三)实验研究的基本程序

实验研究的程序与其他方法大致相同。可分为准备、实施和资料处理三个阶段,每阶段还包括若干步骤。

(四)实验的基本设计

实验的基本设计包括单变量的实验设计和多变量的实验设计。前者包括后测设计、前测后测设计、四组设计等不同的方式;后者包括完全随机多因实验设计和拉丁方设计等方式。

(五)实验结果的评估

实验结果的评估包括内在效度评估和外在效度的评估。

第三节 实验法的基本类型

(一)实验法的分类

实验法通常分实验室实验和现场实验两个基本类型。同时还可以分为研究性实验和应用性实验;单一实验组实验、有控制组实验和多实验组实验;社会心理实验、教育实验、经济实验、法律实验、军事实验、政策实验,等等。

(二)实验室实验及其典型案例

实验室实验是在某种严格指定与控制的人工环境中进行的实验。其典型案例有齐默巴多的监狱行为模式研究和米尔斯莱姆的权威服从研究等案例。

### (三) 现场实验及其典型案例

由于许多实验室中的实验无法创设完全的真实环境，因此许多实验还必须在自然环境中进行现场实验。现场实验室在现实生活中进行只控制部分条件的实验。其典型案例有霍桑实验、"啤酒偷窃案"实验等案例。

## 第四节 实验法的优缺点

### (一) 实验法的优点

实验法最主要的优点是能够把实验变量与它带来的影响分离开来，同时它较为经济，易于重复，对研究的控制能力较强。

### (二) 实验法的缺点

人为造作是实验法最大的弱点，样本选取的缺陷使研究结论推论时有局限，实验人员也会对研究结果产生影响，实验还受到道德与法律的限制。

## 三、考核要求

### (一) 实验法的概念和特点

1. 识记：(1) 实验法；(2) 实验者；(3) 实验刺激；(4) 实验对象；(5) 实验检测。
2. 领会：(1) 实验法基本概念；(2) 实验法基本特点。
3. 应用：结合实例，说明社会研究中的实验方法及其特点。

### (二) 实验法的原理和程序

1. 识记：(1) 实验程序；(2) 实验对象选择；(3) 单变量实验设计。
2. 领会：(1) 实验研究的基本程序步骤；(2) 实验对象的选择方法；(3) 单变量实验的基本设计和基本原理。
3. 应用：按照本章的要求，设计一个简单的单变量实验。

### (三) 实验法的基本类型

1. 识记：(1) 实验室实验；(2) 现场实验；(3) 霍桑实验；(4) 权

威服从实验。

2. 领会:(1)实验室实验的基本特征;(2)现场实验的基本特征。

3. 应用:比较霍桑实验和权威服从实验,谈谈实验室实验与现场实验的相同点与相异点。

(四)实验法的优缺点

1. 领会:(1)实验法的优点;(2)实验法的缺点。

2. 应用:结合实例,说明实验方法的优点与缺点。

# 第十一章 文献研究

## 一、学习目的和要求

了解文献法的特点和基本要求;理解文献研究的意义和作用;掌握文献研究的基本方法,并且重点掌握三种主要文献研究方法:二手资料分析法、现存统计资料分析法和内容分析法。

## 二、课程内容

### 第一节 文献研究概述

(一)文献研究的概念

文献研究是一种通过收集与研究现象有关的各种文献材料,并通过对这些文献材料的分析和研究,来获得对所研究现象的认识的社会研究方法。

所谓文献,是指以文字、图像、符号等形式记录和储存人类各种知识和情报信息的资料。

文献的种类繁多,根据文献的载体形式和记录技术的不同,大体可以分为:书面文献、音像文献、缩微文献、机读文献。根据文献具体来源的不同,可以把文献资料分为原始文献和第二手文献两大类,也可以把它分为个人文献、官方文献及大众传播媒介三大类。

(二) 文献研究的优点与缺点

文献研究的优点主要有:可研究那些不可能接近的研究对象;具有非介入性和无反应性的优点;适于作纵贯研究和趋势研究;费用较低。

文献研究的缺点主要有:文献质量无法控制;研究所需要的部分文献不易获得;编码困难,难以数量化;缺乏统一格式,资料间难以对比。

## 第二节 既有资料分析

(一) 二手资料分析

二手资料分析是指对那些由其他人为别的目的收集的数据资料进行的再分析。二手资料所用的资料最初一般是别的研究者或研究机构为了别的目的而通过调查得来的原始资料,或者是政府部门或其他有关部门收集的统计数据等。

一般来说,进行二手资料分析应着重注意研究主题的选择、研究资料的搜寻、资料的加工、资料的分析。

二手资料分析的突出优点是省钱、省时、省力;其主要缺点是资料的效度常常难以保证,以及二次分析者对于原始资料中也许包含的差错和误差不了解,从而易于得出有问题的结论。

(二) 现存统计资料分析

现存统计资料分析是指利用官方或准官方的统计资料来进行研究的一种方式,它所用的资料是经过统计汇总的资料。

现存统计资料分析要注意分析单位、效度问题和信度问题。

(三) 历史文献分析

历史文献是指在历史上形成的各种类型的文献的总称。在社会研究中有时也会采用历史文献,社会研究则更注重通过历史文献去发现社会运行和发展中的某些规律,并且在对当代的某些事件进行研究时,有时需要通过历史文献分析法而向过去追溯当代事件发生的源头或它在过去一段时间里的发展变化状况。

### 第三节 内容分析

（一）内容分析的含义

内容分析是一种通过标准化的编码，将与研究课题有关的各种文献资料简化为可以对之进行统计分析的形式化资料的定量研究方法。

（二）内容分析的主要环节

内容分析的主要环节有：抽取文献样本；确定分析单位和进行编码。对文献资料编码的步骤有：明确计数单位；建立分类体系并编制编码表；对计数单位进行编码；数据的加工处理；信度和效度检验。

（三）内容分析的一个研究范例

可将美国社会学家 S. M. 多恩伯切和 L. C. 希克曼所做的"消费品广告中的他人导向"研究看成是内容分析的一个研究范例。

（四）内容分析法的优缺点

内容分析法的优点有：成本低，省时省钱；便于重复研究；允许研究者对一段历史时期内发生的事件的过程进行定量研究。

内容分析法的缺点在于：它只能研究记录下来的信息内容，同时内容分析常常要面对信度和效度方面的问题。

### 三、考核要求

（一）文献研究概述

1. 识记：(1) 文献；(2) 文献研究。
2. 领会：(1) 文献的种类；(2) 文献研究的优点和缺点。

（二）既有资料的分析方法

1. 识记：(1) 二手资料；(2) 二手资料分析；(3) 现存统计资料分析；(4) 历史文献分析。
2. 领会：(1) 二手资料分析应着重注意的问题；(2) 二手资料分析的优点和缺点。(3) 现存统计资料分析与二手资料分析的相同点与不同点；(4) 现存统计资料分析要注意的问题；(5) 采用现存统计资料分析时，避免区位谬误和处理效度问题的方法；(6) 社会研究中应用历史文献的必要性,及其与历史研究中的不同。

3. 应用:参考过去的案例,设计一个既有资料分析的文献研究方案。

(三) 内容分析

1. 识记:内容分析。

2. 领会:(1) 内容分析的主要环节;(2) 建立分类体系的基本要求;(3) 检验内容分析的效度的主要途径;(4) 内容分析的优点与缺点。

3. 应用:自己选题,设计一个内容分析的计划。

# 第十二章 研究资料的审核、整理与统计分析

**一、学习目的和要求**

理解资料审核与整理、资料汇总和定量资料的统计分析在社会研究中的重要性及作用,初步掌握社会研究中这几个环节的基本知识和技能。

**二、课程内容**

第一节 资料的审核与整理

(一) 资料审核的概念和原则

资料审核是指在着手整理调查资料之前,对原始资料进行审查与核实的工作过程,目的是保证资料的客观性、准确性和完整性,为资料的整理打下坚实的基础。

资料审核的原则包括真实性原则、标准性原则、准确性原则和完整性原则。

### （二）资料的整理

资料的整理是根据研究目的将经过审核的资料进行分类汇总，使资料更加条理化和系统化，为进一步深入分析提供条件。资料整理的原则有：条理化、系统化和统计汇总。在资料整理中可以对资料进行分类与分组。

## 第二节 资料汇总

### （一）计算机汇总的步骤

计算机汇总大致分为四个步骤：编码、登录、录入和程序编制。

### （二）一个资料汇总的实例

通过一个例子来说明资料汇总过程中编制编码手册、根据编码手册做卷面资料登录、调查资料的计算机录入、向计算机发布指令，通过计算机来整理资料等各个环节的具体方法。

### （三）统计表

把汇总后的资料按照一定的目的，在表格上表现出来，这种表格就叫做统计表。统计表的主要意义是：(1) 能有条理、有系统地排列统计资料，使人们在阅读时一目了然；(2) 能合理地、科学地组织统计资料，使人们在阅读时便于对照比较。

统计表在形式和内容上都具有一定的结构。

统计表按总体分组的情况可分为简单表、分组表和复合表。

统计表的设计中包括表型式设计和内容设计。统计表制表过程中要注意一些基本的要求。

## 第三节 定量研究资料的统计分析

### （一）统计分析概述

在社会研究中的统计分析是采用数理统计的方法和技术对社会研究中获得的资料进行定量分析。统计分析在社会研究中的作用主要在于：统计分析的方法可以为社会研究提供一种清晰精确的形式化语言；统计分析是进行科学预测，探索未来的重要方法；统计分析技术是处理调查研究资料的必要工具。

统计分析的特点包括:统计分析要以定性分析为基础;统计分析有一套专门的方法和技术。

(二)单变量统计分析

单变量统计分析包括集中量数分析、离中量数分析和相对差异量数分析。集中量数包括平均数、中位数和中数;差异量数包括异众比率、四分位差和标准差;相对差异量数包括离散系数和标准分数。

(三)双变量统计分析

双变量描述性统计分析是指对样本资料中两个变量之间关系的统计分析;其最基本的是相关分析,即用一个量数表明事物间相互依存的密切关系程度;其具体的方式有散点图、相关系数分析和回归分析。

进行相关分析和回归分析的方法及应注意的若干问题。

(四)推论统计概要

推论统计是用样本的统计值去推论总体的参数值的统计分析方法,其主要方法有区间估计和假设检验。区间估计就是在一定的标准范围内设立一个置信区间,然后联系这个区间的可信度将样本统计值推论为总体参数值。假设检验就是先对总体的某一参数做一假设,然后用样本统计量去验证,以决定假设是否为总体接受。

(五)常用统计分析软件 SPSS 简介

SPSS 是世界著名和最常用的社会科学统计分析软件之一。

### 三、考核要求

(一)资料的审核与整理

1. 识记:(1)资料审核;(2)资料整理;(3)分类和分组。
2. 领会:(1)资料审核的原则;(2)资料整理的原则;(3)分类的类型及意义;(4)选择和确定分类标志的原则。

(二)资料汇总

1. 识记:(1)编码;(2)登录;(3)录入;(4)统计表。

2. 领会:(1) 计算机资料汇总的步骤;(2) 编码手册包含哪些内容;(3) 研究资料的计算机录入有哪两类方式,各自有何优缺点;(4) 统计表的意义、结构和种类。

3. 应用:(1) 掌握编码和计算机录入的方法;(2) 掌握设计统计表的方法。

(三) 定量研究资料的统计分析

1. 识记:(1) 社会研究资料的统计分析;(2) 描述性统计分析;(3) 推论统计分析;(4) 集中量数;(5) 平均数;(6) 中位数;(7) 众数;(8) 离中量数;(9) 异众比率;(10) 四分位差;(11) 标准差;(12) 离散系数;(13) 标准分数;(14) 相关系数;(15) 回归分析;(16) 推论统计;(17) 区间估计;(18) 假设检验;(19) 置信区间;(20) 置信度;(21) 抽样误差;(22) SPSS。

2. 领会:(1) 统计分析的作用和特点;(2) 集中量数的意义;(3) 离中量数的意义;(4) 相对差异量数的意义;(5) 相关分析的意义和作用;(6) 回归分析的意义;(7) 推论统计的意义;(8) 假设检验的基本思路;(9) SPSS 统计软件的基本功能。

3. 应用:掌握对调查资料进行统计分析的基本方法。

# 第十三章　撰写研究报告

## 一、学习目的和要求

了解研究报告的概念及其基本类型;熟悉撰写研究报告的基本步骤、行文要求和引证与注释的基本原则与一般格式;掌握普通研究报告和学术性研究报告的基本结构和撰写要求,能独立撰写研究报告。

## 二、课程内容

### 第一节 研究报告概述

（一）研究报告的含义

研究报告是用文字和图表等形式将调查研究的缘起和意义、调查研究的方法和过程、调查研究的结果和发现表现出来所形成的一种书面报告。

（二）研究报告的类型

研究报告可以分为普通研究报告与学术性研究报告，描述性研究报告和解释性研究报告，定性研究报告和定量研究报告，以及综合性研究报告和专题性研究报告。

### 第二节 撰写研究报告的步骤和要求

（一）撰写研究报告的步骤

撰写研究报告一般遵循以下几个基本步骤：(1) 确立主题；(2) 组织材料；(3) 拟定提纲；(4) 撰写成文。

（二）撰写研究报告的一般要求

在行文方面一般应满足以下要求：(1) 对事实的陈述力求客观平实；(2) 把事实告诉读者；(3) 尽量避免使用第一人称；(4) 避免借权威之名来增强文字的力量；(5) 避免哗众取宠。此外，学术性研究报告所引证的资料要注明出处，在报告最后应有参考文献索引。

### 第三节 普通研究报告的撰写

普通研究报告主要是工作报告，或发布于普通的面向大众的报纸或杂志上的研究报告。一般来说，普通研究报告在结构上可以分成标题、导言、主体和结尾四个部分。

（一）标题

标题是放在一篇研究报告的前面，用来统领、揭示和评价报告内容的文字。标题分为单一结构型和复合结构型。

（二）导言

导言是在具体描述研究结果之前，用来向读者简要介绍整个研究背景、目的和意义等方面的文字。导言的写作要求是简明、扼要、具体、鲜明。

（三）主体

研究报告的主体部分一般是介绍研究结果与发现。

（四）结尾

普通研究报告的结尾部分一般要求用简练的语言对研究过程、结果和主要发现做扼要表达，并在此基础上提出解决问题的办法或建议。

### 第四节 学术性研究报告的撰写

学术性研究报告不仅强调对研究结果的描述、说明和应用，而且强调文献综述、理论分析和讨论，以及对方法、过程和工具的说明。它在语言上要求更加客观、严谨和科学化，更多地使用学术概念，更加注意分析的逻辑性与严密性；并要求结构更加严谨。学术性调查研究报告在结构上通常包括以下一些部分。

（一）标题

学术性研究报告的标题注重表达的清晰和准确。

（二）导言

学术性研究报告的导言一般包括对研究性质和意义的说明、文献综述、研究目标与假设的介绍以及重要概念的界定。

（三）介绍研究的方法与步骤

包括介绍研究对象及其基本状况；说明研究工具；介绍研究步骤。

（四）结果与讨论

结果与讨论部分是学术性研究报告的主体部分，是一篇学术性研究报告的重心所在。学术性研究报告中除了描述研究的结果与发现之外，一般还对其进行深入的分析与讨论。

（五）摘要与结论

摘要是研究报告要点的摘录，结论是对所研究的现象与问题的总结性概括。摘要与结论的撰写要求文字简洁、要点齐全、客观真实、前后对应。

(六)参考文献与附录

参考文献是研究者在研究过程中所阅读、评论、引证过的文献的清单。附录指附于研究报告后面的有关资料,一般包括收集资料的研究问卷、表格、测验、量表等;某些指标的定义和计算公式;以及某些研究工具、测量仪器的介绍等。

### 三、考核要求

(一)研究报告概述

1. 识记:(1)研究报告;(2)普通研究报告与学术性研究报告;(3)描述性研究报告与解释性研究报告;(4)定量研究报告与定性研究报告;(5)综合性研究报告与专题研究报告。

2. 领会:撰写研究报告在社会研究过程中的意义。

(二)撰写调查研究报告的步骤和要求

1. 识记:(1)主题;(2)写作提纲;(3)引证;(4)注释;(5)参考文献索引。

2. 领会:(1)在研究报告中引证资料并注明出处的重要作用;(2)撰写研究报告在行文方面的基本要求。

3. 应用:结合实例,说明撰写研究报告的基本步骤和每个步骤的工作要求。

(三)普通研究报告的撰写

1. 识记:(1)标题;(2)导言。

2. 领会:普通研究报告的结构与各部分的撰写要求。

3. 应用:结合实例,说明普通研究报告写作中的特点。

(四)学术性研究报告的撰写

1. 识记:(1)摘要;(2)结论;(3)附录。

2. 领会:学术性研究报告的结构与各部分的撰写要求。

3. 应用:结合实例,说明学术性研究报告写作中的特点。

# Ⅲ 有关说明与实施要求

为了帮助高等教育自学考试的考生、社会助学单位和命题人员能够更好地理解和使用本大纲,现对大纲中的若干问题作简要说明,并对本大纲的实施提出具体要求。

## 一、关于学习目的和要求、内容要点和考核要求的说明

为了帮助考生正确地把握学习的目的和方向,并且使考核的内容更加标准化,本大纲对每一章都规定了"学习目的和要求",以及具体的考核目标。每章最前面的"学习目的和要求"是对学习该章的中心内容和学习重点的概括性说明,自学考生、助学者和命题人员可以按照每章中的说明去把握各章的学习和考试的方向。

本大纲按照课程章、节、目的顺序中对各章的内容要点加以了概括,主要是帮助自学考生、助学单位和命题人员更加系统地把握本课程的知识体系,以便使考生更加系统地学习本课程的内容,使助学单位更加有针对性地进行辅导,并且使考试命题人员能够更加明确命题的范围。

本大纲在考核要求中,按照识记、领会和应用三个层次规定了本课程的自学考生应该达到的知识和能力层次。这三个层次的具体含义是:

识记:能够准确地理解本课程各章中的主要概念,并且能够对主要概念做出准确的表述。

领会:在通过识记而准确地把握基本概念的基础上,准确地理解和全面地掌握本课程各章内容中的知识点,包括各种基本原理和理论的要点、各种具体的知识和基本观点以及相关的论证及分析思路和方法。

应用:在识记和领会的基础上,能够应用本课程中的理论原理和各种知识去解决社会研究过程中各个环节的具体问题。在考核中,能够

举例说明如何将各种理论及方法应用到实际的社会研究过程中。

## 二、关于自学教材

指定教材:《社会研究方法》,全国高等教育自学考试指导委员会组编,关信平主编,洪大用副主编,高等教育出版社,2004年版。

除了指定的自学教材以外,自学考生和社会助学单位可以根据需要而选择相关的辅导材料,在必要时也可以参考一些其他的教材,以加深对本课程理论与知识的理解。但考试命题则限定在本大纲和指定教材的范围内。

## 三、自学方法指导

1. 全面掌握社会研究方法的基本知识体系

在自学过程中,自学考生首先应该注意全面地掌握指定教材中各章的内容,包括社会研究方法知识体系中的基本概念、基本的理论和各种具体社会研究方法的基本原理及操作方式等方面的内容。

2. 注意社会研究的知识体系中各个部分的逻辑关系

在自学过程中,自学考生还应该注意按照社会研究方法知识体系中各个部分的逻辑关系去加深对社会研究方法知识体系的理解。首先,应该注意社会研究的理论与具体方法之间的关系,对每种方法都应该了解其理论基础、方法原理和一些实用的技巧。其次,应该注意把握社会研究过程中从选题到研究报告写作的全过程中各个阶段的逻辑关系。最后,应该了解各种具体方法之间的关系,能够理解如何根据研究工作的要求和条件而选择相应的方法。

3. 如何掌握重点内容和重点问题

考生在自学过程中,应该对重点章节的内容下更大的工夫。但本课程所介绍的社会研究方法是一个基本的知识体系,其中每一章都有其独特的意义,因此,应该在对课程的全貌有清楚把握的基础上去突出对重点内容和重点问题的学习,而不要只掌握重点章节而偏废其他章节。在学习每一章的内容时,也切忌在没有掌握全面知识体系的情况下片面地只抓重点。

### 四、对社会助学者的要求

首先,社会助学者应该根据本大纲规定的考试内容和考核目标去展开辅导工作。助学者应该认真钻研指定教材,切实把握本课程的内容范围、体系特点、重点知识以及各部分知识的难易程度。

其次,社会助学者应该首先帮助自学考生全面把握社会研究方法的基本知识体系,尤其是要帮助考生全面系统地学习指定教材,掌握所有的考核知识点。在此基础之上,才能帮助自学考生重点学习一些重点和难点的内容。在助学过程中切忌孤立地突出重点,尤其是不要将考生引向猜题押题这一误区。

最后,在助学过程中,助学者应该帮助自学考生正确处理掌握基本知识和提高应用能力之间的关系。一方面,要帮助考生掌握基本的概念、原理和基础理论;另一方面,也应该帮助考生将基本知识应用到社会研究的实际,帮助他们通过对社会研究实例的分析而提高实际操作的能力。在这方面,助学者可以在举一些指定教材之外的例子来帮助自学考生理解本课程的内容,并帮助他们熟悉如何将知识转化为应用。但这些例子所涉及的知识和能力不要超出本大纲和指定教材的范围。

### 五、对考试命题的若干要求

首先,本课程的考试应该根据本大纲所规定的内容和考核目标来确定命题的范围和考核的要求,不要随意扩大或缩小考试的范围和改变考试的要求。考试的题目应该覆盖到全课程的各章,并适当突出重点章节。

其次,考试命题应该合理把握题目的能力层次和难易程度。在一份考卷中,考核基础知识的题目(含识记型题目和部分领会型题目)应该占到 60% 左右,以考核分析能力为目的的题目和应用性的题目各占 20%。从难易的角度看,难、中、易的题目可各占 1/3。在命题时不要简单地以试题所考核的能力层次来代表其难易程度,而应该注意在每个能力层次上都包含不同难度的题目。

最后,本课程考试命题的题型包括名词解释、单项选择题、多项选择题、简答题、论述题和应用题。每次命题时,命题人员可以根据具体情况决定采用所有这些题型或选择其中的一些题型。

# 附录

## 考试题型举例

### 一、名词解释

1. 社会研究
2. 研究方式
3. 解释性研究
4. 个案调查
5. 研究设计
6. 变量
7. 理论假设
8. 概率抽样
9. 信度
10. 标准差

### 二、单项选择题(在每小题列出的四个备选项中只有一个是符合题目要求的,请将其代码填写在题后的括号内)

1. 定性研究从属于人文主义的研究范式,而定量研究属于哪种研究范式。(　　)

　　A. 经验主义　　　　B. 实证主义
　　C. 统计分析　　　　D. 数量分析

2. 以下各种抽样方法中,哪种属于非概率抽样:(　　)
   A. 简单随机抽样　　B. 系统抽样
   C. 偶遇抽样　　　　D. 分层抽样
3. 以下哪项不属于集中量数:(　　)
   A. 平均数　　　　　B. 中位数
   C. 标准分数　　　　D. 众数

三、多项选择题(在每小题列出的五个备选项中有二至五个是符合题目要求的,请将其代码填写在题后的括号内。错选、多选、少选或未选均无分)

1. 社会研究的主要特征包括:(　　)
   A. 目的性　　B. 长期性　　C. 经验性
   D. 社会性　　E. 理论性
2. 纵向研究主要有以下几种不同的类型:(　　)
   A. 探索性研究　　B. 趋势研究　　C. 同期群研究
   D. 同组研究　　　E. 预测性研究
3. 选题的客观标准一般包括题目的:(　　)
   A. 重要性　　B. 新颖性　　C. 合理性
   D. 可行性　　E. 紧迫性
4. 社会理论可以分为以下几种不同的层次:(　　)
   A. 巨型理论　　B. 宏观理论　　C. 微观理论
   D. 中层理论　　E. 扎根理论

四、简答题
1. 社会研究中有哪些常用的研究方式?
2. 简述非概率和概率抽样的主要区别。
3. 简述社会测量中信度与效度的关系。
4. 简述问卷设计的基本原则。
5. 访谈法有哪些优缺点?

五、论述题
1. 试论理解方法在社会研究中的意义。
2. 试析普查、抽样调查和个案调查的社会研究中的特点和意义。

3. 试述理论建构与理论检验在社会研究中的意义和作用。

**六、应用题**

1. 举例说明社会研究的一般过程及各个阶段的任务。
2. 举例说明理论研究和应用研究各自的社会意义。
3. 设计一个自选题目的社会研究计划。
4. 设计一个在百万人口的城市中进行的千户居民抽样调查的概率抽样方案,并说明这一方案所依据的原理。
5. 结合霍桑实验和权威服从实验的例子,分析实验室实验与现场实验的异同点。

# 后　　记

2004年7月由教育部全国高等教育自学考试办公室召开了全国高等教育自学考试课程大纲、教材编前会，会上确定了编写《社会研究方法》课程大纲的指导思想、基本原则和要求。

《社会研究方法》课程大纲由关信平、洪大用负责编写。

对本大纲进行审定的有：中国人民大学段成荣教授(主审)，北京大学林彬副教授(参审)、南京大学孙亚忠教授(参审)。在此一并表示感谢。

全国高等教育自学考试指导委员会
公共管理类专业委员会
2004年10月

图书在版编目(CIP)数据

社会研究方法:2004年版/全国高等教育自学考试指导委员会组编;关信平主编.—2版.—北京:高等教育出版社,2004.12(2024.1重印)
ISBN 978-7-04-013523-7

Ⅰ.社… Ⅱ.①全…②关… Ⅲ.社会学-研究方法-高等教育-自学考试-自学参考资料 Ⅳ.C91-03

中国版本图书馆 CIP 数据核字(2005)第 008886 号

| 策划编辑 | 王小钢 | 责任编辑 | 丁孝强 |
| 责任校对 | 康晓燕 | 版式设计 | 王艳红 |
| 责任印制 | 刁 毅 | | |

| 出版发行 | 高等教育出版社 | 网 址 | http://www.hep.edu.cn |
| 社 址 | 北京市西城区德外大街4号 | | http://www.hep.com.cn |
| 邮政编码 | 100120 | 网上订购 | http://www.hepmall.com.cn |
| 印 刷 | 北京市鑫霸印务有限公司 | | http://www.hepmall.com |
| 开 本 | 880mm×1230mm 1/32 | | http://www.hepmall.cn |
| 印 张 | 12.125 | | |
| 字 数 | 340 千字 | 版 次 | 2004 年 12 月第 1 版 |
| 购书热线 | 010-58581118 | 印 次 | 2024 年 1 月第 26 次印刷 |
| 咨询电话 | 400-810-0598 | 定 价 | 16.00 元 |

本书如有缺页、倒页、脱页等质量问题,请到所购图书销售部门联系调换。
版权所有 侵权必究
物 料 号 13523-00